本书获得

泰山学者工程专项经费资助

山东省人文社会科学课题（智库重点项目）"'一带一路'视域下中国与太平洋岛国发展对接路径研究"阶段性成果

中国海洋发展基金会、中国海洋发展研究会项目"域外大国与太平洋岛国合作机制研究"（编号：CODF-AOC202306）阶段性成果

中国在太平洋岛屿地区的身份建构

Relationship between China and Pacific Islands

赵少峰 于镭 著

中国社会科学出版社

图书在版编目(CIP)数据

中国在太平洋岛屿地区的身份建构 / 赵少峰，于镭著 . —北京：中国社会科学出版社，2023.7

ISBN 978 – 7 – 5227 – 1772 – 2

Ⅰ.①中… Ⅱ.①赵…②于… Ⅲ.①太平洋岛屿—国家—对外经贸合作—研究—中国 Ⅳ.①F125.56

中国国家版本馆 CIP 数据核字（2023）第 066793 号

出 版 人	赵剑英
责任编辑	耿晓明
责任校对	李 莉
责任印制	李寡寡
出 版	中国社会科学出版社
社 址	北京鼓楼西大街甲 158 号
邮 编	100720
网 址	http://www.csspw.cn
发 行 部	010 – 84083685
门 市 部	010 – 84029450
经 销	新华书店及其他书店
印刷装订	三河市华骏印务包装有限公司
版 次	2023 年 7 月第 1 版
印 次	2023 年 7 月第 1 次印刷
开 本	710×1000 1/16
印 张	17.5
插 页	2
字 数	257 千字
定 价	79.00 元

凡购买中国社会科学出版社图书，如有质量问题请与本社营销中心联系调换
电话：010 – 84083683
版权所有 侵权必究

改革开放以来的中国国别和区域研究
（代自序）

改革开放是中国特色社会主义现代化建设事业的重大创举。在这一思想指导下，中国的对外交往呈现出了一种新格局，在学术研究领域亦有所体现。其中，中国的国别和区域研究热点局面的形成就是一个典型代表。国别和区域研究与世界史、国际政治、国际关系研究既有联系也有区别，它是指高校整合学科资源，对某一国家或者区域的历史、地理、政治、经济、文化、社会、军事、外交等开展全方位综合性研究。国别和区域研究在西方国家起步较早，是一门多学科的研究，具体而言，就是通过社会科学的相关技能来研究世界某一国家或地区[①]。改革开放40年来中国的国别和区域研究取得了持续稳定地发展，尤其是近10年来，在学科建设、专业设置、学术研究、人才培养、服务社会等方面成绩显著。

（一）改革开放以来国别和区域研究逐渐成为热点

2019年，中国国务院新闻办公室发布的《新时代的中国与世界》中写道："中国的发展离不开世界，世界的和平发展、繁荣稳定离不开中国。世界好，中国才能好；中国好，世界才能更好。"[②] 将中国的发展

---

① ［美］费正清：《费正清中国回忆录》，闫亚婷、熊文霞译，中信出版社2013年版，第321页。
② 中华人民共和国国务院新闻办公室：《新时代的中国与世界》，人民出版社2019年版，第53页。

放入人类发展坐标系中考察，把中国人民的命运和世界各国人民的命运紧密联系在一起，这是对当今中国与世界关系的科学把握和概括。中国对外部世界的认识和中国与世界关系的探讨也经历了一个复杂的历程。

1840年前，清王朝实行闭关政策，对外部世界了解比较少，中国人习惯以纵向思维为主观察外部世界。鸦片战争以来，中国被迫纳入世界发展体系之中，"闭关锁国""以夷制夷"的思想逐渐被外交思维所取代。《海国图志》《瀛环志略》等介绍外国史地的书籍，成为19世纪70年代中国走向世界外交官的必读书目。中国对外部世界的不了解是影响中国对外交往的重要制约因素。此时期无论是中国官办出版机构，如京师同文馆、江南制造局翻译馆、中国海关印书处，还是传教士创办翻译出版机构，如广学会、土山湾印书馆，还有中国的民办出版机构，如商务印书馆、广智书局、中华书局等，都编译出版了大量介绍外国史地的图书[1]。这反映了中国步入世界和世界进入中国的大时代发展趋势。

长时期形成的认识习惯和中国处于动荡的历史环境之中，中国对域外世界的认识和把握是缓慢的，但是在高校学科建设中还是有所体现。20世纪20年代《北大史学系课程指导书》中提出："本系对于史学，本国与外国并重，盖现代史学，以人类全部之历史为归宿，历史哲学家所谓溥（普）遍史是也。"[2] 民办出版机构是反映社会发展需求最灵敏的"晴雨表"。笔者从《商务印书馆图书录（1897—1949）》中看到，出版机构对世界各区域做了划分，包括西洋史（欧洲史）、亚洲史、非洲史、北美洲史、南美洲史、大洋洲史[3]。据统

---

[1] 参见赵少峰《略论江南制造局翻译馆的西史译介活动》（《历史档案》2011年第4期）、《"西学启蒙丛书"中的西方史学及学界回应》（《聊城大学学报》2012年第2期）、《广学会与晚清西史东渐》（《史学史研究》2014年第2期）等。

[2] 《北大史学系课程指导书》，《李大钊全集》第四卷，河北教育出版社1999年版，第689页。

[3] 商务印书馆编：《商务印书馆图书目录（1897—1949）》，商务印书馆1981年版。商务印书馆自建馆以来，屡经战乱，图书多有遗失，书目统计有脱漏。

改革开放以来的中国国别和区域研究（代自序）

计，在商务印书馆出版的国别和区域史著作中，约占一半数量的图书属于翻译或者编译的图书。

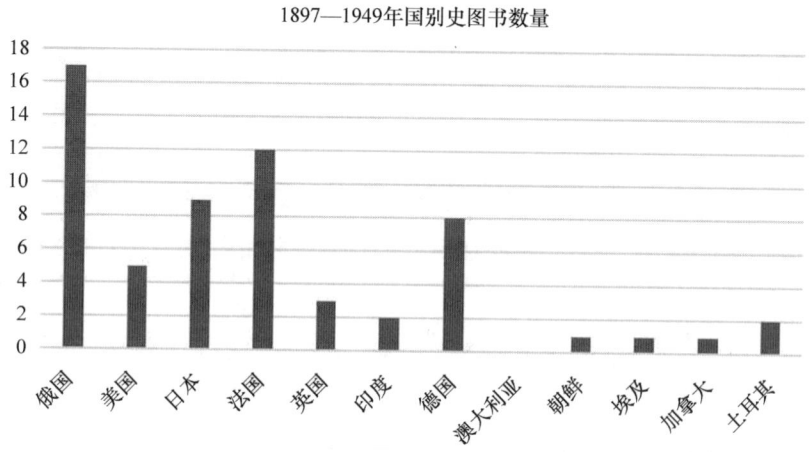

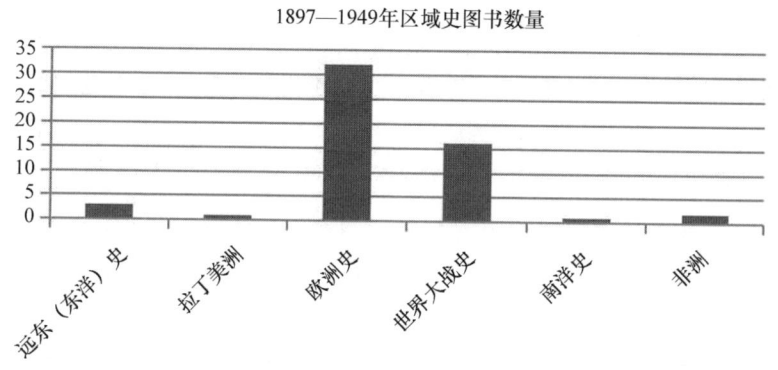

图1 1897—1949年商务印书馆所出国别史和区域史图书数量

1949—1980年，商务印书馆的国别史和区域史出版成果较上一阶段有所变化。比如，在国别研究上，覆盖面有所扩展。将中东、阿拉伯世界作为一个区域进行研究，译介了一批著作。对非洲国家，如加纳、乍得、索马里、坦桑尼亚、乌干达、刚果（布）、刚果（金）、安哥拉、赞比亚等国家的国别史著作进行了译介，开展了初步研究。

对南亚和东南亚国家基本有涉猎。尽管这一时期商务印书馆出版的国别史和区域史著作仍以翻译外国著作为主，但是图书涉及范围和学者视野毕竟有了拓展。

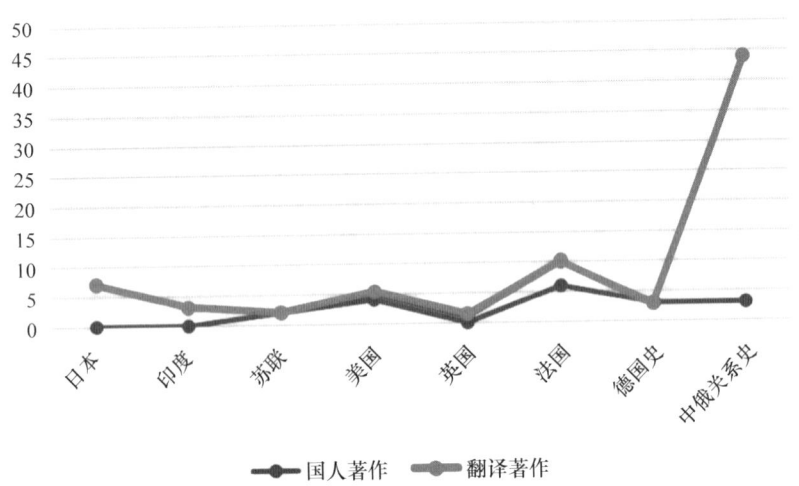

图 2　1949—1980 年商务印书馆国别史翻译著作与国人自撰著作比较

改革开放以来，学术界与外部交流日益广泛，学术研究突破了旧式思维，开始认真地思考中国与其他国家的关系，世界史研究成果日益增多，研究领域日益广泛。步入 21 世纪，中国对外开放格局日渐形成，随着经济实力的提升，中国在国际上的影响力逐渐增强。现有的理论和现实研究已经不能满足外交实践的要求。

2011 年 11 月，教育部为贯彻落实国家教育规划纲要和党的十七届六中全会精神，服务国家外交战略，促进教育对外开放，国际交流与合作司启动了区域和国别研究培育基地项目。2012 年，全国获准立项的教育部区域和国别研究培育基地共 37 个。区域研究主要包括非洲、中亚、拉美、阿拉伯、东盟、中东、欧盟、南亚、东南亚、大洋洲，国别研究包括俄罗斯、美国、德国、日本、法国、加拿大、英国。

改革开放以来的中国国别和区域研究（代自序）

2013年秋，习近平主席提出共建丝绸之路经济带和21世纪海上丝绸之路重大倡议。"一带一路"倡议作为承载时代使命的世纪工程，掀开了世界发展进程的新一页。构建人类命运共同体的伟大命题由理念变为行动，由愿景化为现实。教育部提出："高等学校开展国别和区域研究工作，对于服务国家战略和外交大局，全面推进'一带一路'建设，具有十分重要的意义。中央领导高度重视此项工作，我部亦将其列入2017年工作要点。"[①]为深入开展国别和区域研究工作，"全面覆盖世界各个国家和地区"，开展了新一轮国别和区域研究基地遴选工作，获得备案的国别和区域研究基地390余家。据不完全统计，截至2018年10月，全国高校和科研院所从事国别和区域研究的中心有600余家。仅北京市就有179家。在2021年8月，教育部区域和国别研究培育基地、教育部国别和区域研究（备案）中心共计444家。在北京大学、北京语言大学、北京外国语大学、广州外语外贸大学等设置了国别和区域研究专业。安徽大学国别和区域研究院（2015年10月）、对外经贸大学区域和国别研究院（2017年6月）、北京大学区域与国别研究院（2018年4月）等纷纷成立，在学科建设领域的快步发展，促成了中国的国别和区域研究进入"快车道"。

中国的国别和区域研究获得快速发展，得益于以下几个方面因素。

一是封闭保守已经成为"过去时"，面向世界求发展成为时代面临的主题。改革开放以来，世界各国在全球发展网络中的联系日益密切，任何国家都不能视世界发展潮流而不顾，故步自封已不现实。认识世界发展大势，跟上时代发展潮流，是一个极为重要并常做常新的课题。从国家首脑外交的变化，也可以看出世界格局调整之后，中国对外交往的变化。从1949—1982年，中国的首脑出访频率都是比较

---

① 《教育部办公厅关于做好2017年度国别和区域研究有关工作的通知》，教外厅函【2017】8号，http://www.moe.gov.cn/srcsite/A20/s7068/201703/t20170314_299521.html。

低的。其中，1949—1959年内，中国首脑仅出访2次，而且访问的国家主要是苏联、东欧的社会主义国家以及亚非的发展中国家。改革开放使中国外交打开了新局面，除了1986—1989年中国首脑出访次数明显减少之外，1982年之后中国首脑的出访频率基本是稳步增加的，而且受访问的国家也开始从原来的社会主义国家和亚非不发达国家扩大到了美国、英国、法国、德国等西方发达国家。1978—1993年，中国首脑年均出访52.7次；1993—2003年，年均100.1次；2003—2013年，年均出访150次；2013—2017年，年均出访202.2次[①]。改革开放40年来，国家首脑的出访国家和地区，以及出访的频次都有了重要变化。

学术界积极回应时代命题。2011年，国务院学位委员会召开会议，会议通过了学科目录调整方案，"世界史"正式成为一级学科，中国世界史研究进入新的发展时期。根据《关于增设世界史（外国史）为一级学科的建议书》，增设"世界史"为一级学科，下设"外国史学理论与史学史""外国区域与国别史"等7个二级学科。在新时代如何认识中国和大国、和周边国家以及与世界新秩序的关系，都是发展过程中面临的新问题。

二是对外交往呈现新格局，中国逐渐迈向世界舞台中央。党中央审时度势，在中国特色社会主义现代化建设的关键时期，做出科学判断，为中国的建设发展创造了良好的外部环境。1985年6月，邓小平在中央军委扩大会议上指出，党的十一届三中全会以后，通过对世界大势和周围环境的分析，中国对国际形势的判断和对外政策发生了变化，表现在"根据对世界大势的这些分析，以及对我们周围环境的分析，我们改变了原来认为战争的危险很迫近的看法"，改变了过去我们所奉行的"一条线"战略，"我们也相信中国在国际事务里面是有

[①] 首脑主要指国家主席、国务院总理。统计数据依据张颖教授的学术报告《中国与南太平地区的首脑外交》，聊城大学，2018年11月16日。

足够分量的"①。在上述外交政策的指导下，中国不断改善和发展同各大国的关系，并在和平共处五项原则的基础上同世界上一切国家建立和发展外交关系。江泽民在党的十六大报告中指出，21世纪头20年，对我国来说，是一个必须紧紧抓住并且可以大有作为的重要战略机遇期。胡锦涛同志明确提出，"当今世界是一个开放的世界，中国发展离不开世界，世界繁荣稳定也离不开中国"②，倡导建设持久和平、共同繁荣的和谐世界。在积极发展与主要大国关系的同时，积极发展与发展中国家的关系③。

三是"世界命运共同体"和"一带一路"倡议进一步加速了国别和区域研究步伐。党的十八大以来，党中央统筹国内国际两个大局，面临新形势和新问题，强调建立以合作共赢为核心的新型国际关系，构建新型大国关系，提出和践行亲诚惠容的周边外交理念，以及真实亲诚地对非工作方针④。构建"世界命运共同体"，积极推进"一带一路"倡议，以及在全球治理中贡献中国智慧，需要扎实的国别和区域研究作为支撑。做好区域国别研究工作，就是在为中国走向世界讲坛而"备课"⑤。"一带一路"倡议的提出，让学者重新思考中国和世界的关系。中国不仅积极有为地参与国际事务，而且在重大的问题上发出声音。这一切都进一步加速了国别和区域研究。

四是地方高校世界史学科在"夹缝"中求生存。与部属重点高校不同，地方高校历史学专业发展面临各种困境。有的高校历史学专业

---

① 邓小平：《在军委扩大会议上的讲话》，《邓小平文选》第三卷，人民出版社1993年版，第127、128页。
② 胡锦涛：《国际形势和外事工作》，《胡锦涛文选》第二卷，人民出版社2017年版，第513页。
③ 王毅：《始终不渝走和平发展之路—认真学习〈胡锦涛文选〉》，《经济日报》2016年9月28日第3版。
④ 习近平：《中国必须有自己特色的大国外交》，《习近平谈治国理政》第二卷，外文出版社2017年版，第441页。
⑤ 周文重在对外经贸大学区域国别研究院致辞上的讲话，参见《加强区域国别研究助力"一带一路"建设》，联合中文网，http：//www.unionews.cn/v-1-303035.aspx。

被迫撤销，有的历史学专业被合并到其他人文学院。1997—2011年，尽管地方高校世界史专业保留了部分师资，但是仅仅能满足日常教学的需要，不处于被重视的地位。特别是世界史学科成为一级学科以后，如何实现快速发展，成为面临的一个重要问题。地方高校只能发挥人力资源优势，寻找新的学科增长点，国别和区域研究中的薄弱环节成为地方性高校的新选择。聊城大学太平洋岛国研究中心是世界史学科实现突围的典型代表。自2012年9月成立以来，仅仅通过十年多的时间，从白手起家发展到了"小康水平"，成为国内从事太平洋岛国研究的重要机构。国内不少高校的国别和区域研究团队成员，多来自从事世界史教学和研究的人员。他们具有扎实的国别史基础知识，以敏锐的洞察力和新颖的研究视角受到关注。

（二）改革开放以来国别和区域研究展现出新特点

从改革开放至2008年，这三十年是中国国别和区域研究持续稳步推进的时期。从2008年至2020年，这十多年时间是国别和区域研究突飞猛进的时期。无论是学科建设，还是研究队伍发展、研究成果，都实现了阶段性的突破。伴随中国经济社会发展和对外开放大局，"中国与世界的关系在发生深刻变化，我国同国际社会的互联互动也已变得空前紧密，我国对世界的依靠、对国际事务的参与不断加深，世界对我国的依靠、对我国的影响也在不断加深"[①]。在此背景之下，当代国别和区域研究呈现出了新特点。

一是以应用为导向，以服务国家对外战略为目标。 胡锦涛在纪念中国改革开放30周年时指出："当代中国的前途命运已日益紧密地同世界的前途命运联系在一起。中国的发展离不开世界，世界的发展也需要中国。在当今世界，任何国家关起门来搞建设都是不能成功的。我们全面分析判断世界多极化趋势增强、经济全球化深入发展的外部

---

① 习近平：《中国必须有自己特色的大国外交》，《习近平谈治国理政》第二卷，外文出版社2017年版，第442页。

改革开放以来的中国国别和区域研究（代自序） ◆◇◆

环境，全面把握当今世界发展变化带来的机遇和挑战，既坚持独立自主，又勇敢参与经济全球化。"① 在经济全球化和世界一体化的时代大背景下，国家急需解决遇到的新情况和新问题。各高校和科研院所的国别和区域研究中心，特别是教育部备案的国别和区域研究中心，都以服务国家需求为导向，以咨政服务为首要宗旨，以政策研究咨询为主要任务，造就了大批满足国家重大政策研究需求的"国别通""领域通""区域通"人才②，朝着建设成为党和国家决策献计献策，为世界发展贡献中国智慧的新型智库方向发展。

二是以世界史为基础，以外国语言、国际关系、国际政治等学科为支撑的跨学科研究。国别和区域研究不同于过去的世界史研究，但是又和世界史研究紧密相连。国别和区域研究更凸显出了应用性，仅仅依靠过去世界史团队人员已不能满足研究的需要。有学者指出："大力发展区域与国别研究，反映出目前一些高校以此来整合既有的学科布局、寻求建立新的学术增长点的迫切心情"③。进行跨学科研究是国别和区域研究学科建设的亮点和特色，培育新兴交叉学科，通过建立具有专业优势和研究扎实的研究团队，成为推动高校学术发展新的增长点。外语优势也成为国别和区域研究的助推力量。北京外国语大学有教育部备案的国别和区域研究中心46个，上海外国语大学有20个，北京第二外国语大学有12个，天津外国语大学有7个。从国别和区域中心数量上，我们可以看到外语在国别和区域研究中所具有的优势。2019年7月，国别和区域研究已正式成为一级学科外国语言文学之下的二级学科方向。2017年，北京大学外国语学院根据教育部

---

① 胡锦涛：《在纪念党的十一届三中全会召开30周年大会上的讲话》，《人民日报》2008年12月18日。
② 教育部：《国别和区域研究中心建设指引（试行）》，教育部网站，http://www.moe.gov.cn/srcsite/A20/s7068/201703/t20170314_299521.html。
③ 昝涛：《发展区域和国别研究，离不开基础学科建设和顶层设计》，《光明日报》2017年12月20日第15版。

相关文件新设立了国别和区域研究专业[①]。随后,南开大学、中南财经大学等高校在外国语学院下面开设了国别和区域研究专业。2020年1月,国家教育部增设了"交叉学科"门类。2021年12月,国务院学位委员会就增设"区域国别学"为一级学科征求意见,将其列入交叉学科门类。这都反映出跨学科研究已成为一种趋向。

三是关注大国的同时,不忽略小国家,对世界国别和区域基本实现全覆盖。通过前面论述可知,在相当长的一段时间内,学术界将研究的重点集中在欧美大国和地区之上,而对一些小国家,甚或周边的国家,都没有给予足够的重视。当前这种局面有了很大改观。在重视大国研究的同时,同样关注一些小国家,见图3。在区域研究方面,一些长期忽略的地区,如南太平洋地区,也逐渐得到重视,而且这一地区研究由过去的"冷门"变为"热点",见图4。

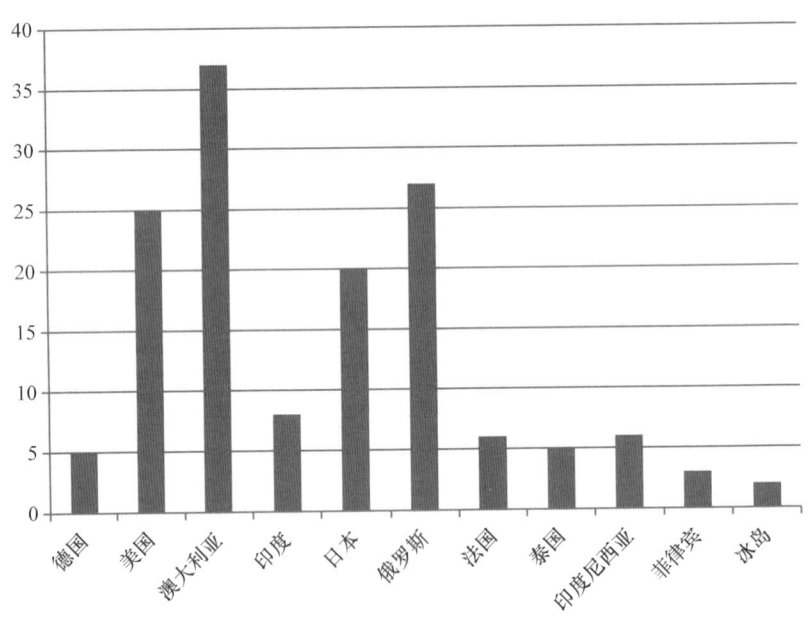

图3 当代全国国别研究中心数量(部分)

---

① 《国别和区域研究专业》,北京大学网站,https://sfl.pku.edu.cn/xssz/85044.htm。

改革开放以来的中国国别和区域研究（代自序） ◆◇◆

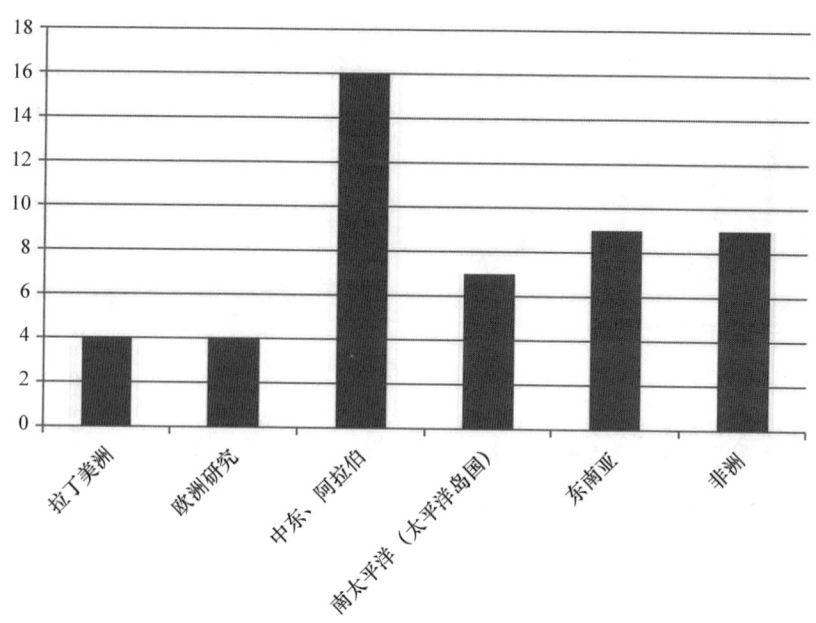

图4　当代区域研究中心数量（部分）

四是从东部沿海到中西部高校，从重点高校到地方高校，研究中心遍地开花，研究成果丰硕。高校中从事国别和区域研究的中心由过去集中在重点高校、主要省份，逐渐蔓延到全国多数高校之中。除了北京、上海、广东较为集中之外，其他省份的高校和科研院所，结合区位和资源优势，也转向了相关研究。全国省份国别与区域研究中心分布见图5。

为了凸显研究水平和研究能力，地方性高校在人才研究队伍建设方面实现了突破，新的研究成果不断涌现。社会科学文献出版社推出的列国志被称为新版"海国图志"，列入国家"十二五""十三五"重点出版图书项目，多部列国志填补了国内研究空白。如果没有诸多研究中心的支持，这套丛书编纂的难度可想而知。

（三）国别和区域研究发展趋势和需要注意的问题

当代中国是一个复兴中的大国，伴随着世界多极化、经济全球

11

◆◇◆ 中国在太平洋岛屿地区的身份建构

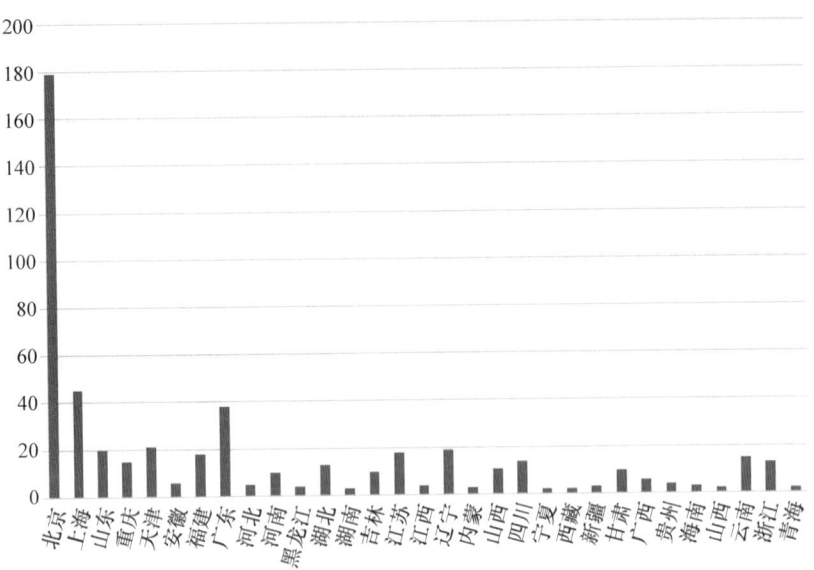

图5 各省、市、自治区国别和区域研究中心分布

化、文化多样化的深入发展，各国之间的联系愈发紧密，中国需要了解世界，世界需要聆听中国。如何处理中国与世界的关系是近代以来、中华人民共和国成立以来、改革开放以来中国外交工作的重要内容。树立对中国自身发展有明确定位的世界史观，使我们能够更清楚中国在世界的位置；树立对世界发展趋势有清晰把握的中国史观，使我们能够正确处理中国和世界的关系。随着我国对国际事务参与日益增多，"我们的国家正在从全球治理的局外人、旁观者变为参与者和规则制定者；完成这一角色转换，需要我们主动地了解和理解世界各区域、各国和各族人民，包括其历史传统、政治体制、宗教信仰、价值观念、信任系统、人情世故、时尚习俗等等，这不仅有助于经济合作和财富增长，更符合建设美好世界和人类家园的需要①。

---

① 《刘新成出席北京大学区域与国别研究院揭牌仪式暨学术研讨会》，中国民主促进会网站，http://www.mj.org.cn/news/content/2018-04/14/content_287964.htm。类似表述见庞中英《全球治理的中角色》，人民出版社2016年版，第77—78页。

改革开放以来的中国国别和区域研究（代自序）

从西方发达国家经验和世界发展趋势来看，中国的国别和区域研究刚刚起步，在相当长的一段时间内会不断得到重视。其发展趋势主要体现在：一是周边国家、大国和重点地区依然是国别和区域研究的热点。打造周边命运共同体，构建健康稳定的大国关系框架是我国外交的重要工作。二是"一带一路"沿线国家和地区、冰上丝绸之路沿线国家基本实现全域覆盖，地位越来越凸显。九年来，"一带一路"逐渐从倡议变为行动，从理念转化为实践，随着"一带一路"倡议的推进，中国对沿线国家和地区的需求会越来越大。三是发展中国家是我国外交工作的基础，在国别和区域研究中不容忽略。包括非洲、拉丁美洲等地区的发展中国家，这方面的研究只会加强，不会削弱。

中国的国别和区域研究能够取得现在的成就，得力于国家政策的支持、学者的埋头苦干，得力于新科技成果的不断涌现提供的便利。与西方国家相比，我们的研究还存在短板，如何实现"弯道超车"，在世界学术舞台上体现中国声音，还有很长的道路要走。鉴于当前的国别和区域研究发展现状，笔者认为有几个问题，尚需进行思考和突破。

一是加强国别和区域理论研究。理论是先导，是引领学术研究的"指挥棒"。中国外交实践先于现实学术研究，从社会发展需要进行宏观总结和概括，进行理论的升华很有必要。在现实的国际关系研究中，我们很多时候还继续采用西方的研究理论来分析中国问题，乃至分析中国与世界大国的关系，这样势必在某种程度上进入西方的"理论陷阱"。进行国别和区域研究定位，从研究方法、研究路径等层面进行深入思考，是急需解决的难题。理论研究没有突破和跨越，专业和学科发展必然进入瓶颈期，难以在深层次上与研究对象国进行交流，难以在国际舞台上与国际研究机构进行对话。

二是重视基础研究。历史是过去的现在，现在是未来的历史。历史、现实和未来是相通的。我们要加强对国别和区域的基础研究，没有基础研究为支撑，一切论断成为了无源之水、无根之木。"历史是一个民族、一个国家形成、发展及其盛衰兴旺的真实记录,是前人的'百科全书',即前人各种知识、经验和智慧的总汇。"通过基础研究,为应用研究和国际关系、国际政治研究奠定根基。在国别研究的基础上,实现跨地区、跨文明的研究,这是未来中国国别和区域研究的一个重要方向。有学者指出,"当前高校要发展区域研究,有必要更加重视基础学科的建设"①。这种认识是非常有道理的。加强对对象国和区域的认识和把握,不仅需要外语优势,更需要历史、政治、宗教、语言等多种基础学科的背景知识,甚或有对象国(区域)的工作生活经历,这样形成的论断才能更加符合客观实际,更经受得起时间检验。就太平洋岛国而言,太平洋岛屿地区三个次区域各有自己的特点;在三个次区域内部,每一个国家有每一个国家的特色;就一个国家而言,每一届政府都会坚持不同的外交理念,实施不同的外交政策。若仅有某一个岛国的经历,就对南太平洋地区的发展形成论断,难免犯以偏概全的错误。

三是从学科建设角度进行宏观规划。当前的国别和区域研究主要区分为两大类,一类是以应用型研究为主,朝向智库方向发展;另一类是以基础型研究为主,深化学术研究。在突出成绩、服务发展的背景下,应用型研究占据了主导,并越来越被重视。在国家需求和社会需要的环境下,应用型研究有广阔的发展空间,得到了社会广泛关注。基础型研究因现实关怀不够,光彩略显黯淡。学术研究不能像四季轮回,那样就失去了其本来价值。学术研究和应用研究要相得益彰,相互促进。国家相关部门和高校应当从学科建设、专业发展、人才梯队、绩效考核等角度,进行长远规划,给予长期持续稳定地支持。国别和区域研究若定义为从事相关文献的翻译和整理,那就偏离了学科发展轨道,严重制约了研究的发展。

---

① 昝涛:《发展区域和国别研究,离不开基础学科建设和顶层设计》,《光明日报》2017年12月20日。

四是外语人才的培养。为了培养素质高、学识宽阔、基础扎实、适应力强的国际文化交流人才,进一步推动国别和区域研究,2011年中国高校新增外国语言与外国历史专业,学生一方面要学习历史,特别是世界历史,另一方面要加强英语学习,突出语言优势。目前,北京大学、聊城大学等高校设置有该专业。为了加强人才培养,2017年9月北京外国语大学增加了库尔德语、毛利语、汤加语、萨摩亚语、科摩罗语、茨瓦纳语、恩德贝莱语、克里奥耳语、绍纳语、提格雷尼亚语和白俄罗斯语11个本科专业,11个专业涉及非加太、西亚、东欧等地区,是推进"一带一路"国别和区域研究人才培养的具体体现。在当前日益勃兴的国别和区域研究中,具有对象国语言优势,又兼有历史、政治等基础学科知识的人才非常缺乏。只有懂得对象国的语言,才能够更深入地了解该国的文化和历史,也才能够融入该民族群体。

(四)南太平洋地区国家是国别和区域研究中不可或缺的部分

太平洋岛国位于东西、南北半球的"十字路口",是太平洋海上运输航线的必经之地,具有极为重要的地缘政治价值。2013年,习近平主席提出"一带一路"倡议,太平洋岛国成为21世纪海上丝绸之路南线沿线国家。2014年和2018年,习近平主席两次出访太平洋岛国,并同建交太平洋岛国领导人开展集体会晤。然而,直至2017年,中国关于太平洋岛国的国别史著作才全部完成,关于太平洋岛国地区性的通史作品付之阙如。这远远不能满足国家外交需要。因此,无论从当代史学发展趋向要求来看,还是从中国外交需要来讲,加强南太平地区国家的研究势在必行。

首先,从史学研究趋势来看,学者研究正从过去倚重的陆地史观逐渐迈向海洋史观,而太平洋岛国是海洋国家的典型代表,需要深入研究。第一,"新海洋史"研究越来越重视海洋国家的研究。在20世纪后半期全球史研究日益兴起,全球史研究更加注重跨国家、跨地区、跨民族、跨文化的研究,侧重从宏观视野和互动视角来考察历史。在"新海洋史"研究中,"海洋"不仅是交流通道,也被视为包括通道以及沿岸港口城市和岛屿所构成的频繁交流互动的"世界"。研究者的视角由陆地本位转向海洋,即从海洋活动群体的角度观察思考问题,而不是站在陆地看海洋。长期以来,中国的世界史对海洋世界的关注不够。第二,太平洋岛国是南太平洋地区海洋国家的重要代表。海洋自古以来就是人类交往的重要场所。时至今日,世界贸易的1/6通过海洋运输来实现。太平洋面积占地球面积的1/3,南太平洋地区又是太平洋的重要组成部分,该地区陆地面积不及海洋面积的1/40。海洋在南太平洋地区人类兴起、殖民贸易、非殖民化进程以及现代国家建立发展中发挥了重要作用。海洋已经成为他们生活中的一部分,因而需要对海洋城市、岛屿、港口以及海洋世界互动网络的形成和运行进行体系性研究。第三,太平洋岛国也是近代以来世界历史的重要组成部分。1500年前后,西方大航海开启了世界近代历史。大航海使地球上的不同人群连到一起,实现了地理全球化,西方开始成为世界舞台的主角。西方运用武力、商品、资本以及宗教、法律、文化等在南太平洋地区建立了殖民体系,传播了西方文明。认识太平洋岛国历史也是从另一个视角认识世界历史。

其次,世界面临百年未有之大变局,小国在国际格局中地位上升,中国建设现代化的海洋强国,加强与海洋国家的联系是题中之义。20世纪中期以前,在英法美等殖民帝国"大博弈"下,一些酋邦、部落等都是被宰割的对象。但是,进入21世纪,特别是2008年国际金融危机后,世界迎来了"百年未有之大变局",经济全球化、全球治理以及世界经济、政治、文明、秩序格局都发生了变化。在非西方化的促动下,发展中大国在世界政治舞台上的地位上升,多极化向着更加均衡的方向发展。太平洋岛国作为独立和能动的主体,有各自的意愿与诉求,不似以前完全处于被动地位。在大国地缘政治竞争中,太平洋岛国经常"抱团取暖",根据自身判断决定国家行为,追求国际生存空间和"理想地位",这些国家基于自我主张给该地区带来了新一轮"小博弈"。随着全球经济的发展，海洋将成为经济发展的动力之一，区域经济一体化将会拉动全球贸易增长。专家预计，到2050年全球货运贸易可能会增长330%—350%，[①]作为太平洋最安全航线途径地，太平洋岛国地区的地位和优势日益凸显。习近平总书记提出，要进一步关心海洋、认识海洋、经略海洋。随着"海洋强国"战略的推进，海洋与国家对外交往、经济发展、人民生活更加密切相关。中国加强与太平洋岛国的关系，推动建立全方位、多层次、宽领域的蓝色伙伴关系，共建中国—大洋洲—南太平洋蓝色经济通道，共同打造开放、包容的合作平台，推动建立互利共赢的蓝色伙伴关系，铸造可持续发展的"蓝色引擎"。

最后，中国视角、岛国情怀、协同创新和经世致用的太平洋岛国史研究，符合中国、太平洋岛国人民的需要。近年来，跨国史作为一种新的研究视角不断兴起并受到重视。跨国史研究往往聚焦于两个或者几个民族国家之间发生的人员流动、经济往来和文化交流等。跨国史研究的出现和兴盛，很大程度上来自历史学家对传统的、以民族国家内部历史为研究对象的国别史研究不足之处的深度思考[②]。这一切都意味着，随着世界各国联系的不断增强，有必要从不同视角加深对国别、区域、国家与国家、国家与区域、区域与区域的研究。从殖民时代至今，多数关于太平洋岛国的研究成果（特别是英文成果）都建立在西方话语体系之下的，缺乏对太平洋岛国人民现实需求的观照。太平洋岛国人民期盼从他们立场出发撰写的历史著作，探讨太平洋岛国历史文化、政治体制、对外交往、蓝色经济以及海洋治理等相关问题。

[①] 林香红：《面向2030：全球海洋经济发展的影响因素、趋势及对策建议》，《太平洋学报》2020年第1期。

[②] 闫勇：《跨国史研究正当其时：人类社会呈现"命运共同体"的特征》，中国社会科学网，http://www.cssn.cn/zgs/zgs_sxllysxs/201609/t20160923_3211805_1.shtml，2016年9月23日。王立新：《跨国史的兴起与20世纪世界史的重新书写》，《世界历史》2016年第2期。

就中国史学发展趋势而论，正如瞿林东先生所言："21世纪的中国史学面临着前所未有地开放形势，为了使更多的外国同行、外国公众全面地认识中国历史、中国史学，促进中外史学交流，推动中国史学发展，中国史学应当确立起进一步走向世界的意识和要求。"[1] 进入新时代，随着中国前所未有地走近世界舞台的中央，前所未有地接近实现中华民族伟大复兴的梦想，中国与世界的关系发生前所未有的历史性变化，国际关系中的中国因素空前增加。在中国融入全球化的过程中，有些学者创造了"Chimerica"（中美共同体）这样的词语[2]。这都是中国史学发展应当关注的新问题。中国的国别与区域研究顺应发展潮流，符合中国要与世界建立什么样的关系以及如何构建这种关系的思考，为中国与世界各国之间的沟通提供了一种渠道，同时也展现了中国史学最新的研究动向和成果。

---

[1] 瞿林东：《前提和路径——关于中国史学进一步走向世界的思考》，《北京师范大学学报》2006年第5期。

[2] 由美国哈佛大学著名经济史学教授弗格森（Niall Ferguson）和柏林自由大学石里克教授共同创造出的新词，称中美已走入共生时代。即便中国在很长的一段时间内，难以与美国相匹敌，但是此词的出现，意味着中国的崛起在某种程度上改变了世界历史进程，也必将会影响历史书写。参见https://en.wikipedia.org/wiki/Chimerica。

前　言

所有共享太平洋的人都知道，我们的未来是相互联系的，必须共同面对维护和平、应对气候变化和促进可持续发展的挑战。

自改革开放以来，中国在贸易、投资和民间合作方面获益良多。现在，中国正通过"一带一路"倡议为全球经济做出贡献，成为区域基础设施建设和互联互通的伙伴。

如果我们在共同利益的基础上建立区域关系，并致力于合作，"21世纪海上丝绸之路"将为太平洋岛屿地区提供重要的机遇。

我们有许多工作要做，以确定切实可行的发展项目，并建立真正双赢的伙伴关系。太平洋岛屿区域具有巨大的潜力，可赋予其巨大的渔业资源更多价值，可建立独特的可持续旅游业，还可通过开发其矿产和能源资源加强其经济。

2017年在纽约举行的联合国海洋大会上，世界各国领导人承诺保护和可持续利用我们的海洋和海洋资源，以实现可持续发展。

因此，我们也面临着一项重要的挑战——支持为太平洋岛屿社区提供就业岗位和发展机遇，同时为太平洋未来发展保护其独特环境。

大卫·莫里斯
2019年联合国亚太商业论坛主席

目 录

绪 论 ……………………………………………………………（1）
  一 选题意义 ……………………………………………………（1）
  二 国内外研究现状 ……………………………………………（4）
  三 主要内容与框架结构 ………………………………………（8）
  四 研究方法与路径 ……………………………………………（11）

第一章 太平洋岛国的历史和现实 ………………………………（13）
  第一节 太平洋岛国的酋长制 …………………………………（13）
    一 头人、酋长与酋长制度 …………………………………（14）
    二 殖民统治对酋长制发展的影响 …………………………（19）
    三 太平洋岛国独立后酋长制的走向 ………………………（22）
  第二节 太平洋岛国的政治、经济与外交范式 ………………（27）
    一 具有重要经济开发潜力和地缘政治价值的
      太平洋岛屿地区 ……………………………………………（27）
    二 软弱和缺乏持久力的政党政治 …………………………（30）
    三 包容性和可持续性的经济发展目标 ……………………（36）
    四 转变中的太平洋岛国集体外交范式 ……………………（42）
  第三节 大国对太平洋岛国的介入 ……………………………（50）
    一 美国谋求战略利益 ………………………………………（51）
    二 澳大利亚意在建立地区霸权体系 ………………………（54）
    三 新西兰力求维护在南太平洋地区的"领导者"
      地位 …………………………………………………………（59）

第四节 "北向"战略的提出与"一带一路"的
　　　　不期而遇 …………………………………………（70）
　　一　现代化进程中的太平洋岛国 ………………………（70）
　　二　太平洋岛国"北向"战略的提出 …………………（75）
　　三　亚洲资本介入及其影响 ……………………………（78）
第五节　太平洋岛国的新选择 ………………………………（83）
　　一　无意参与大国的地缘竞争 …………………………（83）
　　二　区域力量转换下太平洋岛国的新选择 ……………（88）

第二章　中国与太平洋岛国关系四十年 ………………………（93）
　第一节　中国与太平洋岛国交往历史悠久 …………………（93）
　第二节　四十年来中国同太平洋岛国交往持续稳步
　　　　　推进 ……………………………………………（97）
　第三节　"一带一路"倡议开启中国同太平洋岛国关系
　　　　　新时代 …………………………………………（102）
　　一　中国深化同太平洋岛国的合作 ……………………（103）
　　二　"一带一路"倡议引领中国—太平洋岛国关系扬帆
　　　　再启航 …………………………………………（105）
　第四节　2019年中国—太平洋岛国关系的回顾与展望 ……（107）
　　一　中国在南太平洋地区实现了外交新突破 …………（107）
　　二　政府高层互动频繁，政治互信不断增强 …………（109）
　　三　"一带一路"倡议带动太平洋岛国经济发展 ………（111）
　　四　对外援助促进民心相通 ……………………………（114）
　　五　中国与太平洋岛国继续携手前行 …………………（117）

第三章　中国与太平洋岛国合作的领域与经验 ………………（119）
　第一节　"一带一路"倡议为中国与太平洋岛国合作
　　　　　提供了新机遇 …………………………………（119）
　第二节　中国与斐济的经济合作 ……………………………（125）
　　一　斐济：太平洋岛国空中交通枢纽 …………………（125）

二　斐济的"北向"得到中国的积极回应 …………………… (128)
　　三　菌草种植助推斐济的经济发展 ……………………………… (131)
第三节　中国与巴布亚新几内亚的合作 ……………………………… (134)
　　一　巴新：太平洋岛国中陆地最大的国家 ……………………… (135)
　　二　巴新的农业现状 ……………………………………………… (136)
　　三　巴新的林业现状 ……………………………………………… (139)
　　四　巴新与中国的经济合作 ……………………………………… (141)
第四节　中国与密克罗尼西亚联邦的合作 …………………………… (145)
　　一　金枪鱼是密联邦重要的财政收入来源 ……………………… (146)
　　二　信托基金是密联邦经济发展重要驱动力 …………………… (148)
　　三　密联邦对大国援助的选择 …………………………………… (150)
　　四　中国与密联邦的经济合作 …………………………………… (153)
第五节　中国与太平洋岛国的教育合作 ……………………………… (155)
　　一　太平洋岛国教育发展现状 …………………………………… (156)
　　二　太平洋岛国教育发展中存在的问题 ………………………… (163)
　　三　太平洋岛国教育发展的制约因素 …………………………… (165)
　　四　中国与太平洋岛国教育合作的路径 ………………………… (168)

第四章　影响中国—太平洋岛国关系的因素 ………………………… (170)
第一节　太平洋岛国报纸上的中国形象
　　　　——以巴新、萨摩亚、斐济报纸为中心 …………………… (170)
　　一　"21世纪海上丝绸之路"与太平洋岛国 …………………… (171)
　　二　巴新、萨摩亚、斐济报纸上的中国形象 …………………… (173)
第二节　太平洋岛国对"一带一路"的态度 ………………………… (178)
　　一　中国与太平洋岛国合作没有针对任何第三方 ……………… (178)
　　二　中国与太平洋岛国合作稳步向好 …………………………… (181)
　　三　太平洋岛国对"一带一路"的看法 ………………………… (187)
第三节　国际形势对中国—太平洋岛国关系的影响 ………………… (191)
　　一　太平洋岛国地区主义和民族主义的影响 …………………… (191)
　　二　南太平洋地区域外大国的影响 ……………………………… (194)

第五章　中国与太平洋岛国关系发展路径 ……………………（200）

第一节　深入宣传"和平发展"理念，提升中国在南太平洋地区的形象 ……………………（200）
一　"和平发展理念"符合发展中国家经济建设的多元化路径选择 ……………………（201）
二　在太平洋岛国提升中国形象的路径 ……………（205）

第二节　运用"政治角色"理论，深化中国—太平洋岛国互利合作关系 ……………………（209）

第三节　坚持"四个超越"原则，推动全面战略合作伙伴关系 ……………………（213）

第四节　把握太平洋岛国形势新变化，探索深化合作新路径 ……………………（221）

附录　帕劳、马绍尔群岛、图瓦卢、瑙鲁四岛国概况 ………（227）
一　帕劳、马绍尔群岛、图瓦卢、瑙鲁地理历史简况 ………（227）
二　四岛国的外交政策以及与大国关系 ………………（235）
三　四岛国与国际组织的关系 …………………………（239）
四　四岛国与中国的关系 ………………………………（241）

参考文献 ……………………………………………………（244）

后　记 ………………………………………………………（252）

绪　　论

一　选题意义

南太平洋地区不同于南大西洋地区，这里星罗棋布地分布着不同的岛屿。对于南太平洋地区的内涵和外延，学者之间有不同的认识①。本书所用的南太平洋地区概念不包括澳大利亚、新西兰两个地区大国。太平洋岛国地区是指在南太平洋地区14个独立的岛屿国家所占有的地区，包括领土、领海、领空和专属经济区。南太平洋地区区分为密克罗尼西亚群岛、美拉尼西亚群岛、波利尼西亚群岛三个次区域。

14个独立的岛屿国家位于"21世纪海上丝绸之路"的南线。在我国实施海洋强国战略背景下，太平洋岛国战略地位凸显。14个太平洋岛国陆地面积共有52.8万平方千米，从地域面积上看属于小岛屿国家。但是，14个岛国的海洋专属经济区面积是陆地面积的近40倍，从海洋面积来说，他们是海洋大国。太平洋岛国是发展中的海洋国家，岛国人民视海洋为国家的命脉。

中国与南太平洋地区的关系历史悠久。晚清，魏源撰写的《海国图志》中就有对南太平洋地区的描述。第一次世界大战前，中国士人

---

① 陈晓晨对此概念有详细地梳理，参见陈晓晨《南太平洋地区主义：历史变迁的逻辑》，社会科学文献出版社2020年版，第5—14页。

对域外世界的认识还主要聚焦于英国、法国、德国、俄国、日本等大国，对南太平洋地区的岛屿也有了粗浅认识，在近代报刊中就有了对该地区人种、地理、风俗、天气等内容的介绍。如，1876年春季刊发的《格致汇编》中"论地面形势"一文写道："凡洋海中之地面四周有水围之者，则谓之岛，极大者为澳大利亚，即新金山，又有婆罗岛、巴布亚岛在其北……"① 该文提及了澳大利亚、巴布亚岛的地理位置。又如，1899年的《知新报》第88册、第90册、第91册、第94册、第97册中刊登了关于英国、德国和美国争夺"撒摩亚"（萨摩亚）的内容，这是最早论述大国对南太平洋地区岛屿争夺的报道。进入20世纪以后，随着第一次世界大战、第二次世界大战的爆发，中国报刊中对南太平洋地区岛屿的报道逐渐增多。

在20世纪60年代后，南太平洋地区岛屿寻求独立进程加速，先后建立了14个独立的国家。胡耀邦在中国与太平洋岛国关系史上书写了重要一页。1985年4月12日至24日，胡耀邦应邀前往澳大利亚、新西兰、萨摩亚、斐济和巴布亚新几内亚五国访问。萨摩亚、斐济和巴布亚新几内亚三国是中国领导人第一次访问。2006年，经时任中华人民共和国总理温家宝提议，中国与太平洋岛国建立了中国—太平洋岛国经济发展合作论坛，标志着中国—太平洋岛国的互利合作的常态化机制已初步形成。2014年和2018年，国家主席习近平在斐济楠迪和巴布亚新几内亚莫尔斯比港同太平洋岛国领导人举行集体会晤，进一步提升了中国同太平洋岛国的关系。从21世纪前20年的交往来看，中国与南太平洋地区的结构互补关系日益明显，双方合作的需求也不断提高。

本书以中国与太平洋岛国关系为主题，主要基于以下两个方面的考虑。

其一，从陆地史观向海洋史观转型的学术研究需求。

---

① 《论地面形势》，《格致汇编》1876年春季号，第129页。

绪　论

"新海洋史"研究越来越重视海洋国家的研究。20世纪后半期，全球史研究日益兴起，全球史研究更加注重跨国家、跨地区、跨民族、跨文化的研究，侧重从宏观视野和互动视角来考察历史。在"新海洋史"研究中，"海洋"不仅是交流通道，也被视为包括通道以及沿岸港口城市和岛屿所构成的频繁交流互动的"世界"。研究者的视角由陆地本位转向海洋，即从海洋活动群体的角度观察思考问题，而不是站在陆地看海洋。长期以来，中国的世界史对海洋世界的关注不够。

太平洋岛国是南太平洋地区海洋国家的重要代表。海洋自古以来就是人类交往的重要场所。时至今日，世界贸易的1/6通过海洋运输来实现。太平洋面积占地球面积的1/3，南太平洋地区又是太平洋的重要组成部分，该地区陆地面积不及海洋面积的1/40。海洋在南太平洋地区人类兴起、殖民贸易、非殖民化进程以及现代国家建立发展中发挥了重要作用。海洋已经成为他们生活中的一部分，因而需要对海洋城市、岛屿、港口以及海洋世界互动网络的形成和运行进行体系性研究。

太平洋岛国也是近代以来世界历史的重要组成部分。1500年前后，西方大航海开启了世界近代历史。大航海使地球上的不同人群联系到一起，实现了地理全球化，西方开始成为世界舞台的主角。西方运用武力、商品、资本以及宗教、法律、文化等在南太平洋地区建立了殖民体系，传播了西方文明。认识太平洋岛国历史也是从另一个视角认识世界历史。

其二，世界面临百年未有之大变局，小国在国际格局中地位上升。

20世纪中期以前，在英法美等殖民帝国"大博弈"下，一些酋邦、部落等都是被宰割的对象。但是，进入21世纪，特别是2008年国际金融危机后，世界迎来了"百年未有之大变局"，经济全球化、全球治理以及世界经济、政治、文明、秩序格局都发生了变化。在非西方化的促动下，发展中大国在世界政治舞台上的地位上升，多极化向着更加均衡的方向发展。太平洋岛国作为独立和能动的主体，有各自的意愿与诉求，不似以前完全处于被动地位。在大国地缘政治竞争中，太平洋岛国经常"抱团取暖"，根据自身判断决定国家行为、追求国际生存空间和"理想地位"，这些国家基于自我主张给该地区带来了新一轮"小博弈"。

14个太平洋岛国位于"21世纪海上丝绸之路"南线，它们中的10个国家与中国签署了共建"一带一路"谅解备忘录。通过对中国与太平洋岛国关系的梳理和研究，能够在历史经验总结中找到借鉴之处，并在太平洋岛国地区推进"一带一路"倡议。首先，有利于中国应对美国的印太战略布局、加强中国外交影响力。其次，通过经贸往来、民间交往、人文交流了解岛国人民的真实想法，实现中国的可持续发展战略与太平洋岛国蓝色经济理念的对接，有利于增进中国与太平洋岛国的友谊，推动两岸关系发展。最后，南太平洋地区具有重要的地缘政治价值，是域外大国竞争的重要地区，英国、德国、法国、美国、日本、印度等国家都加强了与太平洋岛国的联系。中国正在实施海洋强国战略，走向深海大洋开展科考，维护我国国际海洋区域权益。通过开展管辖外海域深海稀土、多金属结核、富钴结壳等固体矿产资源调查，进一步确定选定靶区内深海稀土分布特征和资源潜力，初步圈定稀土资源远景区。

二　国内外研究现状

从新航路开辟，南太平洋地区就被早期的探险者发现，库克船长三次到达南太平洋地区。在第一次世界大战、第二次世界大战中，这里都是西方大国争夺的对象。时至今日，南太平洋三个次区域，美国重点支持密克罗尼西亚群岛，新西兰重点支持波利尼西亚群岛，澳大利亚重点支持美拉尼西亚群岛。日本通过日本—太平洋岛国首脑峰会

绪 论 ◆◇◆

加强了对太平洋岛国港口、机场的援助，并通过气候、海洋领域的合作巩固了关系。国外对南太平洋地区的研究起步早，成果多。自20世纪70年代，中国与太平洋岛国开始建立外交关系。中国对太平洋岛国的研究起步晚，正处于探索发展阶段。关于太平洋岛国的研究现状，已有学者进行了相关总结①，本着详其所略、略其所详的原则，本部分对国内外研究现状进行简单概述。

（一）国外研究现状

太平洋岛国曾是英国、法国、德国、美国、日本等国家的殖民地，外国对太平洋岛国关注开始于殖民扩张时期。他们从人类学、社会学、政治学、历史学、考古学等学科角度，撰写的研究成果颇多。当前，一些国家设立有专门研究太平洋岛国的学术机构，如美国的夏威夷东西方中心、夏威夷大学、杨百翰大学，澳大利亚的国立大学、昆士兰大学、墨尔本大学，新西兰的奥克兰大学、奥克兰博物馆，日本的鹿儿岛大学，法国巴黎人类博物馆，印度尼西亚哈珊奴丁大学等。美国夏威夷东西方中心、澳大利亚国立大学和新西兰奥克兰大学已经成为太平洋地区岛国研究的三大中心。此外，南太平洋大学大洋洲研究中心、萨摩亚国立大学萨摩亚研究中心也开展了相关研究。国外重要学术研究期刊有《太平洋史期刊》(Journal of Pacific History)《当代太平洋》(The Contemporary Pacific)《太平洋研究期刊》(The Journal of Pacific Studies)。进入21世纪，随着南太平洋地区战略地位的提升，国外学者对太平洋岛国诸问题更加关注。一些外国学者，如罗恩·克罗赛博（Ron Crocombe）、格雷姆·多贝尔（Graeme Dobel）、

---

① 相关梳理可参考陈晓晨《南太平洋地区主义：历史变迁的逻辑》，社会科学文献出版社2020年版，第21—41页；汪诗明《大洋洲研究的新进展、不足及未来展望》，《学术界》2020年第5期；陈晓晨、王海媚《21世纪以来中国的太平洋岛国研究：历史、现实与未来——陈晓晨研究员访谈》，《国际政治研究》2020年第4期；刘建峰、王桂玉《基于知识图谱的国际太平洋岛国研究趋势展望》，《太平洋学报》2019年第11期；王作成、孙雪岩《20世纪以来中国的太平洋岛国研究综述》，《太平洋学报》2014年第11期。

杰拉德·A. 费恩（Gerard A. Finin）、韦斯利·史密斯·特伦斯（Terence Wesley-Smith）、费格斯·汉森（Fergus Hanson）、托马斯·卢姆（Thomas Lum）、韦恩·M. 莫里森（Wayne M. Morrison）、布鲁斯·沃恩（Bruce Vaughn）等人，分别探讨了岛国的分离运动、种族冲突、海外援助、经济困境、中国与太平洋岛国关系等问题。澳大利亚学者格雷厄姆·哈索尔撰写的《太平洋群岛的民族主义与民族冲突》分析了殖民统治给岛国留下的民族冲突祸患，论述了岛国在自决斗争、非殖民化过程和后殖民时代适应现代化的过程。日本石川荣吉撰写的《南太平洋：民族学的研究》探讨了南太平洋国家和地区的民族发展状况、存在的主要问题以及未来解决途径。在中国政府提出"一带一路"倡议以后，外国的媒体，如法新社、路透社、美联社、合众社等对中国的"一带一路"进行了报道，开辟了学者研究专栏。外国的智库同样对中国的"一带一路"给予高度关注，如美国布鲁金斯学会、美国外交关系学会、世界资源研究所、澳大利亚罗伊国际政策研究所、印度和平与冲突研究所、新加坡东南亚研究所、俄罗斯国际事务委员会等，发表了《丝路博弈》《中国的"一带一路"战略》《海上丝绸之路与中国的魅力攻势》等报告。

（二）中国学界的研究现状

1. 中国大陆研究现状

20世纪70年代，我国相关部门出于外交工作的需要，组织编写了《大洋洲及太平洋岛屿》《南太平洋的万岛世界》等相关资料，翻译了国外的部分学术著作。20世纪80年代，学界热衷于讨论中国与欧美关系，很少关注太平洋岛国地区所发生的变化。20世纪90年代以后，国内学界才重新开始注意太平洋岛国，出版的著作中介绍了太平洋岛国地理、历史、艺术、宗教、文化、华人的等内容。

进入21世纪后，太平洋岛国逐渐成为国内学界研究的热点之一，其研究主题丰富多样。在太平洋岛国现代化研究、国际政治研究、华人华侨研究、环境与气候研究、太平洋岛国援助研究方面，取得了很大成绩。出版了《世界现代化历程（大洋洲卷）》《太平洋英联邦国家》等著作。国内成立了安徽大学大洋洲文学研究所（后改为大洋洲研究中心）、中山大学大洋洲研究中心、聊城大学太平洋岛国研究中心、广东外语外贸大学太平洋岛国战略研究中心、福建农林大学南太平洋岛国研究中心、北京外国语大学太平洋研究中心、北京邮电大学南太平洋地区研究中心，以及中国社会科学院的澳大利亚、新西兰、南太平洋研究中心、太平洋与太平洋国家史研究室等研究机构，进一步推动了中国的太平洋岛国研究。聊城大学太平洋岛国研究中心出版了新版列国志·太平洋岛国诸卷、《太平洋岛国研究通讯》（后改为《太平洋岛国资讯》）、《太平洋岛国研究》集刊、《太平洋岛国发展报告》（蓝皮书）等，中山大学出版了《大洋洲发展报告》等研究成果。郝时远、朱伦主编的《世界民族》第八卷，对大洋洲的民族进行了概要论述。《中国大百科全书》（第三版）对大洋洲卷中的太平洋岛国部分进行了增补。另外，中国派驻在岛国的外交官吴钟华、徐明远、韩铁如等撰写的回忆录中，亦对岛国问题进行了探讨。"一带一路"倡议提出后，学者编写了《一带一路列国志》（人民出版社2015年版）、《海丝列国志》（社会科学文献出版社2016年版）、《21世纪海上丝绸之路》（社会科学文献出版社2015年版）等，对太平洋岛国的城市、发展现状与"一带一路"的对接进行了研究。自然资源部（国家海洋局）海洋发展战略研究所以及国家信息中心也都在关注太平洋岛国海洋问题，撰写有相关的研究成果。

近五年来，大陆学者对太平洋岛国研究的关注度不断提升，主要是从人文社会科学角度进行分析，出版了《国际社会对太平洋岛国援助的比较研究》（喻常森，时事出版社2017年版）、《中美南太平洋地区合作：基于维护海上战略通道安全的视角》（梁甲瑞，中国社会科学出版社2018年版）、《域外国家对太平洋岛国的外交战略研究》（梁甲瑞，社会科学文献出版社2019年版）、《南太平洋地区主义：历史变迁的逻辑》（陈晓晨，社会科学文献出版社 2020 年版）。从中国知网检索可知，近十年来以中国与太平洋岛国合作为主题进行研究的学术论文有 40 余篇，涉及对外援助、公共外交、"一带一路"合作、海洋治理以及气候、海洋、农业、矿产等领域合作。从现有研究成果来看，近十年来中国对太平洋岛国的研究呈现上升趋势，这样一门"冷学"逐渐"热"了起来。这一方面与"一带一路"倡议的提出有密不可分的关系，也与中国日渐兴起的国别和区域研究紧密相连。作为一个世界大国，对世界国别和地区研究要实现全覆盖正日益变为现实。当然，基于实地调研的太平洋岛国研究成果相对较少，这也许是未来学术研究的一个主要方向。

2. 中国台湾地区研究现状

中国台湾地区的研究成果相对丰富一些，主要集中在台湾"中研院"亚太区域专题研究中心、台湾大学、台湾政治大学、东吴大学、金门大学等研究机构。台湾的学者撰著了《太平洋岛屿各邦建国史》《蜕变中的太平洋群岛国家》《太平洋岛国风情与风云》《当代南太平洋民主政治》《西太平洋海权之争》《思考台湾"外交"大战略》等专著，召开了"海上大棋盘：太平洋国家与区域外国家间关系"等学术研讨会。

综上，国内外学者对太平洋岛国诸问题地研究取得了相当大的成绩，为本课题的研究奠定了基础并提供了一定的思想和方法指导。但是，针对中国与太平洋岛国关系的演进历程特别是中国提出"一带一路"倡议后，在"21 世纪海上丝绸之路"框架下中国与太平洋岛国合作现状，以及在中国与太平洋岛国关系发展中存在的问题，相关的研究成果论及较少。本书即以此为出发点，进行深入分析和探索。

三　主要内容与框架结构

中国与太平洋岛国关系涉及内容较多，笔者曾多方搜集资料，力

绪　论

图编纂《中国与太平洋岛国关系编年》，全面呈现中国与南太平洋地区的历史演进画面，限于时间和笔者能力，此书一直没有问世。在前期研究基础之上，本书重点解决四个方面的重点内容。

第一，对太平洋岛国的历史和现状进行清楚地把握和探讨。尽管太平洋岛国国土面积小，偏居于太平洋深处，对外交通不便，然而这里正如太平洋深处，暗流涌动，各大国势力在此处交错汇总，太平洋岛国在大国博弈背景下寻找平衡点，以寻求本国利益的最大化。经过分析，主要涉入太平洋岛国领域的大国及组织是澳大利亚、新西兰、日本、美国、欧盟等。澳大利亚是南太平洋地区最大援助国，为太平洋岛国提供了资金援助、船舶、海洋监测、天气预报、海上巡逻与救助人员培训，以及协助制定了海洋自然保护区的规章和制度等，并向岛国派遣了政治顾问。新西兰为太平洋岛国提供了项目和资金援助，制定了太平洋岛国的法律框架。日本提供了学校、港口、医院的基础设施建设，并通过日本—太平洋岛国首脑峰会强化联系。美国重视加强与三个自由联系国的军事基地建设，特别是强调太平洋海上航道的安全。

第二，纵向梳理中国与太平洋岛国关系发展脉络。借助现有智库平台和学术成果平台，对中国与太平洋岛国关系发展做一个历时性的考察，重点分析"一带一路"倡议提出后（尤其是"21世纪海上丝绸之路"），南太平洋沿线国家的现实需求和风险挑战。太平洋岛国拥有广阔的海洋专属区，他们都属于海洋大国。岛国领导人已经意识到，仅仅通过出售专属区的捕鱼许可已不能满足国内经济可持续发展的需求，特别是实现联合国2030年可持续发展目标。如何更有效地利用海洋资源，缓解国内的就业压力，是岛国普遍面临的问题。同时，由于受气候变化和飓风等特殊天气影响，建立海岸防护墙、降低珊瑚礁的酸化、改善潟湖内珊瑚生产环境、保护红树林以降低海啸的影响、发展海洋旅游、有效利用潮汐能等，成为岛国需要解决的现实问题。通过材料梳理、田野调研和个案访谈，以时间为线索，描述改革开放四十年来中国与太平洋岛国的合作。

第三，横向考察中国与太平洋岛国合作的内容、经验。近年来，中国与太平洋岛国合作进入快车道。中国—太平洋岛国经济发展合作论坛是中国与太平洋岛国在经贸领域最高级别对话机制，分别在2006年4月、2013年11月、2019年10月召开了三届论坛，促进了中国—太平洋岛国经贸往来。2014年11月，习近平主席与太平洋岛国领导人举行会晤，确立了相互尊重、共同发展的战略伙伴关系。2017年5月，斐济总理姆拜尼马拉马参加了"一带一路"国际合作峰会论坛，期望促进地区合作。2019年，所罗门群岛与中国建交、基里巴斯与中国复交，中国在南太平洋地区取得外交新突破。2020年，新冠疫情发生以来，中国与太平洋岛国守望相助，共同面对疫情带来的挑战。可以说，中国向太平洋岛国提供了教育、医疗、基础设施、资本、人力资源等方面的援助，中国与太平洋岛国关系处于历史发展最好时期。2021年10月，首次中国—太平洋岛国外长会召开，发布了《中国—太平洋岛国外长会联合声明》通过探讨不同国家的不同行业和领域，有序、可持续地融入"一带一路"建设的政策制定、路径支持和具体落实步骤与措施等问题，总结历史经验。

第四，探索中国与太平洋岛国关系发展中面临的挑战与解决对策。历史的演进总是在出现问题和解决问题中实现的。中国与太平洋岛国相距万里之遥，受到文化、教育、交通、语言、政策以及外部因素的制约，在对某些具体问题看法上存在差距是客观存在的，也是不可避免的。通过分析建交岛国对"一带一路"的态度、太平洋岛国各阶层对中国政府的认识与看法、中国在太平洋岛国实施的合作项目及存在的问题、域外大国的干扰因素等，提出中国与太平洋岛国关系发展的若干建议。比如笔者在文中提出了若干观点，中国是海洋大国，中国在海洋开发、海洋治理、应对气候变化、海洋人才培养、蓝色经济发展以及文化交流合作等方面，都有先进的理念和成熟的经验。中国与岛国的海洋合作，要从资源购买型向技术支撑型转变；要发挥中国的技术优势，充分利用技术软实力；要改变由点到点的模式，坚持短期项目合作和长期项目合作相结合，以长期合作为主的理念；要在合作中，重视当地人力资源的培养和开发；要坚持服务当地民生，着眼未来的思想；要抓住应对气候变化这个核心主题。

基于以上研究内容，本书研究框架包括绪论、正文五章及附录。绪论主要交代选题意义、国内外研究现状、主要内容和研究方法。正文五章分别从纵向和横向分析中国与太平洋岛国的合作历程、合作内容、分析在合作过程中出现的挑战，为进一步推进中国与太平洋岛国关系提出若干建议。附录主要对截至 2022 年 1 月尚未与中国未建交的帕劳、马绍尔群岛、图瓦卢、瑙鲁四个岛国的情况进行概括，分析它们与域外大国、国际组织以及中国的关系。

四　研究方法与路径

在改革开放后相当长的一段时间，学界的研究还是主要集中于大国问题研究，对小国关注和研究不够。太平洋岛国独立延续了数十年，至今新喀里多尼亚和法属波利尼西亚还为主权独立进行斗争。鉴于国内学术界对太平洋岛国的研究尚处于发展阶段，介绍"一带一路"以及"21 世纪海上丝绸之路"沿线国家的论著较多，但是从国家海洋强国战略需要与"一带一路"倡议大背景出发，以中国与太平洋岛国关系为研究对象属于新问题，尚需要加强研究。

本书在撰写过程中综合运用文献分析法、田野调查法、定量分析法、案例分析法、访谈法和对比法等研究方法，梳理中国与太平洋岛国关系的历史演进，认识太平洋岛国对"一带一路"的态度，分析影响中国与太平洋岛国合作关系推进的影响因素，进而提出对策和建议。文献分析和田野调研是本书最为倚重的研究方法。在从事太平洋岛国研究之前，对 14 个太平洋岛国了解最早的是瑙鲁，而关于瑙鲁的知识来源全部来自地理学知识。2018 年、2019 年，笔者前往萨摩亚、斐济、帕劳、瓦努阿图、汤加等太平洋岛国进行实地调研，并通过多种方式与在太平洋岛国的华人华侨建立了联系，掌握了一手的研究资料。

太平洋岛国人撰写的本国史著作极少，在高校图书馆、档案馆中的著作多是澳大利亚、美国等学者撰述的成果。本书既有纵向的历史梳理，也有横向的比较，力图突破西方中心论，以平等的心态、岛国视角，跨学科方法，审视中国与太平洋岛国关系。

第一章 太平洋岛国的历史和现实

太平洋岛屿地区不同于太平洋岛国地区。[①] 太平洋岛国是指位于南太平洋地区的14个独立岛屿国家，分别是斐济、萨摩亚、巴布亚新几内亚、瓦努阿图、密克罗尼西亚联邦、库克群岛、汤加王国、纽埃、所罗门群岛、基里巴斯、图瓦卢、瑙鲁、帕劳和马绍尔群岛。这些国家属于"一带一路"倡议中的"21世纪海上丝绸之路"南线沿线国家。14个岛国陆地总面积为55万平方千米，总人口不足1000万人。这里生活着几十个原住民族，分属于波利尼西亚群岛、密克罗尼西亚群岛、美拉尼西亚群岛三个次区域。他们在语言、资源、经济、文化等方面都有不同程度的差异。在21世纪第二个十年结束以后，太平洋岛国依然面临气候变化和灾害风险、信息和通信技术（ICT）、网络安全和犯罪等多领域挑战和问题。

第一节 太平洋岛国的酋长制

太平洋岛国摆脱了西方殖民统治后，"嫁接"了西方的政治制度和政治体制，从传统社会直接跨入现代社会。但是，作为传统管理模式的酋长制仍然在大家庭、社区（多个大家庭联合体）、部落、酋邦和国家

[①] 太平洋岛屿地区比太平洋岛国地区指代范围更广，不仅包括已经独立的14个岛国，还包括尚未独立的岛屿、大国占有的岛屿。

治理中发挥重要作用。由于各岛国的历史、文化、习俗、独立路径和政治体制存有差异，殖民统治体系大相径庭，酋长制在太平洋岛国形态各异，作用不等。酋长制作为传统权力范式，它的变化与太平洋岛国当代多元化的领导权类型演变密切相关。由于酋长制在太平洋岛国的国家治理和政治生活中仍然发挥着重要作用，并与太平洋岛国的政治走向关联密切，因此受到学界的广泛关注。[①] 厘清太平洋岛国酋长制的历史演进，有利于我们深入分析和认知当代太平洋岛国的政治结构和权力范式，促进中国与太平洋岛国互利合作的深化和强化。

一 头人、酋长与酋长制度

由于太平洋岛国拥有相似的文化特征，因而构成了"太平洋文化圈"。太平洋岛国历史悠久，大约公元前 8000 年就有人类在此生存。西方殖民者到来前，他们处于原始社会发展阶段。随后，相继沦为殖民地[②]。第二次世界大战结束后，这些国家开启了"去殖民化"进程。冷战时期，这些位于"太平洋最偏僻的地区"的岛国，由于地小人稀，经济落后，因而在世界政治、经济体系中被极度边缘化。

中文文献在描述南太平洋岛屿传统权力范式时，"酋长制"和"头人制"并行，两者均对应同一个英文词汇"chief"。由此可见，"酋长制"和"头人制"实为同一个概念，只是汉语译文不同[③]。因袭惯例，学者常称斐济的制度为酋长制，称萨摩亚的制度为头人制。

[①] Marshall D., "Sahlins. Poor Man, Rich Man, Big-Man, Chief: Political Types in Melanesia and Polynesia", *Comparative Studies in Society and History*. Vol. 5, No. 3 (Apr., 1963). Geoffrey M. White and Lamont Lindstrom, *Chiefs Today: Traditional Pacific Leadership and the Postcolonial State*, Stanford: Stanford University Press. 1997. Ewins, Rory, *Changing Their Minds: Tradition and Politics in Contemporary Fiji and Tonga*, Christchurch: Macmillan Brown Centre for Pacific Studies, 1998. 在汪诗明、童元昭、杨聪荣等学者以及徐明远、韩铁如等驻外人员的中文著作中，也论及了该问题，在此不一一赘述。

[②] 汤加王国是 14 个太平洋岛国中唯一没有沦为殖民地的国家。

[③] 酋长，萨摩亚语是 Matai，汤加语是 Matapule，斐济语是 Turaga，基里巴斯语是 Unimwane。

第一章　太平洋岛国的历史和现实 ◆◇◆

为叙述便利，本书统一称作酋长制。

经过长期田野调查，学者们普遍认为酋长制的领导权类型在南太平洋的三个次区域存在着很大的差异。① 人类学家马歇尔·萨林斯（Marshall D. Sahlins）的论述最具代表性。在《穷人、富人、大人物、酋长：美拉尼西亚和波利尼西亚的政治类型》② 一文中，他对"大人物"（Big Man）和"酋长"（Chief）展开定性研究，认为波利尼西亚群岛的金字塔式的统治模式更符合酋长制的特征；而美拉尼西亚群岛的领导权类型则与之大为不同，它以亲属关系为基础，没有森严的等级制度，萨林斯因而称之为大人物制（big man leadership）。③ 在《人·文化·生境》中，美国人类学家马维·哈里斯则对"头人"和"酋长"进行了区分。他认为："头人是自治游群和村社的领袖；酋长则是长久的游群和村社联合群体的领袖。"自治游群（Autonomous group 村社）与村社联合群体间的首要区别在于，后者由许多社区和村落组成，酋长拥有的地位和权力远超头人。"头人必须以再三的宴请获取自己的高上地位并使之永远合法化。酋长则是继承并维护他们的权利。"④ 哈里斯总结认为，头人和酋长既有共性特征，又有差别。从共性来看，他们都是一定群体的领袖；从差别来看，酋长的职权和统治范围远超头人，头人只是酋长层级中的一个等级。

---

① 三个次区域的差别体现在多个方面，即便同属一个岛群，文化之间也有巨大差异。参见［美］唐纳德·B. 弗里曼《太平洋史》，王成至译，东方出版中心 2015 年版，第 70—79 页。

② Marshall D. Sahlins. "Poor Man, Rich Man, Big-Man, Chief: Political Types in Melanesia and Polynesia", *Comparative Studies in Society and History*, Vol. 5, No. 3 (Apr., 1963), pp. 285–303.

③ 有学者也认同萨林斯的观点，认为美拉尼西亚群岛的大人物（big man）不是真正的酋长，但是他们在太平洋岛国独立以后，通过建立酋长理事会等形式，参与政府的活动，巩固和扩大他们的权力。Geoffrey M. White, "The Discourse of Chiefs: Notes on a Melanesian Society", in Geoffrey M. White and Lamont Lindstrom, *Chiefs Today: Traditional Pacific Leadership and the Postcolonial State*, Stanford: Stanford University Press, 1997, p. 74.

④ ［美］马维·哈里斯：《人·文化·生境》，许苏明译，山西人民出版社 1989 年版，第 194 页。

酋长是社会演化过程中出现的具有特殊社会政治地位的个人，是对一定数量的人口进行管理的统治者。一些学者认为，酋长就是世袭领导者，享有世袭地位。[1] 笔者经过在太平洋岛国的长期田野调研认为，这种观点并不符合太平洋岛国的总体特征。南太平洋岛屿地区具有一定的特殊性，该地区的酋长并非全部世袭，还包括非世袭酋长。两种类型各占有一定比例，都在社会发展过程中发挥了作用。对等级分明的金字塔式世袭酋长制度而言，处于最高层级的是大酋长，其次是管理者。"大家庭"也有酋长（也可以称作头人），代表参加社区的会议；社区的酋长则代表整个社区参加部落的酋长会议。各层级酋长的主要任务就是维护社会秩序，保障成员基本生存需要、组织对外战争（斗）、教化成员等。酋长因此通常具有勤政爱民的政治素质，低层级酋长更是"吃苦在前，享受在后"。在分配财物和食品时，"总是将最差的份额留给自己"[2]。非世袭酋长不仅需要具备超群的能力，勤于生产、热心公众事务，还需要拥有一定的财富，以保证有能力组织和参加重要的部落活动。此外，酋长们还需能言善辩，具有高超的内外沟通能力。[3]

家庭是人类社会的基层单位，在南太平洋岛屿地区也不例外。但"家庭"这一概念在南太平洋岛屿地区的定义更为宽泛。它既指父母及其子女组成的"核心"家庭，也指"数代同堂"的大家庭；既包括在同一个"屋檐"下（或同一复和式大建筑物）居住的人，也包括共同生产和分享食物的人；既包括有血缘和亲属关系的人，也涵盖没有血缘和亲属关系的人。[4] 岛屿上的一个个家庭不断扩大，进而发

---

[1] Elman R. Service, *Primitive Social Organization*, New York: Random House, 1971, pp. 146-147.
[2] [美] 马维·哈里斯：《人·文化·生境》，许苏明译，山西人民出版社1989年版，第174页。
[3] 童元昭主编：《人类学的大洋洲研究》，台北商务印书馆2009年版，第152页。
[4] 笔者在斐济、萨摩亚、瓦努阿图、帕劳等地调研发现，传统、习俗一直延续到现在，老人和儿童不会因为没人照顾而出现挨饿的事情。

展成社区（community）：包括一组组家庭的集合体。社区成员拥有相同的认知和情感，彼此合作，并以节制性的方式处理内部争端。① 一个社区或者多个社区组成新的社会单元：部落或岛屿群体。他们拥有共同的信仰、行为和价值观念。其中，维持秩序的首领制度逐渐被固化，发展成为酋长制，酋长成为岛屿的领袖人物。

太平洋岛国独立前，各岛屿最高酋长的产生方式和方法各不相同。整体而言可分为两类：世袭制和选举制。

世袭制主要分布在波利尼西亚群岛以及密克罗尼西亚群岛的部分岛屿。所罗门群岛、汤加、萨摩亚、图瓦卢等国均实行世袭制，即酋长头衔通过从父系或者母系家族世袭而来，形成金字塔式的管理模式，具有明显的阶级特性。按照传统，最高酋长的头衔通常传诸酋长长子。女性一般不会拥有酋长头衔，但也有例外，在库克群岛的拉罗汤加岛上，就有一位妇女获得了最高酋长的头衔。在金字塔式的管理模式下，每个人一出生就被赋予了不同的等级，酋长的女儿会被授予象征其等级的名字。因此，酋长的妻妾和女儿尽管没有酋长的头衔，却因拥有贵族身份和等级而受到人们的尊重。随着酋长制的出现，社会阶层（阶级）也就产生了，争权夺利在部落和社区内也不断涌现。在西方殖民者来到帕劳前，人们以母系血统组成村落。酋长为了获取财富，会将本部落漂亮的女子强行嫁给富有的部落首领。但是，在阶级社会中，低等级的人通过积累财富而获得政治地位则非常困难。②

酋长选举制主要集中在美拉尼西亚群岛的斐济、瓦努阿图、所罗门群岛和新喀里多尼亚等岛屿。酋长及其相似的表述在美拉尼西亚地区已经存在相当长的时间，可以指代不同类型的地方领导。酋长选举

---

① ［美］道格拉斯·奥列佛：《太平洋岛屿原住民文化》，张慧端译，台北："行政院"原住民委员会，2000年，第29页。
② ［美］道格拉斯·奥列佛：《太平洋岛屿原住民文化》，张慧端译，台北："行政院"原住民委员会，2000年，第153页。

制依据候选人类型可以分为举长型和举贤型，前者选举德高望重的长辈为酋长，其社会类型多为等级制，长辈拥有更高的社会地位和权力；后者选举能力突出者为酋长，其社会多为平权社会。在平权社会中，由于各层级酋长没有明确规定的权力和公众承认的权威，一两位不满意者就可能打乱酋长们的计划，而酋长们却无权惩处违抗命令的人。因此，在平权型社会中，酋长不是政治统治者。有些酋长就抱怨说"头人是一个空虚的令人生厌的位置"，"头人是一个不能迫使他人服从自己，几乎没有任何权力的象征"[1]。

因此，酋长管理大家庭、村庄，乃至整个部落和酋邦存在一定难度。各级酋长因而也多担任宗教领袖，甚至雇用巫师来解决内部争端。在美拉尼西亚群岛，巫术比较盛行；在波利尼西亚群岛和密克罗尼西亚群岛，祭祀活动比较兴盛。各级酋长担任祭祀活动的主持者。因此，酋长也被认为继承了神，或者神秘祖先的血统，具有某种特殊能力。在波利尼西亚群岛的世袭酋长之中，通过嫡长子继承制度，进一步强化了酋长与类人神灵之间的联系。[2] 酋长们通过对意识形态的控制，一方面获得了权力的合法性，另一方面又从合法性的权力中获得利益，如食物和土地等。

南太平洋三个次区域的酋长制各不相同，即便在同一个岛屿上酋长制也有差异。例如，在瓦努阿图的北部岛屿，酋长是通过选举产生的，而在南部岛屿则通过世袭获得。在密克罗尼西亚群岛（包括瑙鲁、密克罗尼西亚联邦、基里巴斯等岛屿）和位于美拉尼西亚群岛的巴布亚新几内亚同样既有世袭型酋长，也有选举产生的酋长。[3]

---

[1] [美] 马维·哈里斯：《人·文化·生境》，许苏明译，山西人民出版社1989年版，第172—174页。

[2] Nicholas Thomas, *Marquesan Societies: Inequality and Political Transformation in Eastern Polynesia*, Oxford: Clarendon Press, 1990, pp. 28 - 33.

[3] Barnes, J. A., "African Models in the New Guinea Highlands", in L. L. Langness and J. C. Weschler (eds.), *Melanesia: Readings on a Culture Area*, Scranton: Chandler Publishing Company, 1971, pp. 97 - 107.

二 殖民统治对酋长制发展的影响

通观南太平洋史可以发现，西方殖民者对南太平洋岛屿的统治方式主要分为四类：直接占领，设立驻岛专员；利用当地酋长权威分而治之；间接统治；殖民共管。西方殖民者的到来，改变了南太平洋岛屿和睦相处的局面。他们不仅带来了西方的文化（特别是宗教），而且还带来了烈酒、枪支、火药，这一切都在潜移默化地重新建构太平洋岛屿人群的世界观、价值观和意识形态。西方殖民者还刻意改变了南太平洋岛屿地区的传统管理模式，使其有利于西方殖民活动的开展。

第一，西方殖民者通过与酋长的结合，获取了更大的经济利益。部落组织形式在太平洋岛屿土著民族群体中占有重要地位，是殖民者不得不面对的一个重要问题。西方殖民者认为，太平洋岛屿的首领制度符合殖民者的利益，"在公开的机会和典礼上，殖民当局和传教士总是让首领们受到传统的尊敬"[1]。尽管西方殖民者会委派官员（商人），或者利用其他方式来管理占领的岛屿，但是如果没有酋长（岛屿领袖）的支持，西方殖民者的政策和管理方式将不能有效地得到贯彻和执行。比如，第一次世界大战之后，澳大利亚、新西兰、英国在瑙鲁进行委任统治，为获取当地磷酸盐的开采权，澳大利亚先将瑙鲁岛 12 个酋长邀请到澳大利亚进行商谈，而后形成由酋长组成的咨询委员会，缓和了殖民者与土著人之间的矛盾和冲突。而对萨摩亚进行托管统治的新西兰人乔治·理查德森（George Richardson）专横跋扈，在未深入了解萨摩亚文化和社会组织的情况下，一味追求经济利益，蔑视萨摩亚习俗，剥夺酋长的称号，促使萨摩亚财产私有化，重组萨摩亚村庄，最终导致了萨摩亚人的激烈反抗。[2]

---

[1] 汪诗明、王艳芬：《太平洋英联邦国家——处在现代化的边缘》，四川人民出版社 2005 年版，第 163 页。

[2] Immanuel Ness and Zak Cope, *The Palgrave Encyclopedia of Imperialism and Anti-Imperialism*, Palgrave Mcmillan：New York, 2016, p.451. 汪诗明、王艳芬：《太平洋英联邦国家——处在现代化的边缘》，四川人民出版社 2005 年版，第 169 页。

第二，通过政治合作，维护统治权威。在殖民者到来之前，各个岛屿领袖的权力是有限的。酋长为了扩大权力和统治范围，也会借助西方势力的支持。例如，斐济虽然于1874年成为英国的殖民地，但是部落组织作为一种势力极强的传统社会组织，并不完全认可英国的统治。1876年，斐济西部和中部的岛屿曾联合抵制英国的殖民统治。斐济的第一任总督阿瑟·戈登（Sir Arthur Gordon）采取了一系列措施，保证斐济人的传统社会不受外来文化的过多干扰，同时加强与酋长们的合作，成立了酋长委员会（the Council of Chiefs）。斐济的酋长也极力迎合新的环境，"或者摒弃旧俗，或者改变它们以符合自己的利益，维护高高在上的地位"[①]。但是，殖民者和酋长间的政治合作往往带有很大的局限性，"当氏族首领不甘心做殖民主义者手中的驯服工具或是没有能力执行殖民当局的政策的时候，他的行政权就交给了殖民者认为更合适的人，不由氏族首领来继承"[②]。特别是当岛屿领袖的欲望突破限制之后，二者寻找不到利益结合点，便开始谋求自立，促进了岛屿独立运动。在14个太平洋岛国中，独立初期的总统或者总督，多数都是岛屿领袖，拥有酋长身份。

第三，通过文化渗透影响土著人的思想观念。西方殖民者在太平洋岛屿的统治所带来的政治模式、经济体制、思维模式和机制观念，都深深地影响了太平洋岛国的发展进程。在民族主义兴起和亚非拉独立运动的大背景下，太平洋岛屿国家逐渐走上了独立自主的道路。在独立之前，各岛屿对传统文化、习俗的诉求也各不相同。1956年，斐济成立的斐济人联合党（the Alliance Party），不仅要求保留斐济人的土地所有权和酋长会议的地位，而且还主张斐济总理必须由斐济人担任。1951年年底，瑙鲁成立了瑙鲁地方政府政务会议，取代了原来的酋

[①] 汪诗明、王艳芬：《太平洋英联邦国家——处在现代化的边缘》，四川人民出版社2005年版，第163页。
[②] 汪诗明、王艳芬：《太平洋英联邦国家——处在现代化的边缘》，四川人民出版社2005年版，第163页。

长委员会,在瑙鲁地方自治过程中发挥了重要作用。1949 年,澳大利亚议会通过了《巴布亚和新几内亚方案》(The Papua and New Guinea Act, 1949),提出了巴布亚和新几内亚实现行政上的联合,同时在这两个地方建立地方政府委员会,为当地土著民族参与解决问题提供了机会。在瓦努阿图,伴随着民族主义兴起和土地问题的严重化,桑托岛上的酋长巴拉克(Chief Buluk)和吉米·史蒂文森(Jimmy Stevenson)掀起了纳戈里亚梅尔运动(Nagriamel Movement),成立了最高管理委员会,与殖民统治者抗衡,成为瓦努阿图政党建立的开端。[1]在 20 世纪 70 年代,瓦努阿图成立了新赫布里底文化协会(New Hebrides Cultural Associacion),希望"促进、振兴并鼓励美拉尼西亚文化的发展,寻求新赫布里底文化和西方文明在社会、教育、经济和政治方面的共同进步"[2]。不久,面对民族危机,新赫布里底文化协会转变成了新赫布里底民族党,提出了回归传统习俗,摒弃殖民者文化的纲领。在所罗门群岛,第二次世界大战推动了所罗门群岛政治运动的开展,马拉提亚岛屿的领袖要求建立地方委员会,并向英国西太平洋高级专员提出地方委员会中要有一位"酋长"。与此同时,由佩里斯·莫罗(Pelise Moro)开展的社会经济和政治改良运动已经兴起。莫罗的父亲是当地一位酋长(大人物),莫罗领导的运动高度重视习俗和传统的价值,他界定了酋长的职责,否定了英国殖民当局提出的概念。莫罗运动波及瓜达尔卡纳岛以外的岛屿,影响至今。[3]

宗教是西方殖民者改变岛民观念的重要手段。各岛屿的部落都有本族的信仰,西方殖民者在使用和平方式不能说服当地酋长的情况

---

[1] Marc Tabani, "A Political History of Nagriamel on Santo, Vanuatu", *Oceania*, Vol. 78, Issue 3, 2013, pp. 332 – 357.

[2] 韩玉平:《新版列国志·瓦努阿图》,社会科学文献出版社 2016 年版,第 68 页。

[3] 张勇:《所罗门群岛莫罗运动探析》,《太平洋学报》2014 年第 11 期。Tacisius Kabutaulaka, "Westerminister meets Solomons in the Honiara riots", Sinclair Dinnen and Stewart Firth (eds.), *Politics and State Building in Solomon Islands*, 2008, Canberra: ANU Press, p. 110.

下，便采取了暴力的方式（恐怖、威胁、谋杀等）。在暴力活动中，殖民者首先选择的对象就是低级酋长和大酋长。比如，汤加的酋长转为信仰基督教就是由此开始的。基督教和天主教在太平洋岛国的迅速传播，改变了太平洋岛屿原住民的生活观念，并且产生了深远的影响，在太平洋岛国领导权类型的转变中也发挥了作用。[①] 西方殖民者通过在意识形态中进行宗教渗透，将西方的政治模式引入南太平洋岛屿酋长和土著居民的意识中，为国家独立提供了必要条件。[②]

三 太平洋岛国独立后酋长制的走向

文化是动态的，不是静态的，并具有凝聚力和适应性的特征。在没有深厚的文化传统和以历史书写为载体的文化传播环境中，太平洋岛国的传统文化在与西方强势文化碰撞的过程中，显然不具有优势。尽管在个别太平洋岛国和地区，一些传统领导者（酋长）企图通过维护传统和习俗的方式来获取和维护政治地位，但是作为太平洋岛国文化中的一个部分，太平洋岛国的酋长制并不是一成不变的，而是伴随着现代化进程不断演化。

太平洋岛国独立的时间主要集中在20世纪70年代前后。独立最早的是萨摩亚，最晚的是帕劳。在各太平洋岛国独立后，由于西方殖民者采取的统治政策的差别和受西方文化影响程度的差异，加之三个次区域在历史、种族、文化和习俗方面的特殊性，酋长制在各国家保留程度不一。有些大酋长演变为政党的领袖，有些成为在野势力的代

---

① 笔者认为，在当今14个太平洋岛国中，除了斐济有一定数量的人口信仰印度教、伊斯兰教外，其他岛国土著民众多数都信仰天主教和基督教，而且基督教信仰比例高于天主教。基督教民众信仰比例有的达到92%以上，低的也有70%左右。图瓦卢还将基督教定为国教。当然，基督教在传播过程中，曾与当地本土信仰产生了激烈冲突，甚至战争。

② 克莱森认为，国家形成的条件之一，包括"必须存在一种意识形态，用于解释和证明等级管理组织和社会——政治不平等的合法性。如果这样一种意识形态不存在，或者未出现，那么国家的形成就是困难的，甚或非常不可能的"。［荷兰］亨利·J.M. 克莱森：《从临时首领到最高酋长：社会——政治组织的演化》，郭子林译，《历史研究》2012年第5期。

表；有些国家依然保留有大酋长委员会（也称酋长院），如库克群岛；有些国家虽然没有大酋长委员会，但是酋长在村庄中依然具有很高的地位，甚至处于领导地位。在汤加，33 个贵族大家庭拥有国会成员资格。在萨摩亚，只有拥有酋长（头人）头衔才可以参与国会竞选。在斐济，尽管所有人都可以参与总理（总统）的竞选，但是政府的核心部门依然是被"大家族"把控着。因此，酋长头衔是参与政治活动的重要政治资本。

当前，参与现代政治活动的酋长们，与前现代时期相比已经发生了重大转变，他们在塑造民族身份、管理国家政治和经济发展方面发挥了重要作用。总体而言，酋长在当代太平洋岛国政治文化中的身份大体可以分为以下几类。

第一类是国家政治活动中的重要力量，以斐济、萨摩亚、库克群岛、马绍尔群岛、瓦努阿图为代表。斐济的酋长分为四个等级，国家设有大酋长委员会（酋长院），大酋长委员会的成员既有世袭的酋长，也有各省和地方的酋长代表，他们在议会中拥有一定席位，在国家总统和总理选举中发挥着举足轻重的作用。① 当酋长委员会与政府领导人之间利益不一致时，酋长们就会反抗中央的权威，领导他们的社区反对国家对他们权力的"掠夺"。在萨摩亚，传统的特权和政治权力是重叠的，国家是一种当代形式的酋长"领地"。在 18 万萨摩亚人口中，有 16787 人拥有酋长头衔（习惯称为"头人"），② 接近全国总人口的 1/10，萨摩亚的国会议员和政府部长只有具备了"头人"头衔，

---

① 吕桂霞：《新版列国志·斐济》，社会科学文献出版社 2015 年版，第 100—101 页。斐济政府领导人与大酋长委员会之间也是相互斗争的。2006 年 12 月，弗兰克·姆拜尼马拉马发动军事政变，并没有得到斐济大酋长委员会的认可和支持，2007 年 4 月大酋长委员会被中止。2008 年 2 月，姆拜尼马拉马将个人任命为斐济大酋长委员会主席。2008 年 10 月，按照选举程序，斐济土著事务部部长拉图·埃佩利·内拉蒂考被选举为新一任大酋长委员会主席。2012 年，大酋长委员会再次被政府解散。参见 Frederica Elbourne, "Bainimarama is GCC Head", *Fiji Times*, February 19, 2008.

② Soma Bureau Statistics, "Population and Housing Census 2011", *Tabulation Report*, 2011, p. 50.

才能成为候选人。尽管有人提出了这种制度的不公平性，但是很多头人、官员和议员们认为"酋长制还会存在一万年，直至永远"[1]。马绍尔群岛设有12人组成的大酋长委员会，是国会的助理机构，负责向内阁提供意见和咨询。瓦努阿图设有国家酋长委员会，议会通过的任何关于传统习俗的决议必须经过国家酋长委员会的授权，否则可视为无效。[2] 酋长作为瓦努阿图精神的象征，在国旗和国徽中都有所体现。库克群岛的《宪法》第8条规定国家设置最高酋长委员会，由全国各岛屿和拉罗汤加岛各地区的代表组成。在《1966年最高酋长委员会法案》及其相关修正案对《宪法》的规定做了补充，最高酋长委员会的作用是就议会提交的关于库克群岛人民福利的事务进行审查，并就这些事务提出建议，首要任务是在土地使用和传统习俗方面向议会和政府提出建议。最高酋长委员会通常至少每12个月召开一次会议。酋长委员会没有立法权，但是可以就对影响库克群岛风俗或传统的问题向议会提出建议。

第二类是国家基层社会治理的重要力量，如图瓦卢、密克罗尼西亚联邦、巴布亚新几内亚、帕劳等。在这些地方，酋长作为中央国家权力机构管理地方的有力助手，为国家权力在地方社区的运转提供便利。图瓦卢的地方管理机构是由酋长委员会选举出来的岛屿理事会，但是岛屿理事会成员不属于公职人员，在国会中，不会为酋长保留职位。在国家层面，也没有大酋长委员会。酋长的重要职能体现在村庄和岛屿的管理上。密克罗尼西亚联邦没有政党，尽管酋长在国家政治层面的影响越来越小，但是当选的官员与传统地方领导人（酋长）之间具有强烈的联系和交叉。比如，在丘克州和波纳佩州，许多地区的治安法官也拥有基于血统的酋长头衔，当选的官员往往与传统领导人

---

[1] 韩铁如：《萨摩亚纪行》，上海科学技术出版社2012年版，第67页。石莹丽：《在碰撞与调适中走向现代——萨摩亚酋长制与民主制的冲突与融合》，《太平洋岛国研究》第1辑，社会科学文献出版社2017年版，第125—133页。

[2] 韩玉平：《新版列国志·瓦努阿图》，社会科学文献出版社2016年版，第88—89页。

有血缘关系。① 雅浦州的酋长委员会在政府中依然发挥着重要作用。在20世纪六七十年代的巴布亚新几内亚，除了几个世袭的酋长，基本上还是处于平权主义的"传统"社会，领导者基本是由通过竞争获胜的"大人物"（酋长）来担任，社会决策也是经过讨论决定。② 当今的巴布亚新几内亚酋长们依然在社区治理和参与重大事务中发挥作用。③

第三类在国家现代化转型过程中，影响逐渐消失，如所罗门群岛、瑙鲁、纽埃、基里巴斯、汤加。虽然这些国家在宪法中也都强调了传统习俗和文化的重要性，但是随着国家政治体制的改革，酋长制在国家治理中逐渐淡化。如汤加的酋长，逐渐演变为了贵族。④ 在纽埃，选举制度既保留了传统文化，又与传统习俗有所背离。年满18岁的纽埃人可以参与村庄领袖选举和议员选举。村庄领袖选举，倾向于保留传统文化、选举年龄较大且有声望的人来担任，而议员选举倾向于受过良好国外教育、在新领域有杰出贡献的人。⑤ 20世纪80年代，所罗门群岛省政府审查委员会报告中曾经提出过修改宪法，对酋长的身份和权力给予认同。⑥ 酋长制与现代政治制度是两种不同的政治话语，岛屿国家酋长制的去留也处于矛盾和犹豫之中。这也说明酋

---

① *Federated States of Micronesia*, https://www.everyculture.com/Ma-Ni/Federated-States-of-Micronesia.html.

② R. J. May, *Discovering Chiefs: Traditional Authority and the Restructuring of Local Level Government in Papua New Guinea*, p. 1, https://openresearch-repository.anu.edu.au/bitstream/1885/132925/1/PSC_Regime_WP_18.pdf.

③ John Garnaut, *PNG Chiefs Talk of Civil Unrest Over Unpopular Australian Bank Deal*. https://www.smh.com.au/business/well-turn-off-the-taps-png-chiefs-challenge-australian-bank-deal-20151009-gk58dq.html.

④ 在1875年宪法支持下，汤加最大的酋长获得了贵族身份和世袭财产，与之相伴随，酋长的土地可以租给普通人和外国人，租期最长99年。Sue Farran and Loupua Sefokuli. "Tonga", in Don Paterson and Sue Farran. *South Pacific Land Systems*, Suva: USP Press, 2013, p. 263.

⑤ 纽埃常驻人口仅有2000人左右，该国一方面受益于澳大利亚、新西兰等国家的援助，另一方面又对新西兰协助建立的议会制度不满。

⑥ Geoffrey M. White, "The Discourse of Chiefs: Notes on a Melanesian Society", in Geoffrey M. White and Lamont Lindstrom, *Chiefs Today: Traditional Pacific Leadership and the Postcolonial State*, Stanford: Stanford University Press. 1997, p. 73.

长制文化的淡化需要一个长期的过程。

当然，三大群岛的酋长制的变化与西方资本主义的介入和资本主义文化的传播有密切的关系。南太平洋岛屿各民族掀起的反抗西方殖民主义文化、保护本土习俗的运动，正好反映出了西方强势文化所带来的影响。在密克罗尼西亚联邦，传统酋长的权威深深植根于习俗和传统之中，随着西方社会价值观和政治制度的引入，这些传统不断被侵蚀。土著人想要保护他们的习俗和传统，但是他们又不会在传统领域之外为酋长创造新的角色。随着民主价值观的传播和影响，传统酋长的权威将进一步被削弱。比如，在密克罗尼西亚联邦的丘克州和波纳佩州，民主视阈下的平等主义原则将使传统酋长无法确保自己的治理角色。尽管传统酋长在雅浦州具有重要地位，但是越来越多的年轻人在西方接受教育，他们试图突破传统和习俗，扩大酋长的权力，但是他们又没有足够的力量保留酋长在国家治理中的作用。[①] 在全球化和现代化进程中，美拉尼西亚群岛越来越资本主义化。在殖民统治结束以后，美拉尼西亚群岛社会中涌现出了多种类型的地方领导人物，比如教会领袖、政治人物、商人。非世袭的酋长越来越少，他们凭借自身实力和能力转变为政治人物和商人。政治人物更加注重利益共同体的建设，在国会选举和政府官员任用上有所影响。商人更加重视本家族和自身的利益获取。这些变化与酋长制文化的弱化有密切关系。不可否认的是，传统领导人依然有重要影响，特别是当国家衰弱或者遇到危机时，更需要权威领导人物在国家治理中发挥作用。1987 年，斐济发生军事政变后，退居幕后的全国大酋长委员会重新登上政治舞台就是一个典型案例。事实上，从殖民初期起，对赋予传统地方领导人（酋长）权力的讨论一直是美拉尼西亚政治的一个特点[②]。21 世纪

---

① John R. Haglelgam, *Governance in Micronesia: Roles and Influence of Traditional Chiefs*, pp. 23 – 24, http://unpan1.un.org/intradoc/groups/public/documents/un/unpan022608.pdf.

② Geoffrey M. White, Indigenous Governance in Melanesia, *State Society and Governance in Melanesia*, p. 4, https://pdfs.semanticscholar.org/a907/ad17f0f10029d5e455f1a5946aef35a81ce2.pdf.

初，美拉尼西亚群岛采取的承认传统领导人的行动似乎是对国家无法在当地社区保持存在的一种可预见的反应。将传统领导模式与现代国家结构相结合，并且使传统僵化的平权主义领导模式和严格的等级制度以更加灵活的方式展现出来，是未来美拉尼西亚群岛的发展方向。

第二节　太平洋岛国的政治、经济与外交范式

太平洋岛国所处区域具有重要的地缘政治价值，在"太平洋世纪"的今天，其地缘政治地位日益凸显。独立后的太平洋岛国基本上"嫁接"了西方的政治模式，尽管国小人少，但是多数岛国政党林立，斗争激烈。面临国内日益增长的就业、医疗、教育以及社会保障需求，太平洋岛国政府经济压力不断提升。为此，太平洋岛国领导人通过政治、经济改革和外交范式的转变来稳定局面。

一　具有重要经济开发潜力和地缘政治价值的太平洋岛屿地区

太平洋岛屿地区是世界上小岛屿分布最为密集的地区之一，分布着数千个大小不一的岛屿，其中绝大多数为环状珊瑚岛和火山岛。太平洋岛屿地区拥有丰富的人类尚未大规模开发利用的矿产、生物、旅游和人文资源。太平洋岛屿地区具有世界上最为纷繁复杂的海洋生态系统，是海洋生物多样性最为丰富的地区。一些太平洋岛国国土面积不是很大，却拥有丰富的矿产和林业资源，如巴布亚新几内亚、斐济、瓦努阿图等。另一些岛国虽然陆地资源拥有量并不丰富，却拥有极为广阔的海洋经济区，海洋资源十分丰富，如密克罗尼西亚联邦、基里巴斯、马绍尔群岛等。

太平洋岛屿地区是世界上最大的金枪鱼和许多濒危物种的栖息和繁衍地，如鲸鱼、海豚、儒艮和黄貂鱼等。该地区每年为全球提供300万吨可持续捕捞的金枪鱼，占全球金枪鱼供应量的一半以上。金枪鱼捕捞业不仅可以每年为该地区创造60多亿美元的直接收入，而

且为本地区和外来劳工创造了大量的就业机会。太平洋岛屿地区还盛产珍贵的檀香木，如能在保护的同时实现开发利用，则有着极为广阔的市场潜力和极高的经济价值。此外，太平洋岛屿地区还盛产热带水果、咖啡和植物保健品等，都具有良好的市场潜力和经济价值。

太平洋岛屿地区不仅拥有丰富的陆地和海洋资源，而且还蕴藏着丰富的文化和旅游资源。太平洋岛屿地区的自然地质景观和人文历史遗迹基本上保持着较为原始的面貌，具有较高的旅游和探险价值。太平洋岛屿地区还拥有世界上最为古老和独特的文化圈，其语言与文字自成体系，形成独特的南岛语系。太平洋岛屿地区民众能歌善舞，民间保存着丰富的、风格迥异的舞蹈、民歌、音乐等充满原住民特色的文化宝藏。该地区独特的自然风貌和人文景观使其成为国际旅游业正在开发的一块热土，旅游业正成为太平洋岛屿地区经济发展的新兴产业，是太平洋蓝色经济发展的重要增长点。近10年来，太平洋岛屿地区游客增长迅速。

据统计，太平洋岛屿地区14个岛国和法属波利尼西、新喀里多尼亚2017年共有到访游客近300万人次，创下新的历史纪录。旅游业既可以为太平洋岛国和地区做出较大的经济贡献，也可为当地民众提供便利的就业机会。但是，太平洋岛屿地区的游客分布极不平衡，一些国家由于旅游资源开发较早，交通便利，因而接待了大量游客。例如，斐济2017年接待了近150万人次的游客，而大多数太平洋岛国接待游客数量不到10%，库克群岛甚至不到1%。在国际游客中，约有一多半来自澳大利亚和新西兰，其余多来自美国、欧洲、中国、日本等。这充分说明太平洋岛屿地区存在着较大的旅游资源开发和游客市场推广空间。此外，太平洋岛屿地区的独特文化资源也存在着进一步开发的广阔空间，为经济发展、社会稳定和环境保护做出更大的贡献。

太平洋岛屿地区位于太平洋西南部，是连接亚洲与南北美洲的交通要冲，战略地位十分重要，一向被全球体系的主导者美国视作自己

第一章　太平洋岛国的历史和现实

的"内湖"①。南太平洋传统地区强国澳大利亚则视太平洋岛屿地区为其"后院"②。长期以来,美、澳两国不仅对太平洋岛屿国家进行政治、经济、文化和意识形态的控制,而且还在该地区不断扩建联合军事基地。美国和澳大利亚之所以对太平洋岛屿国家如此重视,主要有以下三方面原因。

一是太平洋岛屿地区丰富的自然资源是西方大国高度重视该地区的首要因素。虽然太平洋岛屿地区的14个岛国的面积仅为50多万平方千米,但其拥有的海洋专属经济区面积达2200多万平方千米。③ 辽阔的海疆蕴藏着丰富的动植物资源和石油、天然气等矿产资源。④ 据澳大利亚有关机构报道,太平洋岛屿地区近来又探明了储量极为丰富并极具战略价值的稀有金属和非金属资源。这些宝贵的资源既可用于航空、航天等高科技领域,又可用于尖端军事领域。显然,掌握这些资源不仅可使西方大国获得丰厚的经济和军事利益,更可制约潜在竞争对手的发展。

二是太平洋岛屿地区具有重要的军事和战略价值,是超级大国和地区强国一直竭力加以掌控的军事战略区。太平洋岛屿地区位于太平洋中部地带,扼守亚洲与南北美洲的海上交通要道,地理位置十分重要。此外,该地区洋面辽阔、水深流急、岛屿密布,战略舰艇布防于此既易于隐蔽,又便于进攻,对太平洋地区大国具有重要的军事价值。美国和澳大利亚部分媒体曾指出,第二次世界大战期间日本将帕劳殖民地建为军事基地后,东向威胁关岛,西向威慑菲律宾,并一举

---

① Thomas Lee, George Yu and Kenneth Klinkner, *American Studies in China*, University Press of America, 1993, p. 143.
② Yu Lei, "China-Australia Strategic Partnership in the Context of China's Grand Peripheral Diplomacy", *Cambridge Review of International Affairs*, Vol. 29, No. 2, 2016, pp. 740–760.
③ "Australian Department of Foreign Affairs and Trade 2018", https: //dfat. gov. au/geo/pacific/Pages/the-pacific. aspx.
④ Michael Peterson and Akuila Tawake, "Deep sea minerals in the Pacific", http: //dpa. bellschool. anu. edu. au/sites/default/files/publications/attachments/2017-05/ib_ 2017 _ 9 _ pettersontawake_ 0. pdf.

29

剪断了美国本土与亚洲的联系，致使太平洋战争伊始，美军菲律宾基地在日军前后夹击下瞬息崩溃，数万美军不战而降。因此，以美国为首的西方国家一直竭力掌控太平洋岛屿地区的安全体系，决不容许岛国与任何非西方国家建立军事和安全合作。

三是太平洋岛屿地区14个岛国"用一个声音说话"，日益成为国际社会的重要政治力量，是西方国家设法控制的"票库"。20世纪70年代前，太平洋岛国均为美国、澳大利亚、新西兰、日本等帝国主义列强的殖民地。独立后，岛国在经济和外援上一直依赖前殖民宗主国，因而在国际社会并不能真正为自身利益发声。冷战结束后，岛国政府及民众在政治上的独立自主意识空前高涨，在联合国等国际组织中"用一个声音说话"，努力成为一支独立的政治力量。为此，各岛国奉行"不要将所有鸡蛋放在一个篮子里"的策略，[1] 努力与包括中国、印度和东盟在内的世界新兴经济体发展全方位的合作关系。[2] 西方前殖民宗主国并不甘心在该地区力量和影响力的下降，试图在政治、经济和意识形态上竭力恢复对太平洋岛国的控制，并使其成为在联合国和其他国际组织中可以利用的政治工具。

太平洋岛国所处地域是跨太平洋海上运输的十字路口，优越的战略位置、海底资源和海上资源成为大国的争夺目标。域外大国通过海外援助、军事合作、非政府组织协助等形式，扩大在此地区的影响。澳大利亚、美国、日本、法国依然是在这一地区有影响的国家。

二 软弱和缺乏持久力的政党政治

政党仍然是民主国家代表和治理不可或缺的体制框架。由于太平洋岛国复杂的独立进程，许多太平洋岛国在民主建设中处于政治劣

---

[1] Peter Abigail, *Australia and the South Pacific: Rising to the Challenge*, Canberra: Australian Strategic Policy Institute, 2008, p. 91.
[2] "Pacific Opportunities: Leveraging Asia's Growth", https://www.adb.org/publications/pacific-opportunities-leveraging-asias-growth.

势，主要源于当地政党通常比较软弱和效率不高。这些政党几乎没有出台作为政策纲领的文件，制定明确的发展目标，因此在凝聚利益、审议政策或在不同社会群体政策利益协调上缺乏有效的作用。太平洋岛国的大多数政党缺乏系统的组织机构，它们在积极参与公民教育或建立共识方面往往效率较差。在美拉尼西亚群岛，大多数政党都是围绕一位或多位有权势的政治领导人组织起来的，结果是个人主张往往凌驾于政党决策之上。整体而言，太平洋岛国的政党是维系该区域民主治理的链条中特别脆弱的一环。

从2014—2019年的连续观察来看，14个太平洋岛国政治并不稳定，政治更迭不断，导致国家领导人并不能集中精力解决就业、医疗、教育等问题，这在一定程度上与政党建设不完善有关。太平洋岛国的政党政治受政治制度、传统体制、亲属关系、宗教信仰、平民参与等诸多因素影响。不可否认，太平洋岛国政党政治受前殖民宗主国影响较大，但是传统制度对政党政治的影响也不可忽略。有学者认为：巴布亚新几内亚高原、沿海、岛屿和城市地区之间的政治风格、行为和期望的差异，可能比任何经历内战、征服国家、工业革命或受媒体传递国家信息影响的西方国家政党的内部差异更大。[①] 虽然太平洋岛国沿袭了西方国家的政治制度发展模式，但是这种在西方制度和传统体制上建构起来的制度并不完善，它更多地受传统因素的影响。通过在巴布亚新几内亚、斐济、萨摩亚以及瓦努阿图调研发现，参与投票的年轻人根本不理解选举制度，他们都是在酋长、社区领袖或者牧师的影响下去投票。

尽管该区域大多数政党的寿命往往很短，或者组成新的政治联盟，或者昙花一现，但是太平洋岛国有少数在独立时成立的政党，这些政党仍然存在。因此，可以尝试将其与西方国家民主发展的早期和

[①] Roland Rich, "Analyzing and Categorizing Political Parties in the Pacific Islands", Edited by Roland Rich with Luke Hambly and Michael G. Morgan, *Political Parties in the Pacific Islands*, Canberra: ANU Press, 2008, p. 2.

非洲独立后的政治发展时期进行比较。分析太平洋岛国的政党政治，除了要对识字、教育和参与政治的中产阶级构成分析之外，还要对太平洋岛国独特国情、交通和信息传递因素进行分析。政党之间的意识形态距离很少会成为一个说明问题的因素，不能用意识形态或政策差别的标签来分析它，这是因为政党没有长久的政策主张或者政党领袖的主张时刻可变。但是有一个因素时刻在影响着太平洋岛国的政党发展，那就是政党领袖和裙带关系。

太平洋岛国也存在从民族解放运动发展为政治政党的现象。从对非洲和太平洋岛国民族解放运动的案例比较来看，二者之间存在一些差别。在非洲，许多诞生于独立运动的政党继续主导着他们国家的政治舞台，从独立斗争中获得的民众支持率和合法行为他们进入选举进程提供了便利，斗争中积累起来的力量和习惯使他们不愿分享权力，结果是出现了一党制或一党主导的情况。在太平洋岛国民族独立运动转变为政党建构方面，瓦努阿图的瓦库党比较具有代表性。但是在民族解放运动中形成的政治斗争的势头在独立大约10年后的时间放缓了，政党对权力的争夺势头不足。有的政党丧失了政权，有的政党分裂为多个政党，政党的凝聚力越来越差。汤加的斗争是平民对贵族的斗争，而且是在一定限度内以温和方式进行的，如今汤加国王依然受到汤加全国人民的尊重和爱戴。所罗门群岛被英国人殖民，反抗斗争在瓜达尔卡纳尔岛和马莱塔岛表现最为突出，然而这种斗争没有促成政党的出现。

在太平洋岛国中，政党政治相对比较成熟的是巴布亚新几内亚、斐济、瓦努阿图、萨摩亚、基里巴斯，没有政党（或者政党时断时续）的国家包括密克罗尼西亚联邦、图瓦卢、瑙鲁、纽埃、帕劳。斐济和巴新是太平洋岛国中的大国，在地区事务中具有重要作用，而且这两个国家的政党发展相对成熟。

2013年1月，斐济政府颁布实施《2013年政党（登记、行为、资金和公开）法》，规定自1月18日起所有政党必须在28天内重新登记，并满足该法规定的有关条件，否则将被视为非法。截至2018年，斐济已注册的合法政党共7个，斐济优先党、社会民主自由党是重要的两个党派。

表1－1　　　　　　　　斐济主要政党情况

政党名称	基本情况	备注
斐济优先党（Fiji First Party）	2014年6月成立。党领袖为斐济总理姆拜尼马拉马。主张族裔平等，重视发展经济、改善民生，提出"要为全体斐济人建设一个更美好的斐济"	主要支持者包括广大印度族民众、斐济族基层民众以及商界名流、知识分子和青年人等
社会民主自由党（Social Democratic Liberal Party）	原为前总理恩加拉塞于2001年组建的团结斐济党，2013年5月改用现名。党领袖为前总理斯蒂文尼·兰布卡。主张在促进民族和解的同时，更多照顾斐济族和罗图马族①的利益	主要支持者包括传统斐济族酋长和部分斐济族基层民众
斐济工党（Fiji Labour Party）	1985年7月成立，2013年根据新政党法令重新登记。党领袖为马亨德拉·乔杜里（Mahendra Chaudhry）。该党是在各大工会支持下主要由印度族组成的多民族政党，代表中下层印度族人利益，在广大印度族蔗农、工会成员、部分知识分子和青年中影响较大	乔杜里曾于1987年和1999年两次执政。2006年5月至12月、2007年1月至2008年8月先后参与恩加拉塞政府和姆拜尼马拉马领导的临时政府
民族联盟党（National Federation Party）	1964年成立，为斐济第一个印度族人政党，也是成立时间最早的政党，曾参与争取斐济独立的运动。党领袖为比曼·普拉萨德	该党主要依靠印度族裔的支持。于1987年短暂参加联合执政，但不足1个月即被政变推翻
人民民主党（People's Democratic Party）	2013年1月由斐济贸易工会议会发起成立，致力于保护工人和工会的权益。2013年5月正式注册为政党。党领袖为西维娅·恩戈罗	

---

① 罗图马岛位于斐济的西北方向，是斐济的一块领地，面积44平方千米，岛上人口6000多，主要为罗图马族居民，使用罗图马语（属于波利尼西亚语的一种）。罗图马岛在斐济具有相当大的自治权，岛上事务主要由7个酋长进行管理。

续表

政党名称	基本情况	备注
斐济团结自由党 (Fiji United Freedom Party)	2014年大选前仓促成立	组织结构、政策主张等不明确，影响较弱
壹斐党 (One Fiji Party)	2014年大选前仓促成立	组织结构、政策主张等不明确，影响较弱

巴布亚新几内亚注册的政党有40余个，活跃政党有十余个。巴新主要政党有人民全国代表大会党（People's National Congress Party）、联合资源党（United Resources Party）、人民进步党（People's Progress Party）、联合党（United Party）、国民联盟党（National Alliance）、盘古党（Pangu Party）。

萨摩亚政治相对稳定，主要政党为FAST党、人权保护党和服务萨摩亚党。人权保护党成立于1979年5月，对内主张坚持国家宪法，保护公民权利和自由，提高人民的文化和生活水平，对外奉行同各国友好的政策，加强同南太平洋邻国的关系。人权保护党1982年和1985年大选获胜，1985年党内发生分裂后下台。1988年人权保护党大选获胜，重新执政。后连选连胜，执政至2021年，领袖为前总理图伊拉埃帕；服务萨摩亚党是反对党，2008年12月成立，成员主要为原萨摩亚民主联合党部分议员和议会独立议员，领袖为阿沃·雷阿瓦赛埃塔。现任执政党为信仰统一党（FAST），成立于2020年7月30日。2020年8月宣布参加萨摩亚2021年大选，并取得大选胜利。

瓦努阿图政党较多，执政党与在野党斗争激烈。瓦库党是2021年新当选的执政党，原名新赫布里底民族党，成立于1971年，是瓦努阿图历史最悠久的政党。1977年改为现名，成员约2.7万人。该党自1980年瓦努阿图独立以来连续执政至1991年。1999年4月与中国共产党正式建立党际关系，是太平洋岛国第一个与中共建立党际关系的政党；民族联合党，1991年9月成立，主要由原瓦库党利尼派组成，2004年3月与中国共产党正式建立党际关系，主席哈姆·利尼；绿党联盟，成立于2000年，最初由温和党联盟的一个分支出走形成，以可持续发展、环境、传统、社会福利、商业自由为党纲，该党受到金融和工商界广泛支持，2008年5月与中国共产党正式建立党际关系，该党主席为摩阿纳·卡卡塞斯；温和党联盟，成立于1974年，成员约2.6万人，是瓦努阿图最有影响的法语政党之一，主席为瑟奇·沃霍尔。领袖党，成立于2016年，主席为约坦·纳帕特；土地和正义党，成立于2010年，宣称尊重土地和传统，认为酋长、教会、妇女和儿童是瓦努阿图的四大支柱，要通过保护本国土地和商业促进国家发展；人民进步党，2001年8月由脱离美拉尼西亚进步党的部分成员成立，主席萨托·基尔曼；共和党，1998年1月19日从温和党联盟分裂出来的政党，主席马赛利诺·皮皮特。

　　限于讨论的主题，不可能将其余太平洋岛国的政党政治进行一一分析。通过上文所论，我们亦可大体了解太平洋岛国的政党与世界其他国家的政党存在巨大差异，14个太平洋岛国的政党之间也存在很大不同。笔者多次前往太平洋岛国调研，也切身体会到了当地民众对政治的选择与态度。在太平洋岛屿地区的许多地方，乡村生活以正常的节奏继续着，经济上靠捕鱼和自给自足的农业维持，精神上靠教堂和传统维持，民众过着无忧无虑的自在生活，他们极少为政治去伤脑筋。这通常是现代化西方国家都市人想象和向往的田园般的生活，也是他们难以理解南太平洋岛屿民众的原因所在。也许这些村庄中的一些最微不足道的地方受到现代化和全球化的影响，然而从宏观上而言，他们与现代政治生活几乎没有"瓜葛"。在现代世界中建立、管理和维持一个国家的治理机构是太平洋岛国政治难以完成的任务。在世界其他国家出现的，通过工业革命、民族运动、政治斗争锻造的政党，在太平洋岛国这个前工业化时代国家中很难实现。尽管在世界其他地方城市化趋势日益加强，但是太平洋岛国的乡村生活仍然是理想的，它并没有也不可能形成有组织的工人阶级并建立起具有斗争性的政党。

历史上与国家革命最相似的是获得独立的过程。非洲领导独立运动的精英们根据前宗主国绘制的地图重新想象了他们的土地和岛屿，通过民族运动接管了当地的殖民统治机构，民族革命就是通过这种思想转变而发生的。有学者提出，太平洋岛屿地区的非殖民化与其说是一场斗争，不如说是一场辩论，这些辩论产生的火焰足以组成政党，但可能不足以锻造足够强大的力量来抵御时间和记忆的流逝。[①] 换句话说，太平洋岛国非殖民化的过程中独立斗争不够激烈，斗争越激烈，新兴政党就越有可能拥有持久和有组织的能力，在这些国家形成一股强势而稳定的政治力量。

三 包容性和可持续性的经济发展目标

进入21世纪后，太平洋岛国政府和民众对发展的理解有了深化，他们开始认识到发展的一个重要内容就是实现人类社会与自然的和谐。太平洋岛国政府逐渐认识到国家的发展必须有一个能够照顾到经济利益、社会利益和环境利益，并得到民众广泛支持的发展目标。岛国政府为此纷纷制定了各自的经济发展规划，力求国家与社会发展在21世纪能够得到长足进步。但是，太平洋岛国的经济发展规划存在着以下一些问题：一是脱离国家经济基础过于薄弱的现实，一味追求快速发展；二是发展规划过于注重经济利益，而没有很好地照顾到社会效益和普通民众的利益；三是经济规划没有充分考虑到政府的任期，因而形成了随着一届政府的更迭而"人去政歇"的局面。太平洋岛国一些社会经济学家认为，岛国的经济发展规划应当注重实际，不要好高骛远。也有一些政治观察人士认为，一项好的规划能够得以切实实施的重要条件首先是要契合民众的需求；其次是要有稳定的政治环境

---

① Roland Rich, "Analyzing and Categorizing Political Parties in the Pacific Islands", Edited by Roland Rich with Luke Hambly and Michael G. Morgan, *Political Parties in the Pacific Islands*, Canberra: ANU Press, 2008, pp. 23 – 24.

和强有力的政府领导。以巴布亚新几内亚为例,一些政策分析人士指出,巴新的经济发展目标"过于雄心勃勃",距离普通民众的真实需求十分遥远。例如,巴新政府的规划中没有提出解决失业率居高不下的切实可行的办法,对发展社会教育和文化,推动社会进步也没有提出行之有效的政策。此外,政府在制定这一规划后也没有向全国民众进行很好地推广和宣传,导致普通民众对规划内容不甚了解,甚至相当多政府官员对规划也知之不详。巴新政府的规划更多地只是"纸上谈兵",不仅没有起到引领社会经济发展的目的,反而将宝贵的发展基金浪费在一些不太重要的领域。

表1-2 太平洋岛国2018年GDP及债务所占GDP的比例

国别	人口（人）	年度GDP（亿美元）	人均GDP（美元）	债务占GDP比例（%）
密克罗尼西亚联邦	115023	3.72	3634	20.28
斐济	883483	55.24	6253	46.16
基里巴斯	115847	1.88	1625	21.62
马绍尔群岛	58413	2.21	3789	27.23
瑙鲁	12704	1.12	8816	59.36
巴布亚新几内亚	8606316	234.98	2730	29.93
萨摩亚	196130	8.62	4395	50.32
所罗门群岛	652858	13.78	2111	9.51
汤加	105695	4.88	4858	
图瓦卢	11508	0.43	4858	28.15
瓦努阿图	292680	9.14	3124	52.09

资料来源：https://www.countryeconomy.com。

从上表可以看出,由于国土、人口和资源之间的差异,太平洋岛国之间GDP总量差别非常大,而且人均GDP并没有同各岛国GDP总量形成正比例。一些国际观察家对太平洋岛国的经济与社会发展规划提出疑问，他们认为对于发展中国家来说，一个强有力的政府领导是不可或缺的。他们强调政治家应该是国家发展的领导者，如果他们自己犹豫不定，目标不明，那么太平洋岛国的发展前景，特别是广大农村地区的发展是很难得到保证的。太平洋岛国的农业发展效果尤其不理想。[1] 随着各岛国人口数量的快速增长，岛国的农业产量一直呈下降的势头。很显然，岛国政府没有充分认识到农业的基础作用，而是一味地希望发展岛国并没有基础的工业。这一方面导致了大量农村青年人口找不到合适的工作，另一方面，需要大量劳动力的农业生产却找不到充足的劳动力。面对居高不下的失业率，特别是青年人口失业率，各岛国政府纷纷向地区大国澳大利亚和新西兰求援，希望通过《太平洋季节性工人计划》（Pacific Seasonal Worker Scheme），输出本国的青年劳动力到澳大利亚和新西亚的工矿和农场中实现短期就业。岛国政府却没有充分认识到无论是澳大利亚还是新西兰，近年来的就业形势并不乐观，澳新两国的许多青年人口都很难得到充分就业。在此情况下，即便是澳大利亚和新西兰同意大量增加太平洋岛国的青年就业配额，其数量也极其有限，对于各岛国大量的待业人口而言，澳新提供的临时就业机会无异于杯水车薪，根本难以解决岛国的失业人口问题。[2]

太平洋岛国经济发展的长期停滞导致失业率，特别是青年人的失业率长期居高不下。教育投入的严重不足，也给某些岛国的政治与社会稳定带来了极大的困难。由于青年人缺乏教育且失业率居高不下，一些太平洋岛国的犯罪率不断升高，打、砸、抢等暴力事件时有发生。有鉴于此，政府和警方采取了许多措施，例如增加对社会治安和

---

[1] Mahendra Reddy, "Enhancing the agricultural sector in Pacific island economies", *Pacific Economic Bulletin*, Volume 22 Number 3, 2007, pp. 48 – 62.

[2] Charles W. Stahl and Reginald T. Appleyard, *Migration and Development in the Pacific Islands: Lessons from the New Zealand Experience*, Australian Agency for International Development (Aus. AID), http://apo.org.au/system/files/4627/apo-nid4627-65766.pdf, 2007.

第一章 太平洋岛国的历史和现实 ◆◇◆

警力警备的资金投入等。但由于这些措施"治标不治本",未能很好地解决当地民众的就业问题,因而效果不佳。例如,巴新的治安问题不断恶化。经济形势的长期恶化,失业率的居高不下,也给太平洋岛国的商业和社会诚信造成了大问题。这些社会和经济问题反过来又进一步恶化了商业与投资环境,如此反复,形成了恶性循环的痼疾。例如,许多到过巴布亚新几内亚的国外投资者和游客都抱怨这里极其不佳的社会治安。他们声称出了酒店几乎寸步难行,甚至连出租车也不安全。经济形势的长期恶化,还致使巴新一些社区和族群的不和睦,为了争夺有限的经济和发展资源,一些社区和族群时常发生械斗。一些国际观察家和经济学家声称巴新严重的社会治安问题直接影响了投资者的信心,令他们对投资巴布亚新几内亚望而却步,转而将资金投往社会治安更为良好的亚洲国家。[1]

太平洋岛国经济和社会发展的停滞也导致国家和民众对经济和社会发展的信心大受影响,甚至失去发展的意识和动力。许多国际游客在访问太平洋岛国后常常会提出疑问:既然岛国的资源如此丰富,而岛国的社会和经济发展又相对落后,岛国的民众生活较为贫困,那么当地政府为什么不领导民众改变这种落后的状况?当地的民众又为什么不呼吁政府采取政策措施来改变这种状况?对于国外游客提出的问题,相当多的国际观察家们给出了答案:不是岛国的政府和民众不追求经济和社会发展,而是长期以来一次次地努力没有取得令人满意的效果后,政府和民众不得不一再降低要求和预期,导致相当多的岛国民众已经对在政府的引领下推动经济和社会发展失去了信心。

一些岛国民众甚至认为政治家们提出的振兴经济、改善民生的豪言壮语不过是他们的竞选策略,是永远不会兑现的"支票",与普通

---

[1] Sali Garry, "Concerns and Challenges of Crime in Papua New Guinea", *South Pacifc Studies*, Vol. 38, No. 2, 2018, pp. 30 – 72. Mark Findley, "Policing Business Confidence?: Controlling Crime Victimization in Papua New Guinea, Community Policing and Peacekeeping", *Research Collection School of Law*, 2009, pp. 287 – 306.

民众的实际生活根本不会形成"交集"。当地民众甚至还会抱着嘲讽的心态来等待政府推出的经济新政失败的残局。这种情形在巴布亚新几内亚表现得特别明显，民众似乎早已对政府的任何经济与社会革新方案提不起兴趣。① 当然这种局面并不意味着巴布亚新几内亚民众不再渴望经济与社会发展。相反，在他们的内心深处，他们与世界各国民众一样都深切地希望自己的生活能够过得更美好，社会治安能够改善。不过，巴新政府现在要重新凝聚起民众的信心也相当不易。这不仅仅要求政府得想方设法重新点燃民众对政府的信心，更重要的是政府需要真正平等对待他们，吸引不附加除经济本身以外任何政治条件的外国投资者，以实现联合国 2030 年可持续发展目标。

图瓦卢、瓦努阿图、所罗门群岛、基里巴斯等国家被联合国认定为最不发达的国家，他们面临脱贫和实现经济可持续发展的重任。尽管有丰富的渔业资源和广阔的海洋专属经济区，但是岛国开发能力有限，向国外出售捕捞许可证已经成为本国财政收入的主要来源之一。各岛国经济差别较大，斐济、巴布亚新几内亚等国内资源相对丰富，农业、工业、渔业、畜牧业都有所发展；瑙鲁仅以发展磷酸盐矿为主，而且磷酸盐矿已经开发数十年，优质矿已经被开发完；萨摩亚、马绍尔群岛属于农业国，但是农业并不发达，粮食全靠进口；图瓦卢、基里巴斯除渔业资源外，其他资源匮乏，严重依赖外国援助。太平洋岛国受气候变化和自然灾害影响特别明显。2016 年，受强热带气旋"温斯顿"的影响，各岛国的进口数额明显超过出口数额；萨摩亚、巴布亚新几内亚、瓦努阿图的出口有较大提升，其中瓦努阿图出口增长率达到了 68.6%；帕劳、基里巴斯、图瓦卢、瑙鲁、马绍尔群岛、库克群岛等则都是负增长。

---

① Agogo Muwali, "Macroeconomic crisis and social structural reforms in Papua New Guinea", *Economic Division Working Paper*, No.1, 1996, pp. 1 – 20. https://crawford.anu.edu.au/pdf/wp97/sp97-1.pdf.

第一章　太平洋岛国的历史和现实 ◆◇◆

2017年6月5日，在联合国海洋会议上，萨摩亚前总理图伊拉埃帕提出"蓝色太平洋"的观点。他指出："蓝色太平洋"旨在基于对我们共享的"海洋身份""海洋地理"和"海洋资源"的明确认识，重新发掘我们在太平洋共同管理下的集体潜力，通过将"蓝色太平洋"置于政策制定和集体行动的中心来加强作为"蓝色太平洋大陆"的集体行为，以促进本地区太平洋岛国论坛领导人的愿景。① 萨摩亚总理的观点获得太平洋岛国政府领导人和太平洋岛国论坛的高度认可。2017年8月23日，由太平洋岛国发展论坛（PIDF）主办的"首届高层蓝色经济大会"在斐济首都苏瓦召开，部分岛国领导人、地区代表及发展伙伴出席会议，代表们主要谈论的话题是海洋资源的保护利用和可持续发展。2018年8月30日，时任萨摩亚总理图伊拉埃帕在澳大利亚罗伊研究所（Lowy Institute）发表演讲，重申对"蓝色太平洋"的认识，他提出气候变化仍然是太平洋岛屿地区人民面临的最大威胁，安全是合作的前提和基础，"稳定和有弹性的安全环境为实现该地区的可持续发展愿望提供了平台"，他倡议建立太平洋抗灾能力基金。② 然而，太平洋岛国是14个独立的国家，并不是一个完整的具有强烈凝聚力的整体，各国都有自己的发展规划和打算，尽管在气候变化等问题上他们达成了一致，但是在解决国内发展、争取外援方面，他们又各不相让，各有各的路数和章法。

2017年6月，中国国家发展和改革委员会、国家海洋局特制定并发布《"一带一路"建设海上合作设想》，其中包括共建中国—大洋

---

① Remarks by Hon, "Tuilaepa Lupesoliai Sailele Malielegaoi Prime Minister of the Independent State of Samoa at the High-Level Pacific Regional Side event by PIFS on Our Values and identity as stewards of the world's largest oceanic continent", The Blue Pacific, 5 June 2017, https://www.forumsec.org/remarks-by-hon-tuilaepa-lupesoliai-sailele-malielegaoi-prime-minister-of-the-independent-state-of-samoa-at-the-high-level-pacific-regional-side-event-by-pifs-on-our-values-and-identity-as-stewards/.

② Speech by the Hon Prime Minister Tuilaepa Sailele Malielegaoi on Pacific Perspectives on the New Geostrategic Landscape, 30 August 2018, https://www.lowyinstitute.org/publications/speech-hon-prime-minister-tuilaepa-sailele-malielegaoi-pacific-perspectives-new.

洲—南太平洋蓝色经济通道，加强与小岛屿国家的合作和海洋治理的开展，同时亚洲基础设施投资银行、丝路基金对重大海上合作项目提供资金支持。① 可以说，这为太平洋岛国的发展提供了重要机遇，也为进一步加强中国与太平洋岛国的关系提供了平台。然而，当前面临的关键问题是如何实现海洋战略的对接，对接什么，如何制定翔实的方案和计划。

四 转变中的太平洋岛国集体外交范式

太平洋岛国普遍独立于20世纪六七十年代，为了更迅速地发展民族经济，实现这些边缘国家的跨越式发展，他们通过发展地区主义的方式，形成集体的声音，从发达国家争取资金和援助，以获取地区（国家）利益的最大化。

表1-3　　　　全球性政府间组织中的太平洋岛国成员②

序号	国际组织名称	太平洋岛国成员
1	联合国	斐济、基里巴斯、马绍尔群岛、密克罗尼西亚联邦、瑙鲁、帕劳、巴布亚新几内亚、萨摩亚、所罗门群岛、汤加、图瓦卢和瓦努阿图
2	国际货币基金组织	斐济、基里巴斯、马绍尔群岛、密克罗尼西亚联邦、瑙鲁、帕劳、巴布亚新几内亚、萨摩亚、所罗门群岛、汤加、图瓦卢和瓦努阿图
3	世界银行	斐济、基里巴斯、马绍尔群岛、密克罗尼西亚联邦、瑙鲁、帕劳、巴布亚新几内亚、萨摩亚、所罗门群岛、汤加、图瓦卢和瓦努阿图

---

① 《"一带一路"建设海上合作设想》，新华网，2017年6月20日，http://www.xinhuanet.com/politics/2017-06/20/c_1121176798.htm，浏览日期：2020年5月1日。

② 参考徐秀军、田旭《全球治理时代小国构建国际话语权的逻辑——以太平洋岛国为例》，《当代亚太》2019年第2期。

续表

序号	国际组织名称	太平洋岛国成员
4	世界贸易组织	斐济、巴布亚新几内亚、萨摩亚、所罗门群岛、汤加和瓦努阿图
5	世界卫生组织	库克群岛、斐济、基里巴斯、马绍尔群岛、密克罗尼西亚联邦、瑙鲁、纽埃、帕劳、巴布亚新几内亚、萨摩亚、所罗门群岛、汤加、图瓦卢和瓦努阿图

进入21世纪以来，太平洋岛国在一定程度上已经实现了自身的发展，而且越来越多的大国将眼光投放到该地区，他们开始寻求符合自身利益需求的"独立发展之路"。这种集体外交范式的转变可以从两个方面来理解，一是在地区大国主导的多边组织之外，再成立多边组织，充分表达区域声音；二是强化"蓝色太平洋"话语权，不屈服于大国。

首先，太平洋岛国的地区主义发展逻辑已经是不争的事实。徐秀军认为，"南太平洋地区主义可以追溯到20世纪40年代末期，6个宗主国为管理和发展南太平洋殖民地而开展的政策协调，以及成立的第一个范围覆盖整个南太平洋地区的政府间机构——南太平洋委员会"[1]。在20世纪70年代建立起来的南太平洋论坛使地区主义有了实质上的地区性。因此，后来的学者将这种模式叙述为"太平洋的声音""抱团取暖"；还有的学者提出为"太平洋气息"（a sense of Pacific-ness），在洛杉矶、奥克兰、悉尼或布里斯班，太平洋传统的他者可能会促进更广泛的太平洋身份的概念化，而不仅仅是美拉尼西亚人或波利尼西亚人的具体国家身份或种族分类。[2]

---

[1] 徐秀军：《地区主义与地区秩序——以南太平洋地区为例》，社会科学文献出版社2013年版，第91页。

[2] Roland Rich, "Analyzing and Categorizing Political Parties in the Pacific Islands", Edited by Roland Rich with Luke Hambly and Michael G. Morgan, *Political Parties in the Pacific Islands*, Canberra: ANU Press, 2008, p. 2.

◆◆◆ 中国在太平洋岛屿地区的身份建构

　　太平洋岛国论坛（Pacific Islands Forum，PIF）前身为南太平洋论坛。1971年，在新西兰的倡导下，澳大利亚、新西兰、斐济、西萨摩亚（现萨摩亚）、汤加、瑙鲁和库克群岛在新西兰召开南太平洋7方会议，正式成立南太平洋论坛。该组织是南太平洋国家政府间加强区域合作、协调对外政策的区域合作组织，宗旨是加强南太平洋地区各国在贸易、经济发展、航空、海运、通信、旅游、文化教育、工农业发展、海洋法、渔业和海床资源、能源等问题上的合作和协商。1999年10月5日改为现名，总部设在斐济首都苏瓦。论坛每年举行一次首脑会议，截至2019年12月已经召开50届论坛。太平洋岛国论坛为地区国家提供了外交关系共同体，在这个共同体中，各国有共同的愿望，同时分享了各国发展经验，在国际组织和论坛的对话会中发出声音，争取地区利益。作为共同体的一员，各国领导人密切关注其他国家的发展状况，相互学习和自由借鉴。不可否认，这个共同体中存在着无数基于实用主义、联盟、主导和抵制的"地区共同体建设争议性愿景"，特别是来自澳大利亚和新西兰的具有地区主导性的意见。[①]由于澳大利亚和新西兰是前殖民宗主国，一些岛国不满足他们在论坛中"指手画脚"，更不满意他们在应对气候变化上的态度和行动，甚至将其行为称作"霸权地区主义"。进入21世纪以来，太平洋岛国领导人越来越强调太平洋岛国民众需要自己掌握地区治理和地区外交，具有代表性的观点是前基里巴斯总统汤安诺（Anote Tong）提出的："我相信太平洋正在进入一个新阶段，即新的范式转变，太平洋需要在气候变化、海洋治理和可持续发展等关键领域中制定自己的路线并引领全球思想。"[②] 在南太平洋论坛成立之初，澳大利亚和新西兰就太

[①] Greg Fry, *Framing the Islands: Power and Diplomatic Agency in Pacific Regionalism*, Canberra: Australian National University Press, 2019, pp. 275–278.

[②] Anote Tong, "Charting its Own Course: A Paradigm Shift in Pacific Diplomacy", in Greg Fry and Sandra Tarte, eds., *The New Pacific Diplomacy*, Canberra: Australian National University Press, 2015, pp. 21–24.

第一章　太平洋岛国的历史和现实 ◆◇◆

平洋地区的外交范式与太平洋岛国达成了默认协议，论坛所有成员国在地区外交会议上被认为是平等的，也就是太平洋岛国在决定地区议程时具有首要地位，澳大利亚和新西兰平等地坐在桌前且不是主要的合作伙伴，在决定整个论坛在该地区的作用中同样发挥着重要作用。澳大利亚、新西兰和太平洋岛国之间创造了一种区域治理形式，在接下来的20年中，大多数参与者在很大程度上将其视为政治合法。21世纪初，斐济等国家开始了区域治理模式的新探索，那就是太平洋岛国发展论坛（Pacific Island Development Forum，PIFD）的成立。

关于太平洋岛国发展论坛成立的原因和过程，中外学者已经进行了探讨，[①] 本书不做详细阐述。太平洋岛国论坛由斐济倡议成立并得到太平洋岛国领导人的集体认同，存在历史的偶然与必然。历史的偶然性是斐济2006年发生政变，受到澳大利亚、新西兰的制裁；必然性是长期以来太平洋岛国地区关注的气候变化问题没有得到有效解决。斐济是太平洋岛国中外交较为活跃的国家，斐济同澳大利亚、新西兰有着传统的密切关系。澳大利亚、新西兰是斐济最重要的贸易伙伴与援助来源国。2006年斐济政变后，澳大利亚、新西兰等西方国家对斐济采取孤立和制裁措施，斐济作出强烈回应，曾经密切的双边关系跌入谷底。斐济是太平洋岛国论坛创始会员国，2006年斐济政变后，太平洋岛国论坛中止斐济参加论坛活动的资格。斐济政府于2011年起转而在斐济举办"接触太平洋会议"（EWPT），并于2013年起改为举办太平洋岛国发展论坛，聚焦岛国经济建设和可持续发展问题。前三届太平洋岛国发展论坛在斐济举行，2016年7月，第四届太平洋岛国发展论坛在所罗门群岛举行。2014年斐济大选后，恢复了斐济参加太平洋岛国论坛活动的资格，但斐济总理姆拜尼马拉马至今仍

[①] 吕桂霞：《全球化、区域化与太平洋岛国发展论坛》，《历史教学问题》2018年第4期；陈晓晨：《全球治理背景下的太平洋岛国发展论坛：成因、过程与影响》，《区域与全球发展》2019年第4期；Greg Fry, *Framing the Islands: Power and Diplomatic Agency in Pacific Regionalism*, Canberra: Australian National University Press, 2019, pp. 277-281.

拒绝出席论坛领导人会议；尽管澳大利亚、新西兰等国家对选举结果予以承认，并宣布取消对斐济的所有制裁措施，但是斐济依然对澳大利亚、新西兰心存芥蒂。

与太平洋岛国论坛相比，太平洋发展论坛更突显了太平洋岛国的特色。它的主体性更加明确，将澳大利亚、新西兰排斥在成员国之外，强调只代表"太平洋人民的声音"，目的在于寻求"独立发展之路"；会议的主题更加聚焦，围绕地区急需解决的气候变化问题而展开；成员国更加广泛，基本成员19个（11个太平洋岛国[①]、东帝汶、法属波利尼西亚、新喀里多尼亚、关岛、托克劳、瓦利斯和富图纳群岛，太平洋岛屿非政府组织协会、太平洋岛屿私营部门协会），5个基本发展伙伴（中国、土耳其、科威特、卡特尔、阿联酋），5个技术伙伴（国际自然保护联盟、美拉尼西亚先锋集团、太平洋共同体、南太平洋大学、世界自然基金会）。太平洋发展论坛俨然成为太平洋岛国论坛的替代组织，考虑到太平洋岛国论坛作为地区组织为该地区岛屿国家发展发挥了重要作用，且澳大利亚、新西兰作为太平洋岛国论坛的主要资金提供方，这也是萨摩亚、帕劳等国领导人不加入发展论坛的原因。[②]

从太平洋岛国领导人的主张来看，太平洋地区主义应具有包容性，欢迎太平洋民间社会和私营部门组织参加区域政策审议和议程制定。不仅要在机构调整中允许这种参与，而且要不断表达更广泛的"太平洋人民"概念。从巴布亚新几内亚来看，巴新对外奉行中立政策，主张各国和平相处，增加经济往来与合作，致力于推动南太平洋地区的和平与稳定。巴新政府在继续与澳大利亚、新西兰等南太平洋国家和欧美国家发展传统关系的同时，对东亚和东南亚各国重视程度

---

① 帕劳、萨摩亚、纽埃没有参加该组织。
② Sandra Tarte, "Fiji's Search for New Friends", *East Asia Forum*, 13 January 2011; Makereta Komai, "Fiji's Foreign Policy and the New Pacific Diplomacy", in Fry and Tarte, *The New Pacific Diplomacy*, pp. 111–121.

也在不断提高。巴新政府强调"巴新的未来利益在亚洲",表示将进一步拓展与中国等亚洲国家的关系。巴新已同70余个国家建交,是联合国、世界贸易组织、不结盟运动、亚太经合组织、东盟地区论坛、太平洋岛国论坛、太平洋共同体、美拉尼西亚先锋集团等组织成员,有18个驻外使团。巴新外交表现活跃,日益重视在多边外交中发挥作用。这是巴新突破传统地区主义的一个表现。

其次,太平洋岛国大多处于太平洋中部,地理环境十分脆弱,气候灾害常常对岛国民众的生命和财产安全造成重大威胁。太平洋岛国政府和民众对全球气候变化、海平面上升和海啸等气候与海洋灾害治理和预防极为关注。在2019年8月举行的太平洋岛国论坛首脑会议上,各岛国领导人异常团结地"用一个声音说话",强调"气候变暖、海平面上升"是太平洋岛国人民共同面临的首要问题,谴责西方大国因"一己私利"而放任,甚至加剧全球气候变化。岛国领导人发表联合声明,再次对太平洋岛国的未来表示"严重关切",呼吁国际社会采取紧急行动,积极应对全球气候变化问题。部分岛国政府和非政府组织正在考虑要采取联合行动把造成全球气候变暖的"罪魁祸首"——西方大型石油公司、煤矿公司和工业化发达国家告上法庭,要求它们为全球气候变暖以及由此引发的自然灾害承担责任,并向蒙受巨大损失的太平洋岛国提供赔偿。太平洋岛国在全球气候变化这一事关国家和民族生存的重大问题上显示出空前的团结,在国际政治舞台上用"一个声音说话",充分显现了14个太平洋岛国在国际政治,特别是全球气候治理中越来越具有重要的话语分量。

在地区发展方面,太平洋岛国联手推动"蓝色太平洋"发展规划,希望美国、澳大利亚和新西兰等西方国家能够积极参与,向太平洋岛国提供亟须的资金和技术。但是西方国家对此态度暧昧,既缺乏积极参与的态度,更缺乏资金、技术和基础设施的实际投入。40年来,太平洋岛国论坛一直致力于海洋的保护,太平洋岛国论坛领导人峰会公布了一系列海洋公报,包括2003年《太平洋岛屿区域海洋政策》、2005年太平洋计划、2007年《瓦瓦乌渔业宣言》《太平洋海洋景观框架》、2014年《"海洋：生命与未来"帕劳宣言》、2016年《波纳佩海洋声明：可持续发展之路》。2017年6月，时任萨摩亚总理图伊拉埃帕在联合国总部发言指出：自远古以来，太平洋就为我们的岛屿社区提供了文化和历史特征，它已成为太平洋岛屿社区历史上的主要影响；在整个区域中，与海洋相关的习俗构成了当今社会结构、生计和权属制度以及管理海洋利用的传统制度的基础；太平洋领导人敦促世界承认我们的海洋、海洋与太平洋岛屿人民之间不可分割地联系：他们的价值观，传统习俗和精神联系。萨摩亚总理图伊拉埃帕提出了太平洋岛民与海洋的二元关系，提出海洋是太平洋岛屿地区人民生活方式的核心。"蓝色太平洋"概念提出目的，就是太平洋岛国人民在寻求对共享的"海洋身份""海洋地理"和"海洋资源"的明确认可的基础上，重新夺回在太平洋共同管理方面的集体权力。[①] 2017年年底，太平洋岛国论坛秘书处发布《太平洋地区主义（2017）》，对"蓝色太平洋"概念进行了全面解释。2018年9月，在第49届太平洋岛国论坛会议上通过了《关于地区安全的博埃宣言》，将"蓝色太平洋"纳入到地区安全范畴。2019年8月推出的"博埃宣言行动计划"更加具体。2019年年底，太平洋岛国论坛秘书处发布《太平洋地区主义（2019）》，确认了"蓝色太平洋大陆"（Blue Pacific Continent）概念，评估了地缘竞争对"蓝色太平洋"建设的影响，并筹划《为了蓝色太平洋大陆的2050愿景》。

早在1985年订立的《拉罗汤加无核武器条约》中，太平洋岛屿地区领导人就重申了在南太平洋地区建立无核武器区域。2014年，在

---

① Remarks by Hon, Tuilaepa Lupesoliai Sailele Malielegaoi Prime Minister of the Independent State of Samoa at the High-Level Pacific Regional Side event by PIFS on Our Values and identity as stewards of the world's largest oceanic continent, The Blue Pacific, 5 June 2017, https://www.forumsec.org/remarks-by-hon-tuilaepa-lupesoliai-sailele-malielegaoi-prime-minister-of-the-independent-state-of-samoa-at-the-high-level-pacific-regional-side-event-by-pifs-on-our-values-and-identity-as-stewards/.

太平洋岛国领导人签署的《太平洋区域主义框架》中，重申了"太平洋人民是世界上最大、最和平、资源最丰富的海洋，以及众多岛屿和文化多样性的守护者"。在《帕劳宣言》中强调指出："海洋是我们的生命，是我们的未来。"2018年，图伊拉埃帕在罗伊研究所的报告中指出，太平洋岛国地区已经成为世界主要大国战略竞争的重要地区，"太平洋地区再次寻求维护其共同价值观和利益关切点"，"在地缘政治竞争中建立集体声音，以应对我们整个太平洋大家庭迫在眉睫的气候变化的潜在威胁"，"作为一个地区，我们庞大、相互联系且具有战略意义，蓝色太平洋谈到了太平洋的集体潜力或我们共同的管理权"，"所有太平洋地区领导人都准备维护自己的共同利益，即安全、繁荣、区域稳定和建设性外交，并以理解和明确目的的方式开展工作"[1]。他也认识到了当前战略竞争带来的威胁，以及太平洋岛国面临的困境，更不希望得到在军事竞争等利益裹挟之下的援助。

太平洋岛国政府领导人和经济精英希望"蓝色太平洋"发展计划与亚洲，特别是与中国的"一带一路"全面对接，接入亚洲和中国的资金、市场和技术，以全面推动太平洋岛国经济的持续发展。为此，太平洋岛国竞相加速实施"北向"战略，以加快与亚洲新兴经济体的互利合作。太平洋岛国地区在历史上与亚洲联系密切，一直与亚洲地区保持着持续的人员和贸易往来。冷战结束后，亚洲国家在经济上发展迅速。出于经济利益考虑，太平洋岛国在21世纪初纷纷加速实施"北向"发展战略，希望能够把握机遇，搭上亚洲经济发展的快车。因此，与太平洋地区的传统西方大国和前殖民宗主国在本地区"排斥亚洲"的政策不同，太平洋岛国则希望有更多的新兴国家和地区能够增加对太平洋岛国地区的关注，特别是增加对太平洋岛国的投资与援

---

[1] Speech by the Hon Prime Minister Tuilaepa Sailele Malielegaoi on Pacific Perspectives on the New Geostrategic Landscape, 30 August 2018, https://www.lowyinstitute.org/publications/speech-hon-prime-minister-tuilaepa-sailele-malielegaoi-pacific-perspectives-new.

助。当然，太平洋岛国的"北向"战略也蕴含着政治考量。由于太平洋岛国在近代史上都是西方国家的殖民地。独立后，太平洋岛国在政治、经济和外交上仍然不得不依赖西方发达国家，这严重损害了太平洋岛国的国家独立和民族自决。太平洋岛国希望更多的新兴国家和地区能够加强与太平洋岛国地区的经济和贸易往来，从而帮助岛国减少对西方发达国家的依赖。在"北向"战略的引导下，太平洋岛国与亚洲国家的经贸合作自 21 世纪以来呈现出日益加速之势。为了更好地实施"北向"战略，太平洋岛国政府领导人纷纷出访亚洲国家和地区，特别是重视与亚洲重要的经济体合作。

气候变化和自然灾害仍然是对太平洋岛国人民的生计、安全和福祉的最大威胁，太平洋岛屿人民和社区已经感受到了其不利影响。2022 年 1 月，在汤加海域发生的火山喷发，给汤加和周边国家和人民带来了灾难。太平洋岛国海洋专属经济区（EEZ）占全球海洋的 20%。该区域仍然面临一系列问题，包括海上边界争端、毒品贩运、野生动植物和其他违禁品、人口贩运和走私、武器走私、非法捕鱼、事故和灾难。提升有效保护蓝色太平洋大陆的能力是所有太平洋岛国面临的重要挑战。在全球化的今天，塑造一个没有任何竞争并且得到大国无偿援助的"世外桃源"式的外交环境已经不现实。太平洋岛国以"蓝色太平洋"倡议的方式宣示地区主张，是应对不断变化的地缘竞争格局，维护双边或多边伙伴关系，实现地区稳定的外交新尝试。

第三节　大国对太平洋岛国的介入

太平洋岛国所在区域具有重要的地缘政治意义，大国对此地的争夺一直没有停息过。由于该地区特殊的战略位置，在第一次世界大战后的巴黎和会上，时任澳大利亚总理休斯与美国总统威尔逊发生激烈的争论。休斯坚决不允许将德国在太平洋上的殖民地岛屿交由国联托管，而强烈要求美国、英国等西方列强将这些殖民地交由澳大利亚管

第一章　太平洋岛国的历史和现实 ◆◇◆

理。在第二次世界大战时期，这里是大国的"竞技场"。在当代"太平洋世纪"①，各大国更加重视这一地区的地缘价值。各大国出于自身政治和安全利益考量，通过政治、经济、军事、援助手段进一步加强了与这一地区岛屿国家的"联络"。随着中国与太平洋岛国的往来日益增多，南太平洋域内外大国对中国的介入表现出"抵制"态度，并不断"抹黑"中国的援助行为。太平洋岛国无意参与域内外大国的"抗中"倡议，他们更加期待"一带一路"倡议下的合作。

一　美国谋求战略利益

自从中国实行改革开放政策以来，中国在过去40年里的快速发展成为世界各国关注的焦点之一。进入21世纪后，许多西方学者强调中国在全球和区域层面上的快速崛起成为国际关系中一个引人注目的新发展，是21世纪国际政治与国际关系领域的一件大事，它将对我们生活的这个世界产生深远的影响。中国在21世纪已经成为世界第二大经济体和最大的外汇储备国，拥有高达3.2万亿美元的外汇储备。正是基于对中国力量不断增长的担忧，美国政府先后宣布了"重返亚太战略"和"印太战略"，并试图联合美国在亚太地区的军事盟国一起遏制中国的崛起。澳大利亚国立大学来自美国的学者威廉·托一直认为"阻止任何有潜力挑战美国霸权，特别是在太平洋地区霸权的新兴大国的崛起"是美国维护其全球霸权体系的重要战略目标。②2022年1月，美国众议院推出一项《美国竞争法案》（America COM-

---

① 2002年2月，美国前总统小布什在日本访问时称："美国比以往更注重于自己在这一地区（亚太地区）的作用，这一地区的成功对整个世界而言至关重要，我相信，21世纪是太平洋世纪。"在奥巴马总统时期，2011年11月，美国国务卿希拉里·克林顿在美国《外交政策》杂志上撰文，又在美国东西方中心发表讲话，宣称"太平洋世纪是美国的世纪"。然而，希拉里的讲话虽并未被广泛接受，但是它反映了美国战略重心的东移。参见阮宗泽《太平洋世纪是谁的？》，《人民日报》海外版2011年12月19日。

② Tow, W. & Loke, B., "Rules of Engagement: America's Asia-Pacific Security Policy under an Obama Administration", *Australian Journal of International Affairs*, Vol. 63, No. 4, 2009, pp. 442–457.

PETES Act of 2022），以提高美国海外竞争力和领导地位。

尽管处于相对衰落中，美国并不会心甘情愿地将亚太地区的主导权交给新兴国家。美国以往对日本的经历说明，美国既不会将主导权交给自己的亲密同盟日本，也不会交给其他新兴大国。早在20世纪90年代初，日本的国民生产总值达到创纪录的3万亿美元，而美国则为5万亿美元。美国认为日本对美国的区域霸权构成了严重的挑战，里根总统在下台前曾责问日本政府将美国的经济根基蚀空，日本究竟意欲何为？许多学者指出正是出于遏制日本的目的，美国迫使日本缔结了《广场协议》，日本从此陷入长达近30年的经济低迷中。在美国实施"重返亚太战略"和"印太战略"后，日本、澳大利亚和美国在亚太地区的其他盟友也表现出积极配合美国遏制中国的企图。当然美国的亚太盟友积极配合美国也并不全是出于对美国的忠心，而是挟带了自己的私欲。例如，日本希望用对美国的"忠心"来获得美国的市场和支持其早日成为联合国安理会常任理事国。澳大利亚则希望换取美国的政治和军事支持，继续维持自己在亚太地区"副警长"的地位，并护持其远远超出自身体量的既得利益。[1]

面对美国的遏制，中国一方面表现出与世界和地区强国发展经贸合作的强烈意愿，另一方面又高度重视与广大发展中国家加强政治、经济和人文交流。一些西方国际关系学者指出，自新中国成立以来，中国一直重视发展中国家，认为它们是中国在世界竞技场上的"天然"盟友，是中国全球力量和影响力建构的基础。西方国家认为发展中国家在政治上有诸多缺陷，如缺乏"民主""人权"等，经济上贫穷、落后。中国对发展中国家却持有不同的观点，中国更愿意用"发展的观点"和"多元的观点"来看待发展中国家，并将其视为中国发展国际关系的"基础"。21世纪以来，中国与发展中国家的贸易增

---

[1] Yu Lei, "China-Australia Strategic Partnership in the Context of China's Grand Peripheral Diplomacy", *Cambridge Review of International Affairs*, Vol. 29, No. 2, 2016, pp. 740–760.

长速度远远高于与发达国家的贸易增长速度,这一点既可以得到国际贸易增长数据的支持,同时也从中国迅速成为世界上绝大多数发展中国家最大贸易伙伴的经验型分析得到验证。

美国从21世纪初的"亚太再平衡战略",到奥巴马时代的"重返亚太战略",再到特朗普、拜登时代的"自由开放的印太战略",不断加强与印太地区的盟友和伙伴关系。美国与帕劳、密克罗尼西亚联邦、马绍尔群岛一直维持"自由联系国"关系,并推动与三国续签《自由联系条约》,在南太平洋地区拥有军事基地。2018年1月,美国公布的"美国国防战略"中,宣布恢复大国竞争,称中国为"战略竞争者",并呼吁建立"自由开放的印度—太平洋"。尽管美国在过去的十年中减少了对这一地区的投入,但是美国对这一地区并未放松。为了加强与太平洋三个自由联系国的合作,2019年5月,时任美国总统特朗普邀请密克罗尼西亚联邦、马绍尔群岛和帕劳的领导人在美举行会谈。美国总统主动邀请小国领导人会谈,这在美国历史上是"罕见"的。美国国家安全委员会还专门设立了一个新的"大洋洲事务"职位,以进一步维护和提升与太平洋岛国的关系。在2020年国防预算中,美国再度提出加强与太平洋岛国关系,增强情报搜集能力建设。[①] 2022年2月7—13日,美国国务卿布林肯前往澳大利亚、斐济和夏威夷,与印太盟友及伙伴进行互动,展现这些伙伴关系带来的"益处"。2月12日,布林肯与太平洋岛国领导人举行集体会晤。这是自1985年来,美国国务卿首次访问斐济。同时,美国宣布在所罗门群岛开设大使馆,此时距离美国关闭大使馆已有29年。

美国利用第二次世界大战击败日本,在南太平洋地区部署有绝对优势的军事力量。为了应对中国日益增强的地区影响力,2018年5月,美国太平洋司令部正式更名为印度—太平洋司令部。2019年7月

[①] 第1790条,美国《2020财政年度国防授权法》,https://www.cbo.gov/publication/55944,第1212—1213页。

31日，美国在夏威夷成立太平洋岛屿领导小组。2019年8月，美国国务卿蓬佩奥与帕劳、密克罗尼西亚联邦、马绍尔群岛三个自由联系国谈判延长自由联系条约日期，授予美国军方独家进入其领空和领海的权利，以换取美国对这三个国家的经济援助。[1] 由于美国战略重心不在于此，美国不会擅自在该地区挑起军事行动。

二 澳大利亚意在建立地区霸权体系

作为地区强国，澳大利亚自独立之日起便对太平洋岛屿地区表现出强烈的霸权欲望。一战结束以后，尽管美国坚决不允许澳大利亚将德国的殖民地变为其殖民地，澳大利亚还是成功地将德国的殖民地岛屿变成了自己的托管地。澳大利亚一时间俨然成为太平洋地区的新兴殖民强国。在英国的支持下，澳大利亚在太平洋群岛地区推行"门罗主义"，构建澳大利亚主导的地区霸权体系。[2]

第二次世界大战后，澳大利亚如愿以偿地与美国正式结盟，并成为美国在亚太地区构筑的安全体系的"南锚"和维护西方在太平洋地区利益和价值观的"副警长"。在美国的支持下，澳大利亚顽固地在南太平洋地区推行"白人至上"的殖民主义统治，镇压太平洋岛国人民的民族独立和解放运动，致使大多数岛国迟至20世纪70年代后才陆续获得独立。在各岛国独立后，澳大利亚仍将自己视为太平洋岛国的宗主国和保护者。[3] 澳大利亚始终对太平洋岛国，特别是对美拉尼西亚群岛的岛国在政治、经济和军事上加以控制。以巴布亚新几内亚为例，澳大利亚在其独立前后，始终以殖民宗主国自居，试图牢牢掌控其

---

[1] China eyes authoritarian Pacific: Pompeo, http://www.pina.com.fj/index.php? p = pacnews&m = read&o = 3580598075d4929db000a7abddeab2.

[2] Parkin, Russell and Lee, David, *Great White Fleet to Coral Sea: Naval Strategy and The Development of Australia-United States Relations* (1900 – 1945), Canberra: National Library of Australia, 2008.

[3] Joanne Wallis, "Hollow Hegemon: Australia's Declining Influence in the Pacific", *East Asia Forum*, 21 September 2016, http://www.eastasiaforum.org/2016/09/21/hollow-hegemon-australias-declining-role-in-the-pacific/.

内政和外交。澳大利亚与巴布亚新几内亚在近代史上有着错综复杂的恩怨情仇,两国关系一直呈现出既相互批评,又纠缠不清的态势。

第一次世界大战前,英国面临着新兴帝国主义强国德国、日本和美国在欧洲和亚洲的强烈挑战,无暇顾及太平洋群岛地区。1906年,英国将巴布亚殖民地的管辖权交给其自治领澳大利亚。在第一次世界大战后的巴黎和会上,英国又将德国的殖民地几内亚交给澳大利亚以奖励其在一战中追随自己对德作战。在第二次世界大战期间,日本和澳大利亚为了争夺巴布亚新几内亚而爆发了激烈的战争,给无辜的巴布亚新几内亚人民带来了深重的灾难。巴新人民自被侵略之日起,便不断反抗欧洲的殖民统治。1975年,巴布亚新几内亚终于从澳大利亚的殖民统治下赢得了民族独立。

由于澳大利亚一直控制着巴新的经济和国防,对巴新的内政外交指手画脚,并在"民主""人权"等问题上不断地攻击巴新政府,巴新政府和民众在独立后一直与澳大利亚进行着剥削与反剥削、控制与反控制的博弈,双方关系不时因"新仇旧恨"而紧张。为了控制和收买巴新,使其听命于自己,澳大利亚自巴新独立后一直向其提供巨额援助,是巴新最大的援助国。据澳大利亚外交外贸部统计,澳大利亚在过去的40年中向巴新提供了150多亿澳元的经济援助。近年,澳大利亚对巴新的年度援助额仍保持在5亿澳元左右。[1] 巴新的自然资源,如金矿、铜矿等均掌握在澳大利亚企业手中,约有一万多澳大利亚人常年在巴新工作。[2] 澳大利亚是巴新最大的贸易伙伴,2017年双边贸易额约为60亿澳元。澳大利亚还开设了专门针对巴新民众的广播节目,并向巴新提供奖学金,鼓励巴新学生赴澳留学。

---

[1] "Overview of Australia's Aid Program to Papua New Guinea", Department of Foreign Affairs and Trade 2018, https://dfat.gov.au/geo/papua-new-guinea/development-assistance/Pages/papua-new-guinea.aspx.

[2] Jenny Hayward Jones, "Australia-Papua New Guinea Relations: Maintaining the Friendship", Lowy Institute, 15 October 2018, https://www.lowyinstitute.org/the-interpreter/australia-papua-new-guinea-relations-maintaining-friendship.

在冷战时期，澳大利亚和美国很好地利用了太平洋岛国对苏联扩张的恐惧，紧紧地将太平洋岛国控制在自己的军事保护体系中。在后冷战时期，太平洋地区已经不存在任何安全威胁，更重要的是，太平洋岛国并不认为新兴国家是它们的安全威胁，因此太平洋岛国对西方国家的安全警告不再唯命是从。相反，太平洋岛国政府和民众都认为发展经济、改善民生才是国家面临的最重要的任务。鉴于此，太平洋岛国纷纷制定"北向"战略与亚洲国家加强经贸合作战略，希望借助亚洲国家的成功经验和资金迅速实现自己国家的发展。正是在这样的背景下，太平洋岛国与包括中国在内的亚洲新兴经济体建立了更为紧密的经贸合作关系。由于太平洋岛国与亚洲国家有着相似的历史经历和文化背景，双方的合作从一开始便呈现出亲密和发展迅速的特点。特别是中国对太平洋岛国的经贸关系更是表现出后来居上的趋势，太平洋岛国政府和民众在发展援助上也表现出更愿意与中国，而不是与西方传统捐助国接近的意愿。一些西方观察家和学者敏锐地注意到了这一点，其中一些人便开始了严密地跟踪研究；而另一些人则出于种种目的不断宣扬"中国威胁论"，强调中国的地区力量和影响力正在迅速上升，而澳大利亚和其他西方国家的影响力却在不断地下降。①

与太平洋岛国政府和民众的愿望相反，该地区的传统大国和前殖民宗主国，如美国、澳大利亚和新西兰并不希望新兴大国进入本地区，并发挥建设性作用。这一方面是由于它们担心新兴大国会在该地区与它们形成强烈的政治、经济和影响力竞争，另一方面它们也不希望太平洋岛国能够实现完全的经济独立②。因为一旦岛国完全实现独立，西方前殖民宗主国在岛国地区的政治和经济影响力就会大打折

---

① Greg Sheridan, "Top defence threat now lies in the South Pacific from China", 22 September 2018, https：//www.theaustralian.com.au/national-affairs/defence/top-defence-threat-now-lies-in-the-south-pacific-from-china/news-story/bd7a80bd44841e3b08b9da7ffad5fd41.

② Greg Colton, "Safeguarding Australia's security interests through closer Pacific ties", Lowy Institute, 4 April 2018, https：//www.lowyinstitute.org/publications/stronger-together-safeguarding-australia-s-security-interests-through-closer-pacific-0.

扣。因此，美国和该地区的"副警长"澳大利亚都对中国等新兴国家在该地区的任何经贸活动予以高度关注。作为本地区的传统大国，特别是被美国授予维护该地区秩序和西方利益的"副警长"的澳大利亚对中国在该地区的经济合作与贸易活动异常关注。其实，澳大利亚不仅对中国在该地区的活动予以高度关注，对其他新兴国家，例如印度和印度尼西亚在该地区的经贸活动也同样予以异乎寻常的关注，时刻警惕着新兴大国与太平洋岛国的合作可能会对澳大利亚的既得利益，特别是其主导的地区霸权构成挑战。

因此，亚太地区的安全形势虽然在冷战后有了极大地改善，但是澳大利亚却从自己的地区霸权的视角出发，认为亚太地区的安全形势严峻。澳大利亚不仅没有弱化澳美同盟，反而一再呼吁美国"留在亚太地区"，强化双方的军事同盟。① 由于追随美国深度卷入伊拉克和阿富汗战争，澳大利亚不得不暂时放松对太平洋岛国的控制。随着亚洲新兴国家的崛起，美国不得不将关注的焦点转向亚太地区。澳大利亚积极支持美国的"重返亚太"和"印太"战略，并将遏制重点指向中国。

澳大利亚《2016年国防白皮书》不仅再次将美国定位为最重要的战略伙伴，澳美同盟是亚太地区安全最为重要的保障，而且承诺对美国的军事义务，保证追随美国的亚太安全防卫政策。鉴于其特殊的地理位置，澳大利亚宣称必须形成"印度洋—太平洋"的地缘概念，配合美国在两洋地区的军事安全部署。澳大利亚政府还宣称不能容许周边国家，特别是太平洋群岛地区出现对澳大利亚安全构成威胁和不利于美国主导的地区安全体系的力量。为了巩固地区霸权，澳大利亚政府一方面大幅度增加国防预算，将其提升至国民生产总值的2%，②

---

① Australian Government Department of Defense, *Defense White Paper*, 2016, http://www.defence.gov.au/WhitePaper/.
② Australian Government Department of Defense, *Defense White Paper*, 2016, http://www.defence.gov.au/WhitePaper/.

并宣布从2016年到2026年，将国防总预算进一步调高至4470亿澳元，以大规模购买新式武器装备，增强澳军战斗力。① 另一方面，澳大利亚一再声称必须加强澳美军事同盟，阻止任何外部强国在太平洋地区建立可持续作战的能力。澳大利亚和美国密切关注非西方国家与太平洋岛国的关系发展，强调必须确保太平洋群岛地区国家的政治稳定和对澳大利亚的"友好"，确保它们不会将自己的领土与领海提供给除西方国家以外的任何力量用作军事基地和准军事基地。美国和澳大利亚一些政治和军方人士还特别强调要防范中国在太平洋岛国地区建立军事基地。2020年7月，澳大利亚公布了《2020年新版国防战略》和《2020年军事力量编成规划》两份文件，阐述了澳大利亚面临的挑战，认为澳大利亚面临"安全威胁"主要来自四个方面。尽管没有直接点明经济手段的"胁迫"行动，但是可以明显感受到澳大利亚对中国的"火药味"。

澳大利亚一向被美国赋予维护以美国为首的西方国家在太平洋岛国地区利益和价值观的重任。可以说，美国与澳大利亚在护持全球和亚太地区体系上做了责任划分。美国负责维护全球层面的霸权体系，而澳大利亚则负责维护美国在亚太地区的霸权体系与秩序。澳大利亚和美国曾多次对中国在太平洋岛国地区日益增长的经贸合作和影响力表示担忧，澳大利亚政府更是强硬地声称澳大利亚有多种选择和方式来应对中国在岛国地区日益增长的政治、经济存在和影响力。② 为此，澳大利亚在过去的两年里不断地指责中国干涉其内政，并在南海问题上对中国指手画脚，甚至不惜以恶化中澳两国关系为筹码企图阻挠中

---

① Paul Karp, "France to build Australia's new submarine fleet as ＄50bn contract awarded", *Guardian*, 26 April 2016, https://www.theguardian.com/australia-news/2016/apr/26/france-to-build-australias-new-submarine-fleet-as-50bn-contract-awarded.

② Greg Sheridan, "Top defence threat now lies in the South Pacific from China", *Australian*, 22 September 2018, https://www.theaustralian.com.au/national-affairs/defence/top-defence-threat-now-lies-in-the-south-pacific-from-china/news-story/bd7a80bd44841e3b08b9da7ffad5fd41.

第一章　太平洋岛国的历史和现实 ◆◇◆

国与太平洋岛国的互利合作。①

三　新西兰力求维护在南太平洋地区的"领导者"地位

新西兰作为大洋洲的一个重要国家，与南太平洋岛屿地区有着牢固的文化、经济和政治联系。2013 年，拥有太平洋岛屿地区血统的人口占新西兰总人口的 7.4%。② 2019 年，新西兰副总理兼外交部部长宣布："五分之一的新西兰人（约 100 万人口）拥有毛利人或帕斯菲卡人（Pasifika）的血统，表示这一人口趋势正在增长。"③ 奥克兰有25% 的人自称是毛利人或帕斯菲卡人④。自 1993 年以来，太平洋岛民已在新西兰议会中占据席位。新西兰表示要当好南太平洋地区的领导者，认为南太平洋已经成为"被日益激烈争夺的战略要地"。2018 年5 月，新西兰总理雅杰辛达·阿德恩（Jacinda Ardern）发出了"太平洋重置计划"（the Pacific Reset），宣布四年内新西兰的外交预算增加7.14 亿新西兰元（约 4.98 亿美元），以此体现在该地区的外交存在。⑤ 尽管新西兰与澳大利亚在处理太平洋岛国问题上步调一致，但是新西兰在波利尼西亚群岛地区承担了更大的责任，而澳大利亚在美拉尼西亚群岛地区起了领导作用。

---

① Leigh Sales, "Hillary Clinton warns of Chinese influence on Australian politics", *ABC News*, 14 May 2018, https://www.abc.net.au/news/2018-05-14/hillary-clinton-warns-of-chinese-influence-in-australia-politics/9754928.

② Pacific Islands and New Zealand, https://teara.govt.nz/en/pacific-islands-and-new-zealand/page-1.

③ New Zealand's Deputy Prime Minister and Minister of Foreign Affairs, Right Honorable Winston Peters, delivered an address at the Lowy Institute, 1 March 2019, https://www.lowyinstitute.org/publications/winston-peters-new-zealand-pacific.

④ Pasifika 是新西兰专门用于区分人种的词汇，这个词在其他国家并不多见，指的是太平洋岛屿居民，来自于波利尼西亚人（Polynesia）、密克罗尼西亚人（Micronesia）、美拉尼西亚人（Melanesia），泛指来自于萨摩亚、斐济、库克群岛、法属波利尼西亚、汤加、纽埃、托克劳等国家和地区的居民。

⑤ 新西兰太平洋重置计划第一年执行情况，参阅 R-R-The-Pacific-reset-The-First-Year, https://www.mfat.govt.nz/assets/OIA/R-R-The-Pacific-reset-The-First-Year.PDF。

（一）悠久的历史联系

从宽泛的地理概念上讲，新西兰也是南太平洋地区岛屿国家。但是，新西兰与其他太平洋岛国在政治、经济上又存在巨大差异，特别是经济体量在南太平洋地区相对强大。新西兰独立以来，它越来越强调与其他太平洋岛屿国家在文化和政治上的联系，不断强调太平洋身份，加强与太平洋岛国的联系。

早在13世纪中期，波利尼西亚人（毛利人的祖先）已经开始移民并在新西兰定居，但随后新西兰与波利尼西亚的联系消失了。17世纪和18世纪，随着欧洲商船的到来，这种联系才逐渐恢复。随着18世纪末和19世纪初欧洲和北美捕鲸活动的扩大，新西兰成为前往南太平洋航行的船只（特别是来自美国的船只）的重要补给地。捕鲸船不仅为毛利人提供了与其他太平洋岛屿联系的途径，而且为新西兰带来了马铃薯、小麦和玉米等作物。

1861年，有16位库克岛民从基里巴斯（当时称作吉尔伯特群岛）挖出了第一批磷酸盐，并将40吨重的货物装入运输船带到新西兰。到19世纪60年代后期，有大量船只将数以百吨计的磷酸盐带入了新西兰市场。18世纪中后期，随着西方在新南威尔士州、塔斯马尼亚州殖民地的建立，新西兰与太平洋岛屿之间零星的贸易联系得到扩展。在19世纪中后期，奥克兰主导着太平洋岛屿之间的贸易，经过西方殖民者加工的物品被运往新西兰并转售给各南太平洋岛屿。同时，南太平洋岛屿的产品也经新西兰转运到西方。

新西兰特殊的商业中转地位激发了"太平洋帝国之梦"。1873年，英国移民科尔曼·菲利普斯（Coleman Phillips）的太平洋殖民计划提交给新西兰州长（Governor）詹姆斯·弗格森（James Fergusson）和总理（Premier）朱利叶斯·沃格尔（Julius Vogel），计划对所有太平洋岛屿进行"最终统治"，并强制实施"本地劳动力供应"计划。他写道："我不明白，为什么我们应该让欧洲大国高兴地接受或拒绝

第一章 太平洋岛国的历史和现实 ◆◇◆

我们所接近的东西。"① 菲利普斯的计划激发了弗格森和沃格尔对构建19世纪新西兰帝国的热情。在19世纪末,大多数新西兰和澳大利亚政客渴望在太平洋地区取得政治优势。新西兰自称"天生被任命为未来的太平洋女王"(Ordained by nature to be future Queen of the Pacific),② 声称要建立一个岛屿帝国。事实上,这种主张不会得到英国的认可和支持。

第二次世界大战之前,新西兰的太平洋岛屿社区很小,最大的社区只有几百人。二战后,面对劳动力短缺,新西兰政府鼓励南太平洋岛屿前往新西兰进行移民。这些计划使年轻男子成为新西兰农业、林业工人,年轻妇女成为了家庭佣工。20世纪70年代初,新西兰制造业劳动力严重短缺,吸引了更多太平洋岛屿居民移民。20世纪五六十年代,新西兰向太平洋岛屿地区提供的援助有所增加。1972—1975年新西兰工党政府被认为是新西兰与太平洋国家关系的转折点。新西兰总理诺曼·柯克(Norman Kirk)大幅增加了海外发展援助,特别是增加了对太平洋岛屿的援助。

由于20世纪70年代的石油危机和经济衰退,导致新西兰对南太平洋岛屿地区的援助和移民政策的逆转。到80年代和90年代初,新西兰援助预算拨款已降至1975—1976年高峰(5970万美元)的一半以下。从1974年开始,新西兰移民政策开始收紧,在新西兰的萨摩亚人和汤加人受到严重影响,大量的南太平洋岛屿民众返回国内。随着移民政策变化以及新西兰经济的萎缩,岛屿移民开始下降。1986年年末和1987年年初,新西兰政府短暂地放开了对斐济人、萨摩亚人和汤加人的免签证身份,不久这项政策就终止了。从80年代后期开始,新西兰制造业的萎缩极大地影响了移民数量。1991—1993年,离

---

① Angus Ross, *New Zealand aspirations in the Pacific in the nineteenth century*. Oxford: Clarendon Press, 1964, p. 116.

② James Drummond, *The life and work of Richard John Seddon*, p. 74, http://www.nzetc.org/tm/scholarly/tei-DruSedd-t1-body-d5.html.

61

开新西兰的萨摩亚人和汤加人比前往新西兰的人还多。新西兰与太平洋岛国的关系开始恶化。

新西兰在20世纪80年代专门成立了部门管理太平洋岛屿地区的社会、经济和文化事务以及Pasifika在新西兰的发展。1984年，新西兰任命了第一任太平洋岛事务小组（the Pacific Island Affairs Unit）部长理查德·佩珀（Richard Prebble）。1990年，太平洋岛屿事务小组改为太平洋岛屿事务部（Ministry of Pacific Island affairs），后改为太平洋岛民部（Ministry of Pacific people）。

在处理太平洋岛屿地区事务时，新西兰往往与澳大利亚形成联盟。无论是在贸易、援助还是在处理政治危机方面，新西兰对太平洋岛屿的政策通常与澳大利亚紧密结合。两国倾向于在英联邦和联合国的会议上就太平洋问题采取共同的态度。在2015—2020年，新西兰和澳大利亚对气候变化的态度产生了分歧，新西兰对受影响的太平洋岛国表示关切和同情，而澳大利亚在使用煤炭资源、二氧化碳排放等问题上，与太平洋岛国存在巨大差异。[①]

新西兰还通过参与地区组织，加强与太平洋岛国的关系。南太平洋委员会成立于1946年，创始成员是太平洋上的殖民大国，包括英国、法国、美国、荷兰、澳大利亚和新西兰。该委员会的重点是提高太平洋岛民的技术、科学和行政能力。1971年8月，太平洋岛国论坛（最初称作南太平洋论坛）在惠灵顿举行了第一次会议，瑙鲁、萨摩亚、库克群岛、汤加、斐济、澳大利亚和新西兰的代表参加了会议。该论坛已发展成为主要的区域政治机构。在南太平洋地区无核化以及太平洋岛国重大事项上，比如斐济政变、所罗门群岛政变、汤加的暴动以及布干维尔的分离运动等，都能看到新西兰的身影。

商业联系、土地征用和战略上的竞争助推了新西兰对太平洋岛屿

---

① 刘天亮、陈欣：《太平洋岛国论坛举行，澳大利亚气候政策挨批》，环球网，2019年8月14日，https：//world. huanqiu. com/article/9CaKrnKmbiI，浏览日期：2020年1月5日。

的兴趣。域外大国在汤加的瓦瓦乌或东萨摩亚的帕果帕果（Pago Pago）建立的深水港，引发了新西兰对海上优势地位竞争者的"恐惧"。

（二）新西兰的太平洋岛国政策

新西兰政府推出的公民身份计划、向太平洋岛国提供的援助以及2007年实施的季节工计划，进一步拉近了新西兰与太平洋岛国的关系。太平洋岛民从新西兰汇回国内的款项已经成为岛国发展资金的主要来源。在21世纪初年，新西兰海外援助资金很大比例流向了太平洋岛屿地区。从公布的数据来看，巴布亚新几内亚、所罗门群岛、瓦努阿图获得的资金最多，库克群岛、汤加、萨摩亚、基里巴斯、斐济、图瓦卢、纽埃和托克劳也得到了援助。从2008年起，新西兰政府将援助工作的重点从减轻贫困转移到了岛国经济可持续发展上。

在新西兰，形成了多个太平洋岛民社区。新西兰的太平洋岛民在2006年达到了26万人。这一群体中越来越多的人是在新西兰出生的，而且相对年轻的人口显示这种持续强劲的增长趋势不断加剧。据2006年公布的数据，在新西兰的库克群岛居民约5.7万，而库克群岛本岛仅有1.3万；纽埃人约2.25万、托克劳人0.7万，萨摩亚人13万，汤加人5万。[1]

新西兰与其前殖民地保持着特殊关系。1965年8月4日，库克群岛通过与新西兰达成的"自由联系"协议，确保了领土自治。1974年10月19日，纽埃同样与新西兰建立了自由联系关系。与美国同密克罗尼西亚联邦、马绍尔群岛、帕劳形成的"自由联系国"关系不同，纽埃和库克群岛并未成为联合国会员国。新西兰与库克群岛、纽埃保持"自由联系国"协议，且为两国政府提供大量预算援助，对两国国民授予新西兰公民身份。新西兰于1926年从英国手中接管了托克劳群岛，并于1948年将其纳入新西兰的领土范围。2006年、2007年，

---

[1] Pacific Islands and New Zealand, https://teara.govt.nz/en/pacific-islands-and-new-zealand/page-2.

托克劳试图通过公投建立与新西兰的自由联系国关系，但是没有取得成功。2020年，托克劳仍然是非自治的新西兰领土，托克劳群岛人享有新西兰的公民身份。萨摩亚、汤加和斐济也有大量移民到新西兰，但是萨摩亚人、汤加人和斐济人并不享受新西兰公民身份，因此新西兰政府移民政策的定期变化对这些国家的移民产生了更大的影响。

进入21世纪以来，太平洋岛屿地区已成为竞争日益激烈的战略空间。同样，太平洋岛国领导人也拥有了更多地选择机会。这给新西兰造成了一定程度的战略"焦虑"。新西兰是太平洋岛国的重要援助国，与澳大利亚、欧盟、美国、中国相比，它要确保地区的相对影响力。

一直以来，新西兰都将自己定位为太平洋岛屿国家，并认为太平洋岛屿地区对新西兰非常重要，以便在该地区拥有更大的影响力。近10年以来，越来越多的大国参加了太平洋岛国地区的社会、环境和海洋治理，这一地区正在发生着变化。基于此，新西兰重新制定新的、充满活力的太平洋战略。新西兰从地理、历史和社会事实出发，正在积极参与太平洋岛国地区事务。有30多个新西兰政府机构以及众多非政府组织以各种形式参加该地区的教育、医疗、环境、能力提升等事项。

基于当前太平洋岛国已经与主要合作伙伴达成一致，新西兰主要通过对太平洋地区的技术和财务支持，以及协调与太平洋岛国利益相关合作方扩大本国的影响力。同时，尊重太平洋岛国主权，继续对人权、法治、透明度和促进民主提供援助。在处理地区事务方面，新西兰总是跟随澳大利亚采取一致行动，比如应对飓风、进行海上巡逻、应对COVID-19疫情、挑战岛国内部"骚乱"等。[①] 新西兰承认并支

---

① 2019年2月，新西兰、澳大利亚同汤加、斐济签署了谅解备忘录，共同打击太平洋地区的跨国犯罪和有组织犯罪。针对汤加的警察计划将支持领导力发展、社区警务以及警用基础设施。

第一章　太平洋岛国的历史和现实

持澳大利亚在南太平洋地区发挥的巨大作用。新西兰认为，澳大利亚是太平洋岛国最大的援助国，在太平洋岛国地区面临挑战和复杂的战略环境下，只有承认澳大利亚的大国地位，才能更加确保本国利益。新西兰国防部部长罗恩·马克（Ron Mark）对英国和美国之间的长期"志趣相投"并不特别乐观，他说这表现出"孤立主义、民族主义和民粹主义"的倾向，并认为在气候变化等问题上可以和中国开展合作。[1]

新西兰重新定位与太平洋岛国的关系，主要出于三个方面的考虑。

一是从国家安全角度考虑。太平洋地区的稳定对新西兰的国家安全至关重要。新西兰《2018 年战略防御政策声明》指出，新西兰将"国防军队在南太平洋地区的作战能力放在了与在新西兰领土、大洋洲和南极洲同等重要的地位"[2]。太平洋岛国地区是太平洋地区重要的海上航行通道，在该地区出现的任何重大事件，都有可能涉及新西兰的国家安全，比如跨边界的安全挑战；网络安全和金融犯罪；毒品犯罪；航空和边境安全；海洋安全。尽管这些太平洋岛国国土面积很小，分散而孤立，但实际上它们占据了重要的世界空间，而这一地域空间的重要性日益凸显。

二是新西兰拥有数量庞大的太平洋岛民。新西兰与库克群岛、纽埃、萨摩亚、汤加以及托克劳等国家（地区）之间的联系比世界上其他任何国家的联系都要多，就连同处南太平洋地区的澳大利亚也无法与之竞争。移民数量的剧增直接影响到新西兰的社会治理以及对外关系，自然也拉近了与太平洋岛国的关系。

---

[1] Derek Cheng, Defence Minister: People, more than Money, will Win Favour with the Pacific, 29 Oct, 2019, https://www.nzherald.co.nz/nz/news/article.cfm?c_id=1&objectid=12280483.

[2] Strategic-Defence-Policy-Statement-2018, https://defence.govt.nz/assets/Uploads/8958486b29/Strategic-Defence-Policy-Statement-2018.pdf.

三是促进太平洋岛国的稳定和繁荣，有利于形成安全的周边发展环境。太平洋岛国自力更生能力的提高以及经济和社会福祉的改善，能够为岛国民众创造更多发展机会。新西兰协助太平洋岛国实现可持续的经济增长和改善公共财务管理，提高生活水平和提升政府管理能力，这都在一定程度上缓解了新西兰面临的压力。

尽管新西兰指出，太平洋岛国在面临多重挑战的情况下，它们没有足够的能力来应对，而且缺乏领导能力；甚至指出太平洋岛国缺乏问责制，一些太平洋岛国领导人容易被获得的资金吸引。[①] 但是，这些单纯的指责不会受到面临巨大发展任务的太平洋岛国领导人的重视，更不能获得岛国领导人和传统领导人的认同。因此，新西兰推出了"太平洋重置计划"（The Pacific Reset），以在该地区有所作为。

（三）"太平洋重置计划"的提出

在20世纪，新西兰将重点放在政治帝国主义、外交和军事安全领域。21世纪，新西兰已经将工作重点拓展到文化和公共关系的各个领域。新西兰加强与太平洋国家的关系，一方面是新西兰在政治、经济和文化上加强了对岛国发展的支持，另一方面新西兰希望太平洋岛国在内部行为方式和国际社会上支持新西兰。如果新西兰还像过去一样高度关注政治问题，比如斐济的动荡、布干维尔的分裂，那么双方的关系将难以维持。吉姆·罗菲（Jim Rolfe）认为，21世纪以来新西兰与太平洋岛国加强关系的原因在于四个方面：南太平洋地区大国；新西兰寻求地区（军事）安全；新西兰是太平洋岛国的一员；新西兰作为太平洋国家的发展。[②]

正如新西兰外交和贸易部（MFAT）在《2018—2022年战略意

---

① New Zealand's Deputy Prime Minister and Minister of Foreign Affairs, Rt Hon Winston Peters, delivered an address at the Lowy Institute, 1 March 2019, https：//www.lowyinstitute.org/publications/winston-peters-new-zealand-pacific.

② Jim Rolfe, New Zealand and the South Pacific, 2001, https：//www.wgtn.ac.nz/law/research/publications/about-nzacl/publications/special-issues/hors-serie-volume-i,-2001/Rolfe.pdf.

图》报告中所描述的那样，太平洋重置计划旨在"将新西兰与太平洋的交往转变为建立在谅解、友谊、互惠、与太平洋岛国合作取得可持续成果基础上"[①]。像澳大利亚的"太平洋升级计划"和日本的"自由开放的印度—太平洋战略"一样，"太平洋重置计划"是新西兰对该地区日益增加的兴趣和大国日益竞争加剧的直接反应。2018年，新西兰副总理兼外交部部长温斯顿·彼得斯（Winston Peters）在罗伊研究所的讲话中指出，新西兰认为太平洋地区如此重要的三个原因是：共同的太平洋身份，国家安全，共同繁荣。[②] 这些特征在新西兰的"太平洋重置计划"中都有具体体现。尽管彼得斯认为新西兰对太平洋地区的兴趣不在于竞争，但是新西兰的努力都是在试图进一步强化在太平洋地区的大国形象。

2019年年初，温斯顿·彼得斯访问了所罗门群岛和瓦努阿图。在所罗门群岛，双方签署了新协议，承诺新西兰支持创建所罗门群岛机场有限责任公司。在瓦努阿图，彼得斯讨论了新西兰的季节性就业认可计划（RSE），承诺为因2018年安巴火山爆发而流离失所的人提供援助，并承诺在2019—2024年提供5360万美元的援助。这都是新西兰"太平洋重置计划"的一部分。该计划是一项新的区域战略，旨在重新吸引太平洋岛屿地区国家，并重申新西兰作为区域领导人和合作伙伴的形象。

新西兰的"太平洋重置计划"主要通过两个方面来实现，一是重视"基础外交"，二是把援助资金花在"刀刃"上。

从第一方面来看，新西兰总理阿德恩以及外交部部长等人在2018年、2019年对库克群岛、纽埃、萨摩亚、汤加等岛国进行了访问。[③]

[①] New Zealand Foreign Affairs and Trade, *Strategic Intentions*, https：//www.mfat.govt.nz/assets/MFAT-Corporate-publications/MFAT-Strategic-Intentions-2018-2022.pdf.

[②] New Zealand's Deputy Prime Minister and Minister of Foreign Affairs, Rt Hon Winston Peters, delivered an address at the Lowy Institute, 1 March 2019, https：//www.lowyinstitute.org/publications/winston-peters-new-zealand-pacific.

[③] 新西兰阿德恩总理于2019年7月27日至8月1日访问托克劳群岛。

与太平洋岛国领导人交流太平洋岛国所面临的战略竞争环境,并通过"五项原则"扩大与岛国的外交互动;扩大岛国与新西兰的学术、社区、民间社会和私营部门的交流;增强在政治层面的互动和联系,并在必要时进行公开的对话;在处理涉及太平洋岛国和岛民问题时,在制定国内和外交政策时争取互利的解决方案,例如,养老金的可转移性、岛民的刑事驱逐、气候变化、劳动力流动以及卫生和教育政策;与太平洋伙伴和外部参与者达成共同目标,以促进新西兰目标的实现;通过关注该地区的长期目标来寻求政策的可持续性,并通过改善其太平洋地区的经济和社会发展,扩大在该地区的影响力。

从第二方面来看,新西兰"太平洋重置计划"的第二步就是把海外援助资金用在重点领域。比如,增加新西兰在太平洋岛国的外交使团数量和使馆人员数量,将海外援助的60%定向到太平洋岛屿地区。事实上,新西兰海外援助数额不断下降,2008年对外援助占国民总收入的0.30%,2016年下降到0.25%。阿德恩政府表示,将扩大官方发展援助计划的规模,以进一步改善关系。除此以外,新西兰重点关注太平洋优先事项,特别是气候变化问题;更加关注对提升新西兰影响力至关重要的部门,如透明度、人权以及赋予妇女政治和经济权力;增加新西兰对多边机构,特别是世界银行和亚洲开发银行的资金支持,这两个至关重要的机构可以与捐助国一道为太平洋岛国提供可持续的投资选择。

在"太平洋重置计划"中提出,4年内,新西兰向南太平洋地区提供7.14亿新西兰元,重置计划的核心是"与太平洋岛国建立更深层次的伙伴关系",让太平洋岛国重新认识新西兰,进一步改善相互之间的关系。[①] 新西兰正在摆脱援助国与受援国的关系,建立对话性的伙伴关系,扩大双边在发展、区域政策上的交流。在重置计划中,

---

① 《新西兰太平洋重置计划第一年报告》,https://www.mfat.govt.nz/assets/OIA/R-R-The-Pacific-reset-The-First-Year.PDF。

第一章 太平洋岛国的历史和现实

新西兰更加重视与库克群岛、纽埃、托克劳的关系；扩大太平洋岛国领导人与新西兰领导人之间的互访；新宣布的太平洋岛国外交使团人员配备；积极参加南太平洋区域组织举办的高级别会议。

新西兰对太平洋岛国地区发展实施和制定了很多举措和计划。例如，太平洋季节工计划，2007 年成立时为 5000 个名额，2019 年提供了 14400 个名额。① 在 2018 年太平洋岛国论坛上，太平洋岛国领导人主张"气候变化是对太平洋人民的生计、安全和福祉的最大威胁"②。新西兰国防部 2018 年的一份题为《气候危机：国防准备和责任》的报告解释说："气候变化的影响将需要更多的人道主义援助、救灾、稳定行动以及搜救任务，新西兰国防军可能会面临更加频繁的作战承诺，这将使资源紧张，并可能降低对其他要求的准备程度。"③ 报告进一步回应了太平洋岛国关注的问题，在"太平洋重置计划"中，也凸显了太平洋岛国对应对气候变化的需求。在 2018 年，新西兰与太平洋之间的贸易额约为 23.92 亿美元，其中 9.575 亿美元是从太平洋岛国进口的商品和服务。新西兰还与太平洋岛国建立了牢固的发展援助伙伴关系。新西兰向 14 个岛国以及美属萨摩亚、托克劳、新喀里多尼亚、法属波利尼西亚、瓦利斯和富图纳群岛等提供了援助。在 2011 年至 2017 年之间，新西兰向太平洋岛国合作伙伴提供了大约 1.51 亿美元，④ 该援助全部为赠款。提供给太平洋岛国的援助占新西兰外交和贸易部（MFAT）提供的所有国际援助的 60% 以上。⑤ 新西兰政府

---

① Claire Huitt, The Pacific Reset: New Zealand Re-Engages Oceania, 20 December 2019, http://sites.utexas.edu/climatesecurity/2019/12/20/the-pacific-reset-new-zealand-re-engages-oceania/.

② Boe Declaration on Regional Security, Pacific Island Form Secretariat, https://www.forumsec.org/boe-declaration-on-regional-security/.

③ The Climate Crisis: Defence Readiness and Responsibilities, https://www.defence.govt.nz/assets/Uploads/66cfc96a20/Climate-Change-and-Security-2018.pdf.

④ Pacific Aid Map, Lowy Institute, https://pacificaidmap.lowyinstitute.org/.

⑤ Our Aid Partnerships in the Pacific, https://www.mfat.govt.nz/en/aid-and-development/our-work-in-the-pacific/.

表示，在"太平洋重置计划"下，援助金额会不断增加。

概而言之，新西兰将对太平洋岛国采取一种全新的外交方式，使双边关系超越了援助者/受援国之间的互动，向政治伙伴关系转变，有利于南太平洋地区的稳定和发展。

太平洋岛国是典型的"陆地小国，海洋大国"。在近现代史上，帝国主义大国无一例外地到访过太平洋岛屿地区，它们被这里丰富的自然资源所吸引，凭借手中的坚船利炮，夺占原住民的土地，实行野蛮的殖民统治。太平洋岛国论坛贸易与投资专员署前驻华贸易专员大卫·莫里斯（David Morris）就曾直言不讳地指出英国殖民主义者在澳大利亚的塔斯玛尼亚岛登陆后不久，就对当地的原住民进行了大规模的杀戮，酿成了世界范围内最骇人听闻的种族灭绝事件。[①]

第四节 "北向"战略的提出与"一带一路"的不期而遇

太平洋岛国独立以来，与前殖民宗主国保持了密切"联系"，然而它们并没有走向像西方那样富裕的道路。它们期盼在世界多边主义发展形势下，能够日益密切与国际社会的联系，让世界大国明了并内化其利益关切点。然而，西方国家对此表现并不积极，甚至在太平洋岛国最为关切的气候变化问题上"拉后腿"。为抓住全球化带来的发展浪潮，充分利用世界科技革命提供的发展机遇，它们提出了"北向"战略，期待与世界新兴大国实现对接。

一 现代化进程中的太平洋岛国

在英国、法国殖民者来到太平洋岛屿地区之后，新兴的帝国主义

[①] ［澳］大卫·莫里斯：《太平洋岛国真诚欢迎中国崛起》，《环球时报》2015年10月15日。

第一章　太平洋岛国的历史和现实

强国德国、美国、日本也尾随而至,它们与本地区的强国澳大利亚一道瓜分了太平洋岛屿地区,各自建立了自己的殖民地。一战后的巴黎和会也是帝国主义列强重新瓜分太平洋地区的"分赃会",帝国主义列强为了争夺在本地区的"势力范围"和殖民利益,他们在会上相互争吵不休,寸步不让。澳大利亚时任总理休斯一心欲在太平洋岛屿地区推行澳大利亚的"门罗主义",将太平洋岛屿变为自己的殖民地。休斯因而在巴黎和会上与日本代表发生激烈争吵,他怒斥日本:"将你的脏手从澳大利亚的太平洋岛屿地区拿走!"日本代表也毫不相让,厉声叱责休斯领导的澳大利亚是新殖民主义者,且自不量力,竟然欲与日本武力争夺太平洋岛屿殖民地。[1]

二战的结束并没有终结帝国主义列强对太平洋岛屿地区的殖民统治,由于这里有着辽阔的海域、丰富的自然资源,帝国主义列强进一步加紧掠夺这里宝贵的自然资源。不仅如此,帝国主义列强还以太平洋岛屿地区为壑,频繁在此进行海上核试验。对此,前驻华贸易专员莫里斯先生曾非常气愤地抨击包括美国在内的西方列强是太平洋岛屿地区"伪善"的殖民力量。莫里斯批评美国、英国和法国等西方大国频繁在此进行核试验,丝毫不顾忌当地民众的健康与安全。莫里斯严肃地指出:"时至今日,我们依然要面对核试验带来的可怕的后遗症!"为了民族的尊严、国家的独立、子孙的幸福,太平洋岛屿地区人民自被殖民的那一刻起始终没有放弃过抗争。经过200多年的不懈斗争,绝大多数太平洋岛国在20世纪60年代之后陆续获得了国家和民族的独立与自决。

在遭受长期的殖民和掠夺后,14个太平洋岛国大多积贫积弱,国家始终未能得到有效地发展,人民生活也始终未能摆脱贫穷状态。太

---

[1] Parkin, Russell and Lee, David, *Great White Fleet to Coral Sea: Naval Strategy and The Development of Australia-United States Relations* (1900–1945), Canberra: National Library of Australia, 2008.

平洋岛国的一些政府官员对国家独立以来未能实现经济的快速发展和人民生活水平的明显提高感到不满,他们常常反思:"我们浪费了时间,未能引导工业和经济的发展。为什么我们未能做到这一点?"这是一个令所有太平洋岛国的政治领导人和政府高官都深刻思考的问题。

太平洋岛国自独立以来似乎并不缺少发展经济的机会。相当多的西方公司都来到岛国开发自然资源,但是这些西方公司往往采取垄断资金、技术和市场的方法,致使岛国政府不仅未能收获应得的财富,而且岛国普通群众也未能因为资源的开发而获得体面的薪资,过上现代化的生活。岛国欠发达的经济和落后的教育直接导致岛国的人口红利未能实现,农村地区大量富余劳动力无所事事。民众无法安居乐业的后果就是某些岛国政局不稳、社会动荡、治安恶化。岛国一些有识之士深刻认识到岛国的发展离不开外国资本和技术的支持。20世纪80年代后,随着包括中国在内的亚洲国家经济的快速发展,太平洋岛国仿佛看到了新的希望:既然从西方国家无法得到可以直接掌握和利用的资金,那么岛国政府就只有一条路,即采取"北向"战略,寄希望于亚洲新兴发展中国家。[1] 这就是太平洋岛国政府在21世纪纷纷加强与亚洲国家,特别是与中国和印度关系的重要原因。太平洋岛国政府和民众对亚洲新兴国家寄予厚望,希望借助亚洲新兴经济体的力量,借鉴他们的发展经验,实现国家的发展与进步。

对此,莫里斯先生深有体会。莫里斯先生遍访太平洋岛国,他非常感慨地说:"太平洋地区国家欢迎亚洲和中国的崛起,中国正为本地区的和平与安全,以及可持续发展做出了重要贡献。"[2] 在太平洋岛国政府官员和民众的眼中,中国不同于殖民时期的新兴帝国主义国

---

[1] Ron Crocombe, *Asia in the Pacific Islands: replacing the West*, Suva: University of South Pacific, 2007, p. 212.
[2] [澳]大卫·莫里斯:《太平洋岛国真诚欢迎中国崛起》,《环球时报》2015年10月15日。

第一章　太平洋岛国的历史和现实

家,因为中国领导人顺应广大发展中国家的呼声,正与发展中国家一道在世界范围内倡导构建有利于世界各国,特别是发展中国家的更加公正、合理的世界政治、经济新秩序。这是太平洋岛国领导人和民众的心愿,也有助于解决本地区与域外大国的利益纷争。另一方面,中国正在实施"丝绸之路经济带"和"21世纪海上丝绸之路"建设,愿意为太平洋岛国提供经济支持,以加强岛国地区的基础设施建设、改善经济发展条件、便利岛国人民的生活。太平洋岛国一些政府领导人深有体会地指出,中国的"一带一路"倡议重在加强世界各国在交通和通信上的互联互通,为发展中国家提供了与中国市场融合的新的经济发展机遇。[①]太平洋岛国领导人和民众珍惜这样的机遇,因为太平洋岛国远离世界主要市场,任何能够促进空中、海上及通信联系的机会对岛国来说都显得弥足珍贵。

太平洋岛国对20世纪90年代以来的外来投资,特别是全球化的快速发展最初是心存疑虑和担忧的。岛国政府和民众的这种担忧主要源于岛国独立后在国家发展道路上遭遇的种种坎坷。自20世纪60年代陆续获得国家独立后,太平洋岛国便不可避免地被纳入了全球经济体系。彼时的岛国政府和民众由于长期生活在殖民经济体系中,对国家独立后如何发展,特别是如何踏上工业化和现代化之路缺乏清晰和正确的认知。随之而来的迅猛的全球化发展趋势令大多数岛国政府和民众难以适从,因此他们对经济全球化产生了多元化的观点。一些较为乐观的人士认为,岛国在殖民主义时期建立起来的法律体系和法律制度完全可以规范外资、促进发展,保护本国为数不多的核心产业;但是更多的法律界和经济界人士则认为,岛国的法律体系和法律制度因应殖民体系而建立,在多数情况下只有利于西方国家和企业在岛国

---

① Cheng Jingye, Pacific Nations Want China's Aid—Just Ask Them, 19 January 2018, *Financial Times*, https://www.afr.com/opinion/columnists/chinas-aid-is-good-for-pacific-island-nations-20180117-h0k41p.

的经济与投资活动，而根本不利于岛国保护和发展自己的民族产业。这些人士认为，岛国的重要资源产业实际上都掌握在西方跨国公司和大型企业的手中，岛国政府对这些企业和国家的自然资源实际上缺乏有效掌控和管理。在此背景下，岛国政府和民众对于自己能否在全球化的大潮中趋利避害，实现国家的发展心存疑虑。他们担心如果缺乏有效的经济竞争力，岛国很可能在全球化的博弈中蒙受重大损失。

太平洋岛国虽然远离全球化发展的中心地带，但它们丰富的自然资源仍然吸引了国际资本的关注。如何高效地开发利用好当地的自然资源，并实现环境与社会和谐发展是太平洋岛国面临的另一个重要问题。早在殖民主义时期，西方资本便大举进入太平洋岛国，对这里丰富的自然资源，如石油、天然气、磷、锰、林木和渔业资源进行掠夺性开发。太平洋岛国获得独立后，许多政治家、政府官员和普通民众都曾满怀希望地期待着国家能够凭借丰富的自然资源而走上快速发展之路，甚至是现代化之路。岛国政府和民众曾寄希望于西方资本的大规模进入帮助开发岛国的资源，帮助岛国实现国家发展、民众富裕的梦想。

一些来自欧洲和亚洲的中小企业进入了岛国的资源领域，如法国企业在巴布亚新几内亚建立了巴新唯一一座水泥厂，马来西亚和中国香港的一些伐木公司则在巴新建立了大型的伐木企业，其产量占当地伐木业总产量的60%。马来西亚的企业还在太平洋岛国的农业、棕榈油业和糖业等领域进行了较大规模的投资，并进而实现了企业的多元化发展。菲律宾企业则在岛国建立了渔业企业。一些西方国家的大型企业则在岛国的煤矿业、石油、天然气、农业、森林和渔业等领域进行大规模投资。但是，由于这些企业对资源的过度开发和对环境缺乏有效地保护，因而遭到了当地政府和社会，以及一些国际组织的批评，也导致太平洋岛国陷入了经济发展与环境恶化的"两难"境地[①]。

[①] Robert D. Gillett, *Marine fishery resources of the Pacific Islands*, Rome: FAO, 2010, pp. 1-58.

二 太平洋岛国"北向"战略的提出

尽管在发展的道路和规划上经历了重大挫折，太平洋岛国的政府和民众对经济和社会发展仍然充满了渴望。直至21世纪第二个十年结束，相当一些太平洋岛国政府仍然没有制定出令人满意的社会与经济发展规划。但是，无论是当地的政府、政治家、政府官员，还是企业家、媒体、社区领袖和普通民众都对现代化充满渴望，希望国际社会，特别是发达国家和新兴国家能够帮助他们实现国家的综合、平衡和可持续发展。在对发达国家多年的期盼失望之余，太平洋岛国政府和民众开始将目光转向了亚洲和新兴发展中国家，希望借助他们的发展资金，特别是他们的经济和社会发展的成功经验，实现自己国家的发展和人民生活水平的实质性提高。于是，和许多太平洋岛国政府一样，巴布亚新几内亚政府也将期待的目光转向了自己的近邻亚洲新兴国家，特别是中国。他们期待着包括中国在内的亚洲新兴国家能够向他们伸出援助之手，用他们的资金、技术和走上现代化国家的经验帮助他们的国家实现跨越发展，并走向现代化。[1] 太平洋岛国对亚洲国家的投资予以热烈欢迎。太平洋岛国相当多的政府领导人和民众认为亚洲国家在获得独立前与岛国一样积贫积弱，但是他们今天获得的成功充分说明了太平洋岛国也同样可以实现经济的快速发展和人民生活水平地提高。关注亚洲的发展之路，借鉴亚洲的成功经验，加强与亚洲的合作与共赢，正在太平洋岛国获得广泛的社会支持。[2]

太平洋岛国地区在历史上与亚洲联系密切，一直保持着持续的人员和贸易往来。冷战后期，亚洲国家经济发展迅速。出于经济利益考

---

[1] Bill Bainbridge, Bethanie Harriman and Jack Kilbride, "PNG Prime Minister Peter O'Neill visits Beijing to sign One Belt, One Road trade deal", *ABC News*, 20 June 2018, http://www.abc.net.au/news/2018-06-20/png-pm-to-visit-china-to-sign-one-belt-one-road-deal/9888054.

[2] Alan Boyd, "South Pacific looks to China as West turns away", *Asia Times*, 20 February 2018, https://vanuatuindependent.com/2018/02/20/south-pacific-looks-to-china-as-west-turns-away/.

虑，太平洋岛国纷纷实行"北向"的发展战略，希望能够把握机遇，搭上亚洲经济发展的快车。因此，与西方大国和前殖民宗主国在本地区"排斥亚洲"的政策相反，太平洋岛国则希望有更多的新兴国家和地区能够增加对太平洋岛国地区的关注，特别是增加对太平洋岛国的投资与援助。太平洋岛国此举有着深刻的政治考量，岛国在近代史上都是西方国家的殖民地。独立后，太平洋岛国在政治、经济和外交上仍然不得不依赖西方发达国家，这是太平洋岛国政府和民众不愿意看到的。太平洋岛国希望更多的新兴国家和地区能够加强与太平洋岛国地区的经济和贸易往来，以减少对西方发达国家的依赖。

太平洋岛国政府和民众，以及众多的国际观察家均注意到21世纪以来太平洋岛国经济与投资发展的上佳表现。太平洋岛国的商业和贸易已经不再被前殖民宗主国，如澳大利亚和新西兰所独占。这是太平洋岛国政府和民众自独立以来一直梦寐以求的局面，因为经济和贸易被少数西方国家所垄断，就意味着这些太平洋岛国并没有实现真正的独立。在与亚洲国家开展密切的经贸往来之前，相当多的太平洋岛国政治领导人、政府官员、知识分子、企业家和普通民众认为太平洋岛国实际上仍处于殖民者统治的状态。而本地区的"殖民主义大哥"就是澳大利亚，它千方百计地试图对太平洋岛国继续实行"家长"式的控制。在太平洋岛国民众的心目中，澳大利亚对岛国的政治、经济、文化和军事上的"控制"是束缚岛国获得真正独立和实现国家发展的重要因素[1]。这也是太平洋岛国政府和民众积极发展与亚洲国家经贸合作的最为强劲的动力之一。[2]

---

[1] 经过多年努力，尽管由澳大利亚主导的《太平洋紧密关系协定》（Pacer Plus）在14个太平洋岛国中的12个国家获得通过，但是斐济和巴布亚新几内亚并没有加入。斐济和巴新认为，这个《协定》并不公平，不是促进经济发展，而是给它们的经济发展"拖后腿"。

[2] Ben Doherty 2018, "China's aid to Papua New Guinea threatens Australia's influence", *The Guardian*, 3 July, Guardian, https://www.theguardian.com/world/2018/jul/02/chinas-aid-to-papua-new-guinea-threatens-australias-influence. Cole Latimer, "From bus stops to bridges: Chinese influence in PNG a 'wake-up' call", 14 September 2018, *Sydney Morning Herald*, https://www.smh.com.au/world/oceania/from-bus-stops-to-bridges-chinese-influence-in-png-a-wake-up-call-20180914-p503ro.html.

第一章　太平洋岛国的历史和现实

当然，也有相当多的太平洋岛国政府官员和学者指出太平洋岛国与亚洲，特别是中国的国情差异巨大。他们强调太平洋岛国有着自己独特的国情和民族文化传统，因此在借鉴亚洲国家，特别是中国的成功经验时，必须充分考虑两国国情的差异性。例如，岛国在土地所有权制度上与中国存在着巨大的差异，这也是影响太平洋岛国社会与经济发展的最重要的问题。① 太平洋各岛国均实行土地私有制度，由于历史久远和近代国家政府的更迭，相当一些土地的所有者已经无法找到确切的书面档案。② 这种糟糕的状况导致土地所有权极为混乱，往往是一片土地未开发时，没有人对其声称所有权。然而一旦进入开发程序后，就会有相当数量的人士和组织站出来，以土地所有者的身份阻拦开发。他们或是出示年代久远、无法确定的土地所有权文书，或是要求法院阻挠开发，待其土地所有权得到确认后，再启动开发进程。

这种土地所有权极其混乱的状况极大地损害了投资人的利益，也破坏了投资者，特别是外国投资者的信心和热情，严重影响了太平洋岛国的基础设施建设与开发。相当多的岛国政府和经济界人士已经认识到，如果岛国的土地政策不清晰、不明确，将会极大地影响岛国的基础设施建设和经济发展。因此，太平洋岛国的一些有识之士一直在呼吁政府推行土地改革，但其难度可想而知。由于选举政治的存在，几乎没有政党愿意在土地改革问题上采取行动。以巴布亚新几内亚为例，虽然该国早在20世纪90年代便倡导土地改革，但一直举步维艰。近年来，该国议会重提土地改革法案，引起了社会各界的广泛关注。③ 在与亚洲国家的经贸交往与合作中，太平洋岛国政府开始认识到他们不能一味地模仿

---

① 吴高峰、叶芳：《南太平洋岛国经济差异的时空变化分析》，《海洋开发与管理》2017年第5期。
② Chris Wilson, "Land and Conflict in the Pacific Region", The Pacific Islands Forum Secretariat LMCM project is supported by AusAID and UNDP, 2008, http://citeseerx.ist.psu.edu/viewdoc/download? doi=10.1.1.594.5117&rep=rep1&type=pdf.
③ Susan Elizabeth Farran, "Land Rights and Gender Equality in the Pacific Region", Australian Property Law Journal, No. 11, 2005, pp. 131–140.

亚洲国家，而是要根据自己的国情，有选择地借鉴亚洲的成功经验，这样才有利于推动国家的发展与进步。这种理性的思维方式表明太平洋岛国的政治领导人和社会精英正在逐步走向成熟。

尽管太平洋岛国与亚洲国家存有较大的差异，但是亚洲资本自21世纪以来已大规模进入太平洋各岛国，并且呈现出日益加速之势。中国企业也在中国政府实行"走出去"战略和发出共建"一带一路"倡议后，加强了与太平洋岛国的经贸合作。[①] 亚洲资本和企业进入太平洋岛国地区既是亚洲经济近三四十年来快速发展的结果，也是资源和投资全球化爆发的结果。当然，除了经济因素之外，也有一定的政治原因，这就是太平洋岛国在长期依赖西方发达国家而没有取得实际效果之后，实行了新策略：不将自己的发展全部寄托在西方国家之上，而是多元化地发展与亚洲新兴经济体的共赢合作。亚洲国家与太平洋岛国地理位置较近，文化相近，人员之间往来历史悠久，这是两地易于相互学习、取长补短的优势。

此外，亚洲国家在自身的发展过程中都或多或少地接受过西方附加了许多政治条件的经济合作与援助。它们对其中的弊病了解较深，因而在与太平洋岛国经济交流与合作中并不愿意像西方国家一样附加一些与经济发展毫不相干的政治条件。此举一方面有利于促进亚洲国家与太平洋岛国的经济交流与合作，另一方面也易于为太平洋岛国政府和民众所接受。因而亚洲投资者也在太平洋岛国找到了经济与商业合作发展的沃土。亚洲资本的进入有力地促进了太平洋岛国的基础设施建设，极大地改善了当地的投资环境与商业条件，也改善了当地民众的生活，因而受到了太平洋岛国政府和民众的广泛欢迎。

三　亚洲资本介入及其影响

外国投资与企业的参与，特别是亚洲资本与企业的到来，一方面

---

① Alan Boyd, South Pacific looks to China as West turns away, *Asia Times*, 19 February 2018, http://www.atimes.com/article/south-pacific-looks-china-west-turns-away/.

第一章　太平洋岛国的历史和现实

极大地促进了太平洋岛国的社会与经济发展；另一方面由于岛国对与亚洲经贸合作如此迅速推进而准备不足，以及南太平洋地区与亚洲地区政治、法律和文化的差异，亚洲资本与企业的快速到来也给当地的企业和民众生活造成了一些不利的影响。

从有利方面来看，亚洲企业和商人的到来为当地民众生活的便利和生活水平的改善提供了一条快捷的途径。太平洋岛国的一些民众在亚洲投资的企业中找到了工作，而另一些民众则非常聪明地将自己的房产租给企业家居住，或是租给亚洲商人经商，通过赚取租金来积累创业的资金。巴布亚新几内亚一名商店小老板回忆说，他以前自己开店零售小商品，由于资金有限，无法大规模进货，因而商品品种少，每月都在苦苦支撑，根本赚不到钱。自从亚洲商人到来之后，他便将店面出租出去，而自己则去种植蔬菜。他现在每月的收入是以前的三倍，生活质量明显改善，并且他还能用赚到的钱不断扩大农场的规模。他总结说，亚洲商人在资金上比较充裕，并且他们的商品进货渠道也更为宽广通畅，因此他们更适合从事零售业。太平洋岛国居民则拥有"地利"，他们可以将房屋出租，并从事与亚洲商人差异化的经营活动。这样既可以让双方的优势互补，更可能从差异化经营中赚到钱。

任何事物的发展均有两面性，随着亚洲在太平洋岛国地区投资和经贸合作的迅速增多，太平洋岛屿地区也发生了数起针对亚洲企业和亚洲投资的暴力事件，反映了两地在加强经贸合作时未能很好地注意差异化经营和保护太平洋岛国广大中小工商业者的利益。亚洲与太平洋岛国经贸合作加强的同时，忽略了对当地的一些极其弱小的经济体和个体经济产生的影响，这是全球化在提高经济产出与经济效率的同时无法避免的一个副产品，是亚洲国家与太平洋岛国在经济合作加强的过程中要特别注意解决的问题。与太平洋岛国的本土企业相比，亚洲企业显然有着较高的竞争力，这使得太平洋岛国的本土企业在竞争中处于劣势地位，致使一些本土企业破产倒闭，引起了部分民众对亚洲企业的不满。一些本土企业因此将民众不满的矛头引向亚洲企业，致使部分岛国出现了排外骚乱。[1] 例如，2009年5月，巴布亚新几内亚出现了长达一周的针对中国企业和小商人的骚乱，给部分中国企业和商人造成了一定的经济损失，也引起了国际社会的广泛关注。[2] 也有一些地方不满政府的管理，借机制造骚乱，对外来企业进行打、砸、抢、烧。如，2021年11月，所罗门群岛马莱塔省数百名抗议者进入首都，制造"骚乱"，造成2亿所罗门群岛之的损失，毁掉了1000多个就业岗位。

太平洋岛国政府和一些头脑冷静的社会精英对这些针对亚洲人的暴力事件异常重视，他们担心如果反对亚洲人和亚洲企业的情绪失控，就会影响太平洋岛国从亚洲吸引投资，影响两地迅速增长的经贸合作。太平洋岛国政府的担心是有根据的，相当一些亚洲企业主和投资者担心暴乱，已经准备关闭他们的企业，从太平洋岛国地区撤资。[3] 一旦亚洲企业和资本撤出，太平洋岛国地区将不仅要面对外来投资减少，经济发展减缓，失业率攀升等政治、经济和社会问题，更要面临岛国将不得不再次转向其殖民时期的前宗主国请求援助。如此一来，岛国数十年来力图摆脱前宗主国政治和经济控制的努力就会付诸东流，岛国将不得不在经济上依赖前宗主国，在政治上也只能听命于前宗主国。出于上述考量，各岛国政府迅速对当地的暴力行为做出反应，并对亚洲投资者的疑虑做出回应。岛国政府明确表示：政府不支持任何反对亚洲投资者和工商业活动的行为，也不允许本国和本地区存在专门针对某一种族或民族的暴力行为。巴布亚新几内亚政府领导人对骚乱者进行了批评和谴责，指出当政府努力吸引亚洲国家的投资

---

[1] Stewart Firth, "Instability in the Pacific Islands: A Status Report", *Lowy Institute*, 2018. https://www.lowyinstitute.org/publications/instability-pacific-islands-status-report.

[2] "One Dead in Anti-Chinese Riots in PNG", *Reuters*, 15 May 2009, https://www.reuters.com/article/idUSSYD472356.

[3] Graeme Smith, "Chinese Reactions to Anti-Asian Riots in the Pacific", *Journal of Pacific History*, Vol. 47, No. 1, 2012, pp. 93–109.

第一章　太平洋岛国的历史和现实

时，一些人却囿于既得利益排斥来自亚洲的企业和商人。巴新政府还成立了骚乱调查委员会，查寻骚乱的真正原因。太平洋岛国政府重申欢迎所有外来投资，欢迎各国在岛国开展合法的商贸活动。岛国政府还表示要进一步提高行政能力，加强政府的行政效能，以便让从事合法经营活动的各方都能从经贸合作中受益。

客观地分析，尽管骚乱有一些偶然因素，但也存在着很大的必然性。外国企业和商人的到来虽然给当地的经济带来了资金和活力，但由于未能与当地企业实行差异化发展，因而损害了巴新当地小企业主和小商贩的利益。而当地企业的破产倒闭，致使当地一些民众失去了工作。骚乱非常及时地提醒了太平洋岛国政府和亚洲的企业要充分关注和照顾当地企业和民众的利益，否则外来企业和资金就有可能引起当地企业和民众的不满。此外，包括中国企业在内的一些亚洲企业在太平洋地区投资办企业时还存在着工时较长、工资较低和不重视劳工福利等损害当地劳工利益的行为，这些都是引起当地劳工不满的重要因素。①

除了经营的同质化，亚洲企业的快速进入，也对当地政府、司法机构的管理能力提出了更高的要求。如果政府与法律管理跟不上，经济违法及其相关的犯罪活动就会大量增加。例如，在经济繁荣过程中，一些政府官员，特别是警察和其他部门的执法人员，主动或被动地接受企业的"贿赂"。太平洋岛国一些民众抱怨说政府的若干主要组成部门，如移民、海关、劳工、土地、警察等已经成为腐败的"重灾区"。这些部门的官员利用掌握的权力，伙同外国企业，严重损害了当地企业和民众的利益。政府官员和执法人员的贪污腐败是加剧太平洋岛国民众对外来投资和经济商业活动不满的另一个重要原因。

尽管岛国在与亚洲企业和资本的合作时产生了一些问题，笔者在

---

① Graeme Smith, "Chinese Reactions to Anti-Asian Riots in the Pacific", *Journal of Pacific History*, Vol. 47, No. 1, 2012, pp. 93 – 109.

太平洋岛国田野调查时发现，岛国政府和民众在总结成功的经验和失败的教训后，已经对与亚洲国家加强经济与贸易合作产生了相当强的信心。尽管某些社会阶层，如小商品零售商对来自亚洲的竞争还存有较大的畏惧，但毫无疑问的是，太平洋岛国的社会经济不再是死水一潭。国际货币基金组织与世界银行的经济统计数据表明，太平洋岛国的经济已经比之前任何时期都显示出更强的活力，这也是亚洲国家带给太平洋岛国的"世纪之喜"[①]。太平洋岛屿地区有亚洲人民的需求，如果能够克服距离、文化差异和同质经营等挑战，将会为亚洲和太平洋岛国地区带来不可估量的经济利益。太平洋岛国在与亚洲国家交往中除了获得经贸利益，还在医疗、农业培训和国际教育等领域得到亚洲国家的援助。太平洋岛国在亚洲的留学生也将成为促进太平洋岛国与亚洲经贸合作可持续发展的推动者。21世纪以来，越来越多的亚洲民众开始前往太平洋岛国旅游或投资，这不仅密切了两地的经济和文化联系，而且为太平洋岛国地区带来了可观的经济收入，更能促进两地经贸关系的可持续发展。引入亚洲资本建设基础设施，更是有力地促进了当地的工商业发展，更有利于太平洋地区进一步开发旅游和自然资源。

太平洋岛国政府对与亚洲国家发展经贸关系表现出热烈地欢迎和高度地重视。为了加速与亚洲国家的经贸合作与交流，太平洋岛国政府领导人纷纷出访亚洲国家和地区，特别是亚洲重要的经济体，如中国、日本和亚洲"四小龙"的新加坡、韩国、中国台湾和香港。太平洋岛国领导人所到之处受到了亚洲国家的热情接待，这不仅仅是因为太平洋岛国资源丰富，双方经贸合作的前景广阔，而且也由于亚洲热情待客的传统文化。这令太平洋岛国领导人感到格外高兴，一方面拉近了双方领导人的距离，另一方面也令太平洋岛国领导人有一种"宾

---

① World Bank, *Long-term Economic Opportunities and Challenges for Pacific Island Countries*, Washington: World Bank, 2017.

至如归"的感觉,让他们深刻感受到在世界其他国家,特别是西方国家很少感受到的尊重。这无疑有利于太平洋岛国与亚洲国家迅速拉近关系,并展开广泛而深刻的经贸合作。总体而言,亚洲对太平洋岛国的投资与经贸合作需求给予了积极地回应。21世纪以来,每年大约有数十亿美元的亚洲投资进入太平洋岛国。[①] 太平洋岛国与亚洲国家经贸合作的初步成功直接促使太平洋岛国政府纷纷加强实施"北向"战略的力度,期待与亚洲实现更大程度的经济融合。亚洲国家"是朋友,不是敌人",太平洋岛国应尽快搭乘亚洲经济发展的快车,加速自己国家的经济和社会发展已经成为太平洋岛国政府与民众的普遍共识。

第五节　太平洋岛国的新选择

在太平洋岛屿地区既有传统宗主国英国、法国、美国、澳大利亚、新西兰、日本,也有后期介入的俄罗斯、印度、印度尼西亚、韩国。独立后的太平洋岛国无意参与域外大国的地缘竞争,而是期望在大国博弈背景下实现国家利益最大化。

一　无意参与大国的地缘竞争

美国与太平洋岛国有着友好的关系,并受益于太平洋岛国在联合国的支持,特别是美国的三个自由联系国的支持。自冷战结束以来,美国一直操纵澳大利亚,以促进共同的战略利益。新西兰还与美国在该地区共同倡议合作,成为太平洋岛屿地区援助的主要提供者。法国和日本在该地区也保持着重大利益。中国已成为南太平洋地区外交新现象,并为该地区发展提供了援助。此外,俄罗斯、印度、韩国和印

[①] Asian Development Bank, *Pacific Opportunities: leveraging Asia's Growth*, Manila: ADB, 2015.

度尼西亚在内的其他国家也在努力扩大在该地区的参与度。太平洋岛屿地区通常可以根据美国、澳大利亚、新西兰和法国的四个影响范围进行划分。美国的影响遍及密克罗尼西亚群岛和波利尼西亚群岛的部分地区。在密克罗尼西亚群岛地区，分布着美国领土关岛和北马里亚纳群岛以及三个自由联系国，夏威夷和美属萨摩亚位于波利尼西亚群岛地区。美国在密克罗尼西亚次区域的安全利益，包括在关岛、马绍尔群岛夸贾林环礁的军事基地，构成了太平洋防线或"第二岛链"。澳大利亚的利益集中在赤道以南的岛屿，特别是美拉尼西亚群岛的巴布亚新几内亚、所罗门群岛和瓦努阿图。新西兰与托克劳以及与新西兰保持"自由联系"的库克群岛和纽埃有着长期的联系。澳大利亚和新西兰经常在维和等区域安全事务上进行合作。法国继续管理法属波利尼西亚、新喀里多尼亚以及瓦利斯和富图纳群岛。

美国国会议员和一些政策制定者对中国在该地区的影响力日益增长表示担忧。他们认为，中国已成为西南太平洋地区一个日益发展的政治和经济参与者，目的是取代美国、澳大利亚和新西兰等传统参与者在该地区的影响力来促进和实现其利益。[1] 美国力图与澳大利亚、新西兰、日本等国家联系，遏制中国与太平洋岛国的交往。太平洋岛国从自身的利益考量，无意与前殖民宗主国联合起来共同"对抗中国日益增长的影响力"。相反，他们更愿意与中国加强经贸合作维护本国的政治、经济利益，对抗西方国家和地区传统大国的经济掠夺和政治施压。因而，太平洋岛国对美国、澳大利亚、新西兰和日本发出的联合"抗中"的倡议根本没有兴趣，更无意卷入其中。[2] 太平洋岛国的政治领导人更希望中国和其他新兴大国在太平洋地区的政治与经济

---

[1] The Pacific Islands: Policy Issues, 2 February 2017, https://www.everycrsreport.com/reports/R44753.html#_Toc474143330.

[2] Jonathan Pearlman, "Australia, NZ to Sign Security Pact with South Pacific Nations", *Strait Times*, 7 July 2018, https://www.straitstimes.com/asia/australianz/australia-nz-to-sign-security-pact-with-south-pacific-nations.

中发挥建设性作用,这更符合岛国自身和岛国地区的利益。毕竟数百年来殖民太平洋岛国,并损害太平洋岛国民众利益的不是中国。

一些对中国存有偏见,或是固执地认为中国与传统守成大国之间存有"零和竞争"观点的人士总是一再强调中国在太平洋岛国地区加强经济和政治存在将会对太平洋岛国产生不利的影响。但是,他们却很难从岛国的切身利益出发,明确指出究竟有哪些不利。很显然,这些人士其实对太平洋岛国的国情,以及当地的民情并不了解。他们研究太平洋岛国的视角就是前殖民宗主国的既得利益,而太平洋岛国自身的状况和民众的愿望并不是他们关切的重点,也从来就没有进入过他们关注的视野。因此,他们的研究结果必然是"中国威胁论",至于中国究竟"威胁"谁,他们心里也清楚,肯定不是太平洋岛国。[①]实际上,无论是太平洋岛国的政治领导人,抑或普通民众当然更关心他们自己的利益,大国在太平洋岛国的适度和良性竞争未尝不是它们希望的局面,因为这更能促进岛国的利益最大化。

在某种意义上看来,太平洋岛国欢迎中国,一方面是中国在太平洋地区影响力的增强,中国与本地区的国家经贸合作大幅度增长;另一方面是太平洋岛国与西方长期不平等交流的结果。20世纪90年代以来,以美国为首的西方大国及其主导的国际金融机构一直向岛国领导人施加压力,要求他们实施新自由主义经济理念,通常被称为"华盛顿共识"为基础的并且符合西方价值观的全面经济和政治改革,以根本性的方式改造太平洋岛国社会。太平洋岛国的领导人对此感到非常不满,认为这样的改革不符合岛国的国情,因此也不会得到希望的结果。但是,在西方大国的压力下,太平洋岛国领导人除了遵照西方大国的意图办事外,鲜有别的选择。一些西方学者也承认太平洋岛国政府别无选择,只能接受这样的政策,源于西方国家和国际金融机构

---

① Ben Bohane, "South Pacific Nation Shrugs Off Worries on China's Influence", *New York Times*, 13 June 2018, https://www.nytimes.com/2018/06/13/world/asia/vanuatu-china-wharf.html.

施加的压力实在太大，太平洋岛国根本就无力抗拒。

由于太平洋岛国曾在政治、经济上长期遭受西方主要大国的不公正对待，它们希望借助与中国加强互利合作来平衡西方大国在本地区和本国的政治与经济影响。另外，包括太平洋岛国在内的广大发展中国家对当前的国际政治和经济体系与秩序抱有诸多不满，但是仅凭小国、弱国的力量很难对此有所改变。而中国、印度，以及其他一些新兴发展中国家的快速发展令它们看到了变革现有国际秩序和体系的希望。这在很大程度上说明了为什么这些发展中的小国、弱国纷纷拥抱中国投资和经贸合作的到来。当一些西方大国给中国扣上"新殖民主义""新剥削主义"的"帽子"时，包括太平洋岛国在内的国际社会中的小国、弱国往往发出自己的声音，在捍卫自己国家的发展权和自主"选择国际合作伙伴"权力的同时，也有力地驳斥了前殖民宗主国在内的西方一些大国对发展中国家与中国发展经贸合作的"抹黑"和"妖魔化"。

巴布亚新几内亚前外交与国际贸易部部长帕托（Rimbink Pato）指出西方国家出于经济利益考虑，近年来已经大幅度减少对巴新的投资。中国不仅资金丰富，而且对巴新平等相待。只要是符合国家和人民的利益，巴新就会同中国合作，并接受中国援助，以便为巴新人民和国家的利益服务。这位部长还坚定地指出巴新政府不会因为澳大利亚等西方国家的偏见而损害自己的利益，巴新将继续寻求中国的援助和贷款用于发展本国的基础设施。这位部长还特别强调说，"中国正在为世界各地做贡献，包括我们国家"[1]。太平洋岛国领导人的言行实际上深刻地揭露了西方国家霸占和掠夺发展中国家的宝贵资源，遏制发展中国家的经济发展与进步的行为。2021年6月，巴布亚新几内亚外交与贸易部部长埃奥访华，同国务委员兼外交部长王毅会谈时，表示巴新希望学习和借鉴中国发展经验，构建中国—太平洋岛国命运共同体。

---

[1] "Papua New Guinea reportedly set to join China's free trade agreement at APEC", *ABC news*, 19 April 2018, https://www.abc.net.au/news/2018-04-18/china-png-free-trade-deal-in-the-works/9672478.

第一章　太平洋岛国的历史和现实　◆◇◆

中国政府提出设立中国—太平洋岛国经济合作发展论坛的倡议便立即得到了各国的欢迎，岛国政府领导人和民众将中国视为发达国家之外的另一个可以选择的经贸发展伙伴。在中国—太平洋岛国经济发展合作论坛上，与会的各国政府领导人认为发达国家与发展中国家的贫富差距日益加大，世界经济体系日趋失衡。中国开展的"南南合作"之所以受到发展中国家的欢迎，一是中国坚持在合作中一定要平等互利，二是中国坚持在合作中不附加任何政治条件。如果将中国与太平洋岛国之间的经贸合作做出具体的梳理分析，人们不难发现太平洋岛国对双边关系的快速发展更为积极。这一点并不令人感到奇怪，这是太平洋岛国领导人因应外部环境变化而做出的理性决策，也是最符合太平洋岛国利益的决策。

当然西方国家和传统区域大国总是从中国与太平洋岛国的交往中获取何种利益为思考的出发点，进而分析这些利益的取得是否会损害它们的既得利益。这些国家也知道中国的外交政策，特别是"不干涉内政"的原则，以及由此而衍生的对外经济交往中不附加任何政治条件的原则，这都是深受包括太平洋岛国在内的发展中国家的欢迎，也是它们乐意与中国交往的最重要的原因之一。中国在与太平洋岛国交往时，总是一再声称国际社会中国家不分大小，一律是国际社会中平等成员，都应受到同等对待。对于太平洋岛国领导人来说，与中国加强经贸合作不仅有利于岛国的经济和社会发展，而且更重要的是，他们的政府和国家可以在援助、贸易和投资机会方面做出最有利于国家利益的抉择。

由于中国经济的增长是选择了适合本国国情的独立发展道路，没有接受西方国家强迫大多数发展中国家接受的"华盛顿共识"。中国对一些著名国际金融机构的经济发展建议，如"休克疗法"等并不认同，也没有按西方开出的"药方"发展中国经济。中国的发展道路并不照搬西方经济理论，并且其发展模式也有许多独特之处。因此，中国并不被西方国家和国际金融机构认可为经济发展的典范。但是，中国经济的腾飞却是不争的事实，这对太平洋岛国有着强烈的吸引力。太平洋岛国在多年按照西方的"药方"发展经济后，久不见效，岛国精英逐渐认识到西方模式并不符合岛国的国情，而中国的发展模式却对岛国有着深刻的借鉴意义。

在此背景下，中国企业和中国资本的"走向太平洋岛国"从一开始就引起了西方发达国家和国际资本市场的高度关注，这一方面是由于中国企业蕴藏着巨大的竞争力，一旦充分释放后将对包括跨国公司在内的西方企业产生强有力的冲击；另一方面也是由于巨大和充裕的中国资本，令太平洋岛国的前殖民宗主国根本无法竞争。西方发达国家并不希望中国企业和资本的介入，它们认为这将引发在该地区新的洗牌和竞争，从而对发达国家既得的高额垄断利益造成一定程度的影响。这是中国企业在岛国投资，特别是在资源和基础设施领域的投资引起了西方发达国家的高度关注，并且在相当长的时间里成为挑动西方国家神经的重要因素，这也使得中国企业和中国投资总是让中国投资人和民众感到意外，并时时成为西方媒体热点话题的重要原因。

研究中国和中国企业在太平洋岛国地区的政治和经济存在及其影响力已经成为太平洋岛国地区研究的重要内容。许多西方学者注意到随着中国大陆企业和资本的迅速进入，中国大陆地区在太平洋岛国的经济存在和影响力也在同步增长。在太平洋岛国地区，人们经常看到商人们围在一起用英语、汉语夹杂着手势商谈生意。在西方学者看来，一国语言在某一地区的流行和盛行往往是该国地缘政治、经济和战略影响力显著上升的标志。因而，西方对中国在太平洋岛国地区政治和经济影响力的增强与岛国政府表现出截然不同的观点。

二 区域力量转换下太平洋岛国的新选择

自2006年中国—太平洋岛国经济发展合作论坛成立以来，中国与太平洋岛国的关系取得了长足的发展。双方于2014年建立战略合作伙伴关系，2018年达成携手共建"21世纪海上丝绸之路"南线的合作共识，从而将双方关系提升至前所未有的高度。中国同太平洋岛国关系的深入发展与日益强化引起了南太平洋域外传统大国，特别是太平洋岛国前殖民宗主国的不满和猜忌。这些国家囿于冷战和霸权主义思维，罔顾事实地在国际社会和太平洋岛屿地区渲染"新殖民主义论""新霸权主义论""资源掠夺论"和"债务危机论"等谬论，企图遏阻中国与太平洋岛国关系的发展。[1] 与此同时，前殖民宗主国竞相宣布设立岛国基础设施专项基金，并大幅度增加"无偿援助"，以抗衡并"消除"中国在该地区的影响。[2] 然而在新形势下，前殖民宗主国企图在政治和经济上加大控制岛国的"图谋"已很难变为现实，其主要原因如下。

首先，岛国政府和民众的民族独立与自决意识空前高涨，附加了政治条件的"援助"，即使"无偿"，也不为岛国政府和民众所欢迎。据澳大利亚罗伊研究所相关资料，澳、新、美等西方"传统援助国"向太平洋岛国提供的大部分资金直接服务于其政治目的，用于输出西方意识形态和价值观，这是岛国政府和民众并不愿接受的"政治献金"。澳大利亚罗伊研究所部分学者曾就"传统援助国"对太平洋岛国的"援助"进行了长期跟踪研究，发现"传统援助国"的"援助"除了一小部分是"人道主义援助"外，其余绝大多数是旨在推进当地"民主""人权""法治"的政治性项目，并且其效果"远非'援助国'政府宣传的那样完美"，毕竟输出意识形态和价值观是极其费时费力的事。[3]

---

[1] Graeme Smith, "Is there a problem with PRC aid to the Pacific?" *China Matters*, April, 2018, p. 2.

[2] Jane Norman, "Scott Morrison reveals multi-billion-dollar infrastructure development bank for Pacific", https://www.abc.net.au/news/2018-11-08/scott-morrison-announces-pacific-infrastructurebank/10475452.

[3] Australia Department of Foreign Affairs and Trade, "Overview of Australia's Pacific Regional Aid Program", https://dfat.gov.au/geo/pacific/development-assistance/Pages/development-assistance-in-the-pacific.aspx.

其次，太平洋岛国寻求经济援助和对外经贸合作的背景已不是"西方垄断时代"了，包括中国在内的亚洲以及世界其他地区的新兴经济体已经成为岛国地区发展越来越重要的合作伙伴。尽管相较于西方"传统援助国"，中国在过去十年中对太平洋岛国的"援助"额度并不高，但是中国的发展资金主要用于岛国经济和社会发展亟须的基建项目，① 建成后具有较高的经济效益和社会效益，因而受到当地政府和民众的欢迎。罗伊研究所一些研究人员发现中国提供的"援助"多为低息贷款或"友好利率"贷款，主要用于推动当地涉及国计民生的大型基础设施建设项目，② 并对这些基础设施项目设置了严格的质量和管理标准。因此，更严格地讲，中国的援助属于发展性援助项目。这些学者还发现中国的基础设施"援助"并非中国"强加"于岛国，而是岛国"积极主动地向中国争取"，其过程类似商业性借贷谈判。

再次，太平洋岛国的前殖民宗主国均已进入国力相对下降期，日渐无力对岛国进行长期"无偿援助"。美国虽是世界第一大经济体，但每年需支出高达6000多亿美元的军费以维持其全球军事霸权，美国国内的基础设施也需要大举投入资金以维护升级。即使是美国政府决心大规模推进的印太地区基础设施建设，也只准备出资1.13亿美元。澳大利亚现政府则制订了雄心勃勃的军事计划以期维持其南太平洋地区强国地位，不仅将军费开支提升至国内生产总值的2%，而且计划未来数年筹措4000多亿澳元（约合3000亿美元）用于从美欧等军事强国购买先进的战机和潜艇，更打算进一步通过大量资金来升级和新建"强大"的军事工业。③ 庞大的军事开支导致澳大利亚"北部

---

① Matthew Dornan and Jonathan Pryke, "Foreign Aid to the Pacific: Trends and Developments in the Twenty-First Century", *Asia & the Pacific Policy Studies*, Vol. 4, No. 3, 2017, pp. 386 – 404.

② Philippa Brant, "Chinese aid in the South Pacific: linked to resources?" *Asian Studies Review*, Vol. 37, No. 2, 2013, pp. 158 – 177.

③ "Australia to Increase Defense Budget", https: //thediplomat.com/2017/05/australia-to-increase-defense-budget/.

大开发"计划和国家经济"创新转型"计划基本停留在纸面上。部分有识之士指出,与其将宝贵的资金拿来与新兴国家进行冷战式竞争,不如将各自国家早已陈旧的基础设施进行升级改造,以便更好造福民众,促进社会经济发展。①

最后,太平洋岛国在独立前后经历了殖民主义、帝国主义掠夺和与中国平等互利相处的几个时期,岛国政府和民众已具备了高度的辨别力。全球范围经验表明,世界上没有任何一个国家因为与中国建立了紧密的经贸合作而被"殖民",或被剥削压榨,也没有任何一个国家身陷"债务危机"或面临"破产"。自20世纪90年代末,西方国家就曾大肆"妖魔化"中国与一些发展中国家的关系,特别是与非洲国家之间日益紧密的经贸合作关系。事实上,中非不仅实现了共同发展,更推动了发展中国家群体性崛起。同样,在新冠疫情暴发前,太平洋岛国地区的经济发展实现了高达7%的年均经济增长率,这是殖民时代根本难以想象和企及的。② 中国始终支持太平洋岛国发展经济、改善民生、提高自主可持续发展能力,为促进其经济社会发展提供了真诚的帮助。太平洋岛国政府和民众在发展中越来越认识到谁是真正的朋友,谁才能真正帮助自己的国家走上稳定与发展之路。因此,任何"妖魔化"中国或中国同太平洋岛国互利合作关系的言论和行为,都难以在太平洋岛国地区产生诬指者希望的结果。③

总之,中国与太平洋岛国的合作日益加深已经是不争的事实,太平洋岛国无意参与大国在该地区的地缘政治竞争,他们更重视何种合作模式能够推动本地区的发展。21世纪第二个十年结束时,太平洋岛

---

① Greg Jennett, " Defence White Paper: Australia joins Asia's arms race with spending on weaponry and military forces to reach \$195b", http://www.abc.net.au/news/2016-02-25/defence-white-paper-releasedincreased-spending/7198632.

② Australian Depart of Foreign Affairs and Trade, https://dfat.gov.au/geo/pacific/Pages/the-pacific.aspx.

③ Peter Brown, "Australian Influence in the South Pacific", *ADF Journal*, Issue 189, 2012, pp. 66 – 78.

国政治领导人的心态已经发生了重大变化，西方政治家也开始重新思考中国与太平洋岛国的关系。一些西方政治家对中国进行了较多的批评和指责，认为中国与太平洋岛国关系的加强不利于传统区域大国，特别是前殖民宗主国在本地区利益的巩固与强化，西方国家应对中国在岛国地区日益增长的经济、政治存在和影响保持警醒;① 另一派认为太平洋岛国从与中国的接触中获益颇多，中国不仅提供了有别于西方国家的援助渠道，而且援助一般不设政治前提，从而便利了太平洋岛国经济发展；还有一些学者认为中国与太平洋岛国合作的增强也带动了西方国家，特别是前殖民宗主国对该地区的重视，使其不得不增加对该地区的援助和经贸合作。这些因素在一定程度上都推动了太平洋岛国的经济发展和基础设施建设，为该地区的经济和社会发展做出了有益的贡献。②

---

① Hugh White, "America or China? Australia is Fooling Itself that it doesn't have to Choose", Lowy Institute, 27 November 2017, https://www.theguardian.com/australia-news/2017/nov/27/america-or-china-were-fooling-ourselves-that-we-dont-have-to-choose.

② Yang Jian, "China in the South Pacific: Hegemon on the Horizon?", *Pacific Review*, Vol. 22, Issue 2, 2009, pp. 139–158.

第二章　中国与太平洋岛国关系四十年

太平洋岛国和中国同属于太平洋地区，均是亚太大家庭的一员。在20世纪相当长的一段时间内，双方相互往来很少且不大了解。这是因为，当时太平洋岛国和中国人民都处于外来控制之下，处于无权状态。随着全球化和亚太一体化的发展，太平洋岛国在经济与外交上与中国的联系已经越发紧密。习近平主席分别在2014年11月和2018年11月同建交太平洋岛国领导人举行会晤，中国与太平洋岛国的关系步入新时代。

第一节　中国与太平洋岛国交往历史悠久

中国与太平洋岛国的相互交往有着悠久的历史，早在西方殖民者踏足太平洋岛国之前，中国与太平洋岛国地区就已经形成了密切的商贸联系。1605年，来自西班牙的一些航海家就曾发现巴布亚新几内亚岛附近的一些岛民正在使用中国制造的产品。较大数量的华人移民进入太平洋群岛地区，并对当地产生影响约始于1850年。在早期来太平洋岛国的华人中，梅百龄[①]是极为出色的一位，为中国与太平洋岛

[①] 梅百龄，又名梅屏耀。梅氏的子女有福祺、福裕、福祥、福就等。梅百龄是广东台山端芬镇人，清咸丰二年（1852）到澳大利亚悉尼谋生，咸丰五年（1855）从维多利亚驾驶帆船来斐济的列武卡定居，他在列武卡开了康利公司，这也是斐济第一家华人公司。参见孙嘉瑞《斐济华人史话》，中国侨网，2006年1月30日，http://www.chinaqw.com/news/2006/0130/68/14987.shtml，访问日期：2019年4月19日。

国关系的发展做出了重要贡献。梅百龄出生于广东台山，是近代史上第一位到达斐济的华人。1852年，他远赴澳大利亚悉尼谋生。1855年，他从澳大利亚来到斐济定居，开设了康利公司，这是斐济第一家华人公司。[①] 此后，华人陆续来到斐济谋生，并以梅百龄为榜样，开设了一些贸易公司和手工业作坊。经过一个多世纪的艰苦创业，华人公司不断发展壮大，其中一些企业成长为斐济经济的重要支柱。太平洋岛国地区的华人华侨先驱们的创业故事在岛国地区成为一种精神，感召并激励了华人后辈在岛国地区艰苦创业。

19世纪在太平洋岛屿地区的华人数量相对较少，更多的华人则以契约劳工的形式来到这里工作。据统计，1865—1941年太平洋战争爆发前，约有3万名契约华工在太平洋群岛地区工作。1898年，德国夺占了一些太平洋岛屿，并在该地区建立了殖民统治。苦于劳动力严重不足，德国在太平洋地区的种植园主和企业主纷纷前往中国大陆地区招募华工至新几内亚和萨摩亚的种植园做劳工。[②] 1900年，德皇威廉二世致函清朝光绪帝，要求中国政府允许德国企业和种植园大量招募华工至太平洋岛屿地区劳作。1902年德属萨摩亚首任总督威廉·索尔夫专门赴广东与清廷两广总督就允许德国企业在华招募劳工事宜进行磋商。[③] 1903年4月，首批契约华工近300人抵达萨摩亚的阿皮亚，进入种植园和企业劳动。此后，成批的中国劳工源源而来。1903—1934年，约有7000多名契约华工从广东赴萨摩亚工作。这些劳工大多来自福建和广东两省，其中尤以台山居多。[④]

先期到来的大批中国劳工，以及此后大量华人华侨来到太平洋群

---

① Lin NG Kum, *Chinese in Fiji*, Suva: University of South Pacific Press, 2002.
② Klaus Bade, *Migration in European History*, Oxford: Blackwell Publishing, 2003.
③ Bill Willmott, "Chinese Contract Labor in the Pacific Islands During the Nineteenth Century", *The Journal of Pacific Studies*, Volume 27, No. 2, 2004, pp. 161–176.
④ Brij V. Lal and Kate Fortune, *The Pacific Islands: An Encyclopedia*, Honolulu: University of Hawaii Press, 2000.

第二章 中国与太平洋岛国关系四十年

岛地区谋生，为太平洋岛国的经济和社会发展做出了重要贡献，其中也有一些优秀人士在岛国的政治领域表现出非凡的才华，为太平洋岛国的经济发展、政治进步和国家治理做出了有益的贡献。例如陈仲民是巴新有史以来第一位华裔总理，在任期间为巴新的经济发展、国家治理，以及中巴两国关系的深化做出了重要贡献。陈仲民生于1939年，祖籍广东台山，是巴新第二代华人。受其父母影响，陈仲民从小热爱中华和巴新传统文化，矢志为增进中国与巴新关系的发展不懈努力。陈仲民为人正直，极具政治领导才能，深受巴新人民拥戴。凭借自己的努力，陈仲民先后出任巴新财政部部长、副总理兼农业部部长。1980—1982年，陈仲民出任巴新总理。1994—1997年，陈仲民再次出任巴新总理。从政期间，陈仲民终始坚持发展巴新与中国的经贸合作关系，曾四次以巴新领导人身份访问中国，为中巴两国关系的不断深化发挥了不可替代的作用。

余汉宏是太平洋岛国地区另一位有作为的华人政治家。余汉宏出生于1930年，其父于第一次世界大战期间至斐济谋生。1954年，余汉宏考入新西兰大学机械工程专业，毕业后主持设计了斐济首都苏瓦的邮政大厦和议会大厦等标志性建筑。1966年，余汉宏成为斐济第一位华人国会议员，此后他连任三届。他成为国会议员后，不断为华人的合法权益和政治地位发声。正是在他的努力下，斐济废除了长期实行的歧视华人的治安条例，并允许在斐华人入籍。1999年，余汉宏当选斐济上议院议员，并被英国女王封为太平绅士。

瓦努阿图驻华大使罗治伟生于1950年，是太平洋岛国地区20世纪后半期成长起来的新一代华人政治家。1973年，罗治伟经香港来到瓦努阿图经商。凭借非凡的胆识和过人的商业智慧，罗治伟的生意不断发展壮大。先后开设了瓦努阿图最大的超市和百货商场，并建立了该国首家工厂。成为驻华大使后，罗治伟为中国同瓦阿图关系的巩固和发展做出了重大贡献。

通过上文可知，中国与太平洋岛屿地区交往源远流长，由于近代中国面临内忧外患，中国与太平洋岛屿地区的交往规模受到影响。中国与大洋洲交往的迅速恢复与扩大仅是最近30年的事。自20世纪90年代以来，中国与太平洋岛国的经贸合作与交流与日俱增。中国与太平洋岛国地区的贸易额不断增长，中国在太平洋岛国地区的基础设施建设和投资项目的数量也在快速增加。[①] 进入21世纪以来，中国政府在深刻把握国际形势发展和国家发展战略的基础上，积极推行"亲、诚、惠、容"的大周边外交理念，努力推动中国与太平洋岛国战略伙伴关系的不断深化和强化。在外交新理念的牵引下，中国政府积极倡导"伙伴外交"，努力与太平洋岛国在平等互利、合作共赢的基础上建立新型伙伴关系。中国政府和企业大力促进和巩固与太平洋岛国的互利合作，中国在太平洋岛国地区的影响力不断提升，中国的大周边外交布局日臻完善。

2006年，经中国政府提议，中国与太平洋岛国建立了中国—太平洋岛国经济发展合作论坛，标志着中国—太平洋岛国的互利合作的常态化机制已初步形成。中国与太平洋岛国经济发展合作论坛的创立为增强中国与太平洋岛国的互利合作，促进地区稳定与经济繁荣做出了有益的尝试。中国承诺三年内向太平洋岛国提供30亿人民币的优惠贷款，设立太平洋岛国发展基金，用以鼓励中国企业在该地区的投资。[②] 中国还宣布取消一些岛国欠中国的部分债务，延长岛国归还中国债务的时限，取消包括岛国在内的最不发达国家商品进入中国市场的关税。中国随后还设立了太平洋岛国论坛合作基金，太平洋岛国论

---

① Michael Brissenden, "The Rise of China in the South Pacific", *ABC News*, 14 May 2013, https://www.abc.net.au/news/2013-05-14/brissenden-rise-of-china-in-the-south-pacific/4686328.

② 温家宝：《加强互利合作，实现共同发展——在"中国—太平洋岛国经济发展合作论坛"首届部长级会议开幕式上的讲话》，中华人民共和国中央人民政府网站，2006年4月5日，http://www.gov.cn/gongbao/content/2006/content_291940.htm，访问日期：2018年12月20日。

坛贸易与投资专员署办公室设于北京，以便"持久、稳定"地促进双方的合作关系。机构的设立标志着中国与太平洋岛国的政治、经济合作与交流正式进入机制化、常态化。按照规划，中国—太平洋岛国经济发展合作论坛在太平洋岛国地区和中国轮流召开，对推动中国和太平洋岛国在贸易、投资、旅游、农渔业、运输、金融、人力资源开发等领域的交流与合作发挥了重要作用。

截至2020年，中国—太平洋岛国经济发展合作论坛已经召开了三届会议，有力地推动了双边关系与合作共赢的经贸关系发展。太平洋岛国地区资源丰富，相对来说中国资金较为充足，并且中国的工业技术也在飞速进步。因此，中国与太平洋岛国的经济合作具有很强的互补性，双方在自然资源开发领域的合作尤为典型。[1] 随着中国市场需求的增长，中国已经从包括所罗门群岛和巴布亚新几内亚在内的太平洋岛国进口了大量的木材和鱼类资源，双方还对开发太平洋岛国地区的能源和矿产资源达成了广泛的共识。中国已经成为许多太平洋岛国最大的贸易伙伴，并成为该地区最重要的援助国之一。近年来，中国与太平洋岛国的互利合作在多领域、多维度和多层次上全面发展，中国与太平洋岛国的关系较以往任何时期更加紧密，处于历史最好时期。中国与太平洋岛国互利合作关系的强化与深化也同样有利于在岛国地区打击"台独"势力，维护"一个中国"原则。

第二节　四十年来中国同太平洋岛国交往持续稳步推进

中国的对外开放思想孕育了"走出去"战略。改革开放之初，邓

---

[1] Brian Westenhaus, "Pacific Ocean Seabed Rich in Rare Earth Minerals", *Oil Price*, 8 July 2011, https：//oilprice.com/Metals/Commodities/Pacific-Ocean-Seabed-Rich-In-Rare-Earth-Minerals.html.

小平同志提出，"经验证明，关起门来搞建设是不能成功的，中国的发展离不开世界"。他在党的十一届三中全会上明确提出："在自力更生的基础上，积极发展同世界各国平等互利的经济合作。"[①] 在这一重要方针指引下，我国企业开始勇敢地迈向世界。但是，这个过程异常的艰难曲折。

20 世纪 80 年代以前，中国一直以"战争与革命"作为时代主题，[②] 中国的对外战略长期以进行革命斗争和建立国际统一战线为指导思想。1985 年 6 月，邓小平在中央军委扩大会议上指出，"根据对世界大势的这些分析，以及对我们周围环境的分析，我们改变了原来认为战争的危险很迫近的看法"，改变了过去我们所奉行的"一条线"战略，"我们也相信中国在国际事务里面是有足够分量的"[③]。1987 年，党的十三大报告明确提出"和平与发展是时代主题"。伴随对时代主题认识的变化，中国外交的主要目标从"支持世界革命"变成"为国内建设营造一个良好的国际环境"。中国不断改善和发展同各大国的关系，并在和平共处五项原则的基础上同世界上一切国家建立和发展外交关系。中国的"走出去"战略是多层面的，"走出去"也包括走向太平洋国家。

中国与太平洋岛国的贸易往来可以追溯到一千年以前，那时中国的商船到达过南太平洋地区的岛屿进行贸易。作为现代意义上的中国与太平洋岛国的外交关系确立，应当从 1975 年开始。中国率先与斐济建交，并陆续与其他太平洋岛国建立外交关系。中国与太平洋岛国外交关系见表 2-1。

[①]《中国共产党第十一届中央委员会第三次全体会议公报》，《人民日报》1978 年 12 月 24 日。
[②] 高飞：《改革开放 40 年中国外交的历程与启示》，《当代世界》2018 年第 5 期。
[③] 邓小平：《在军委扩大会议上的讲话》，《邓小平文选》第三卷，人民出版社 1993 年版，第 147 页。

表2-1　　　　　　中国与太平洋岛国外交关系一览

国家	外交关系
斐济	1975年11月5日建交
萨摩亚	1975年11月6日建交
巴布亚新几内亚	1976年10月12日建交
瓦努阿图	1982年3月26日建交
密克罗尼西亚联邦	1989年9月11日建交
库克群岛	1997年7月25日建交
汤加王国	1998年11月2日建交
纽埃	2007年12月12日建交
所罗门群岛	2019年9月21日建交
基里巴斯	2019年9月27日复交
图瓦卢	未建交
马绍尔群岛	未建交
帕劳	未建交
瑙鲁	未建交

中国共产党、中国政府历来重视与太平洋岛国政党、政府、议会之间的交往和交流。

1985年在中国与太平洋岛国关系史上书写了重要一页。1985年4月12—24日，中国共产党领导人应邀前往澳大利亚、新西兰、萨摩亚、斐济和巴布亚新几内亚五国访问。萨摩亚、斐济和巴布亚新几内亚三国是中国领导人第一次访问。胡耀邦在访问萨摩亚期间提出："南太平洋是南太平洋各国的南太平洋。我们完全支持南太平洋各国关于加强区域合作的主张。我们一贯认为，国家不分大小，不分强弱，不分贫富，应当一律平等。"① 代表团在同萨摩亚总理托菲劳·埃

---

① 《中国支持南太平洋各国关于加强区域合作的主张，胡耀邦总书记在马列托亚国家元首举行的国宴上的讲话》，《人民日报》1985年4月22日。

蒂会谈时提出了中国同萨摩亚发展关系的两项原则①：第一，中国希望同西萨摩亚发展关系，而这种关系是以不削弱西萨摩亚同南太平洋其他国家之间业已存在的友好关系为前提的；第二，中国向西萨摩亚提供援助的目的在于帮助受援国发展自己的民族经济，用中国的话说，就是加强受援国自力更生的能力。② 此时，美国和苏联都在南太平洋地区有战略利益，一些西方国家对中国进入南太平洋地区，特别是与这些"小而且不重要"的国家进行联系，具有戒备之心。在回答西方记者提问时，中国宣布了中国同南太平洋各国发展关系时所遵循的三项原则：充分尊重南太平洋各国根据本国人民的利益制定的内政外交政策；充分尊重南太平洋各国之间已经存在的密切关系，希望这种关系根据他们的意图继续发展；充分尊重南太平洋各国根据自己的利益同其他大国签订的协定。中国与太平洋岛国交往原则获得了太平洋岛国领导人的认可，充分表明了中国无意在这一地区竞争，并表明了中国希望在和平共处五项原则的基础上同南太平洋各国以及世界上一切其他国家发展关系的愿望。③ 在这次访问时，中国向斐济提供80万美元赠款，向萨摩亚提供50万美元赠款。跟随访问的同志在谈到这次访问取得的成果时说，访问增强了我国同这些国家的领导人和广大人民之间的信任，使他们了解到中国真心实意地谋求和平，谋求友好，谋求在和平共处五项原则的基础上同这些国家建立长期的合作关系。双方就扩大经济合作和友好往来进行了认真的讨论，达成了一些协议，并就开辟新的合作领域的可能性进行了探讨，为今后扩大经济合作打下了一个良好的基础。概括起来，可以说这次访问在我国和南太平洋各国关系史上写下了重要的一页，把我国同南太平洋各国的友

---

① 当时称萨摩亚为西萨摩亚。
② 王宗引：《胡耀邦在西萨摩亚举行告别招待会并同西萨摩亚总理举行会谈》，《人民日报》1985年4月23日。
③ 《胡耀邦和斐济代总理举行记者招待会，胡耀邦宣布中国同南太平洋国家关系三原则》，《人民日报》1985年4月24日第6版。

好合作关系推进到了一个新水平。①

中国—太平洋岛国经济发展合作论坛是中国与太平洋岛国之间高级别集体对话与合作机制,是中国与太平洋岛国密切经济联系、促进共同发展的重要平台。该机制在2005年10月在莫尔斯比港举行的第17届太平洋岛国论坛会后对话会上正式倡议建立,每四年举办一次。2006年4月,首届论坛在斐济成功召开。中国政府强调,"深化中国与太平洋岛国间的友谊、扩大互利合作,是双方人民的共同愿望,符合各自的根本和长远利益,也有利于实现地区的和平与繁荣"②,宣布了中国与岛国开展投资、农渔业、旅游、基础设施建设合作、应对气候变化以及扶持岛国发展经济的六项举措。这六项举措均已落实。2013年11月8日,中国政府与太平洋岛国建交国政府在广州举办第二届中国—太平洋岛国经济发展合作论坛。论坛召开期间,同时举行第三届中国国际绿色创新技术产品展。出席会议的中国政府领导人在会上做出了七项承诺:中国支持岛国重大项目建设、岛国扩大对华出口、岛国开发人力资源、开拓中国旅游市场、发展医疗卫生事业、发展农业生产、保护环境和防灾减灾。③ 2019年10月21日,第三届中国—太平洋岛国经济发展合作论坛开幕,出席会议的中国政府领导人宣读国家主席习近平的贺信并致辞,与建交岛国领导人共同见证签署《中国—太平洋岛国经济发展合作行动纲领》。④

---

① 《胡启立谈胡耀邦访问南太平洋五国的成果,在我国和南太平洋各国关系史上写下重要一页》,《人民日报》1985年4月25日第2版。
② 温家宝:《加强互利合作,实现共同发展——在"中国—太平洋岛国经济发展合作论坛"首届部长级会议开幕式上的讲话》,中华人民共和国中央人民政府网,http://www.gov.cn/ldhd/2006-04/05/content_246559.htm,访问日期:2018年12月11日。
③ 汪洋:《让"中—太"友好合作之舟破浪前行》,中国外交部网站,https://www.fmprc.gov.cn/web/ziliao_674904/zyjh_674906/t1097478.shtml,访问日期:2018年12月10日。
④ 《第三届中国—太平洋岛国经济发展合作论坛开幕,胡春华宣读习近平主席贺信并致辞》,新华网,http://www.xinhuanet.com/politics/2019-10/21/c_1125131829.htm,访问日期:2019年12月26日。

中国在太平洋岛屿地区的身份建构

在21世纪的第一个十年结束以后，国际形势不断地发生变化。2014年11月15—23日，中国国家主席习近平赴澳大利亚出席二十国集团领导人第九次峰会，对澳大利亚、新西兰、斐济进行国事访问并同太平洋岛国领导人会晤。中国与建交太平洋岛国建立了相互尊重、共同发展的战略伙伴关系，提出了提升中国和太平洋岛国关系的五点建议，承诺"中国对发展同太平洋岛国关系的重视只会加强、不会削弱，投入只会增加、不会减少"①。2018年11月16日，国家主席习近平出席APEC之际，再次同建交太平洋岛国领导人举行会晤，双方关系提升为相互尊重、共同发展的全面战略伙伴关系，并提出了深化中国和太平洋岛国关系的四点建议。② 双方达成了一系列合作共识，包括举办第三届中国—太平洋岛国经济发展合作论坛、中国—太平洋岛国旅游年系列活动，同时签署"一带一路"合作协议，深化各领域合作。2019年9月，中国与所罗门群岛建交，与基里巴斯复交，在南太平洋地区实现外交新突破。

太平洋岛国看到了中国在国际事务中提供的中国智慧和中国方案，以及在他们极为关心的气候变化等环境领域采取的措施和具体行动，愿意同中国加强交流与合作。

第三节 "一带一路"倡议开启中国同太平洋岛国关系新时代

"一带一路"倡议是党和国家统筹国内外大局做出来的重要部署，太平洋岛国是"21世纪海上丝绸之路"南线的沿线国家。在"一带一路"倡议框架下，中国参与了太平洋岛国的基础设施、公共卫生、

---

① 《习近平同太平洋岛国领导人举行集体会晤并发表主旨讲话》，《人民日报》2014年11月23日第1版。

② 《习近平同建交太平洋岛国领导人举行集体会晤并发表主旨讲话》，《人民日报》2018年11月17日第1版。

应对气候变化与新能源等多领域合作。2018年11月15日，国家主席习近平对巴布亚新几内亚进行国事访问，并同建交太平洋岛国领导人举行集体会晤，达成共建"21世纪海上丝绸之路"南线的共识。这是继2014年中国与太平洋岛国构建"相互尊重、共同发展"战略伙伴关系以来，双方关系发展史上的又一里程碑事件，标志着中国与太平洋岛国关系的扬帆再启航。

一 中国深化同太平洋岛国的合作

中国同太平洋岛国关系发展正处于历史最好时期，面临重要发展机遇。当前，正值国际经济格局深刻调整、多边主义和多边贸易体制遭受冲击、亚太经济合作进程步入关键时期，国家主席习近平前往巴布亚新几内亚进行国事访问，并参加亚太经合组织第二十六次领导人非正式会议，引起各方关注，意义重大。

一是以实际行动推进亚太经济合作。中国是亚太经济合作的坚定支持者、参与者和贡献者。2013年以来，中国国家主席习近平连续5年出席APEC领导人会议。中国倡导打造发展创新、增长联动、利益融合的开放型亚太经济格局。中国为深化亚太伙伴关系、破解发展难题提供了中国智慧、中国方案，全面推动中国与发展中国家合作。

二是深化与太平洋岛国之间的合作。浩瀚的太平洋是中国同岛国关系发展的纽带。当前，新一轮科技革命和产业变革深入发展，如何把握机遇加快发展，避免全球化浪潮带来的负面影响，是中国和岛国共同的历史任务。中国同太平洋岛国站在一起，通过共建"一带一路"为中国同岛国、各个岛国之间以及岛国同世界其他国家加强经贸联系和互联互通，促进地区经济一体化和岛国经济发展多元化，更好地参与经济全球化进程提供了新的路径。习近平表示，中方愿意与岛国加强在国际事务中的沟通和协调，支持岛国发出"太平洋声音"，共同推动落实2030年可持续发展议程，支持岛国推进"蓝色太平洋"倡议。在"一带一路"倡议框架下，中国与建交岛国的合作，也会带动与未建交岛国的合作。

三是推动中国与太平洋岛国领导人会晤机制的建立。高层交往是加强中国与太平洋岛国关系的重要举措。中国—太平洋岛国经济发展合作论坛发挥了重要机制作用。中国与太平洋岛国关系迈入快车道，需要建立更加务实高效的领导人峰会沟通机制。2014年，国家主席习近平在斐济楠迪同太平洋岛国领导人举行会晤。时隔四年，再次举行会晤，说明峰会机制必要有效。

四是促进中国与巴新合作迈上新台阶。巴新是面积最大、人口最多的太平洋岛国，自然资源丰富，发展潜力巨大，同时也是太平洋岛国地区具有重要影响力的国家。巴新是中国在太平洋岛国地区第一大贸易伙伴，中国成为巴新第一大外资来源地和第一大工程承包方。国家主席习近平对巴新进行国事访问，进一步推进了"一带一路"在巴新和其他太平洋岛国的建设，促进两国在经贸、投资、农业、旅游、基础设施等领域的合作。

国家主席习近平对巴新的访问及与太平洋岛国领导人的会晤，标志着新时期中国外交战略格局的进一步完善；向包括太平洋岛国在内的广大发展中国家展示了中国"包容、合作、发展、共赢"的外交理念；展现了我国作为国际社会负责任大国的形象；为中国与太平洋岛国互利合作关系的发展指明了方向。

中国陆续同太平洋岛国建立外交关系，双方友好合作关系发展进入了快车道。中国向岛国派遣了援教团、医疗队、农业科技团，提供了留学奖学金和研修培训班名额。双方合作项目不断增多，中国在岛国的投资企业，也为岛国发展提供了众多就业岗位。当前中国和太平洋岛国传统友好关系更加牢固，共同利益不断拓展，合作前景日益广阔，双方关系面临乘势而上的良好机遇。据中国海关统计，2017年，中国和太平洋岛国地区双边贸易额达82亿美元，同比增长1.8%。其中，中国对岛国地区出口47.2亿美元，同比下降13.8%；从岛国地区进口34.8亿美元，同比增长34.9%。据中国商务部统计，2017

年，中国在太平洋岛国地区对外承包工程新签合同额27.1亿美元，完成营业额9.7亿美元。2017年，中国对太平洋岛国地区直接投资1.6亿美元，涉及农渔业、旅游、基础设施建设等领域。在"一带一路"倡议框架下，中国与太平洋岛国的合作将会更加广泛，务实高效，合作成果定会造福太平洋岛国地区人民。

二　"一带一路"倡议引领中国—太平洋岛国关系扬帆再启航

太平洋岛国赢得独立后，一直渴望获得国际社会的尊重，并走上繁荣富强的发展之路。但现实无论是在国际政治领域，还是在世界经济体系中，太平洋岛国均被极度边缘化。中国政府提出的"一带一路"倡议和构建"人类命运共同体"理念之所以受到岛国政府和民众的欢迎，就在于中国倡导以"平等相处、互利合作"理念与岛国人民携手共建中国—太平洋岛国利益共同体和命运共同体。太平洋岛国政府和民众深刻感受到了中国的真诚，也看到了脱贫致富和国家发展的希望。中国的"一带一路"倡议，特别是"21世纪海上丝绸之路"南线建设，不仅有助于太平洋岛国加强自身的基础设施建设，实现"内联内通"，而且有助于岛国与世界各地，特别是与大洋洲之外的亚洲、欧洲和拉丁美洲实现"外联外通"，对岛国的政治稳定和经济的发展均会产生重大而深远的影响。

太平洋岛国"内联内通"不仅促进了岛国的社会和经济发展，便利了民众的生活，而且增强了各个岛国的民族团结和国家凝聚力。太平洋岛国都是岛屿国家，"岛多国散"是其共同特点，各岛之间交通不便，联系不密，难以形成统一的商品和就业大市场。一些岛国加入中国提出的"一带一路"倡议后，国内基础设施状况得到了极大的改善，不仅便利了当地民众的出行与就业，而且促进了外来投资与国内贸易的发展，岛国人民的生活质量和生活水平得到了较大改善。交通的便利更是促进了各岛屿之间的民众交往，增进了岛国民众对国家的认同感和民族凝聚力。

太平洋岛国"外联外通"不仅让岛国不再游离于世界经济体系之外，而且极大促进了岛国与世界各地的经贸交流，带动了岛国经济以前所未有的速度持续发展。太平洋岛国与外部世界更为便利的互联互通引来了世界各地，特别是亚洲新兴国家更为优惠的、不附加政治条件的投资。渔业加工园、农产品加工出口园、旅游工业园等史无前例地出现在太平洋岛国，促进了当地的经济发展和人民生活水平的提高。"外联外通"也让岛国的产品，特别是宝贵的自然资源实现了更大价值，不再因交通不畅而被迫贱卖给前殖民宗主国。"21世纪海上丝绸之路"南线建设正成为太平洋岛国走出世代生活的大洋洲，进而更好参与经济全球化进程的重要渠道。

　　太平洋岛国"内外联通"，升华了岛国政府和民众的发展观，拓展了实现国家发展的道路。太平洋岛国在挣脱殖民主义的枷锁后，对发展本国经济、改善民生予以高度重视。但是，由于既有发展观和发展模式的桎梏，太平洋岛国鲜有实现国家富强、人民富裕的成功案例。世纪之交，新兴国家特别是亚洲国家的群体性崛起，给太平洋岛国政府和民众的发展观与发展模式带来了强大冲击，"北向"战略成为岛国政府和专家学者的共识。与外部世界，特别是与亚洲各国的互联互通极大地促进了岛国政府和各阶层民众与亚洲国家和人民的交流与往来。"借鉴亚洲发展经验和发展模式"成为许多太平洋岛国社会经济发展规划中越来越重要的考量。[1]

　　21世纪以来，中国同太平洋岛国的经贸合作出现了前所未有的大发展，"平等相处、互利合作、心心相印、守望相助"是双方关系健康快速发展的最坚实基础和最强大动力。中国同太平洋岛国关系的深入发展是冷战和霸权主义思维作祟下"遏制"和"妖魔化"策略根本无法阻挡的。太平洋岛国政府和民众热爱自己的国家，坚持捍卫自

---

[1] Asian Development Bank and Asian Development Bank Institute, *Pacific Opportunities*, 2015, p. 8.

己的国家主权和国家利益,有智慧、有能力管理和发展好自己的国家。在合作共赢的基础上,中国同太平洋岛国关系不断深化和发展。正如习近平主席所言,浩瀚的太平洋是中国同太平洋岛国关系发展的纽带。①"21世纪海上丝绸之路"南线建设正助力推动太平洋地区"人类命运共同体"的构建,为中国同太平洋岛国关系揭开新的历史篇章。

第四节 2019年中国—太平洋岛国关系的回顾与展望

2019年,世界经济机遇和挑战并存,世界正发生快速而深刻的变化,多边主义对应对全球挑战至关重要。构建开放、包容、联动、可持续和以人民为中心的世界经济,有利于促进各国共同繁荣,有利于发展落后的国家共享世界发展成果。2019年,中国和太平洋岛国的关系取得重大进展,达到了历史最好水平,并在各个方面都取得了新突破,中国人民和太平洋岛国人民在合作中实现了共赢。尽管中国在南太平洋地区的"存在",引起了澳大利亚、美国等国家的"敌视"和不满,但是太平洋岛国人民深知谁才是真心帮助他们的"好朋友"。②

一 中国在南太平洋地区实现了外交新突破

中国主张国家不分大小,一律平等,中国政府重视发展与太平洋岛国的关系。2014年11月和2018年11月,国家领导人前往斐济和巴布亚新几内亚,同太平洋岛国领导人举行会晤,并确定一系列合作

---

① 习近平:《让中国同太平洋岛国关系扬帆再启航》,《人民日报》海外版2018年11月15日。

② 澳大利亚基础设施银行自2018年7月成立以来,已经收到太平洋岛国170多项资金申请,至今尚未批准一项,岛国领导人称其是"空中馅饼"。"We will work with Beijing in Pacific", says Australian Minister Alex Hawke, *PINA*, 24 Oct. 2019, http://www.pina.com.fj/index.php?p=pacnews&m=read&o=15425337935db2613da770e9967f16.

项目，特别是在"一带一路"倡议框架下的合作。与中国尚未建立外交关系的部分太平洋岛国，认识到了与中国建立外交关系的重要性。不久，所罗门群岛派出代表团专程到与中国建立外交关系的巴布亚新几内亚、斐济、萨摩亚等国家去考察。

2019年9月，中国同所罗门群岛建立外交关系，同基里巴斯恢复外交关系，在南太平洋地区实现了外交新突破。9月21日，国务委员兼外交部部长王毅与所罗门群岛外长马内莱在北京举行会谈。会谈后，两国外长签署了《中华人民共和国和所罗门群岛关于建立外交关系的联合公报》。自公报签署之日起，两国相互承认并建立大使级外交关系。美国当地时间9月27日，中国国务委员兼外交部部长王毅与基里巴斯总统兼外长马茂在中国常驻联合国代表团签署联合公报，恢复外交关系。

事实上，中国和这两个国家在经贸和工程承包额方面都不断增长，而且中国是所罗门群岛的最大贸易对象国。所罗门群岛的转向也会对瑙鲁、图瓦卢的外交产生重要影响。[①] 太平洋岛国经济面临发展压力，在"一带一路"倡议赢得世界广泛响应的背景下，它们非常渴望搭乘中国经济发展的快车。[②] 正如中国国务委员兼外交部部长王毅同基里巴斯共和国总统兼外长马茂会见记者时说的那样：遇到过曲折，才更清楚正确的方向；经历过风雨，才能迎来更灿烂的彩虹。站在中所、中基两国关系新的历史起点上，在一个中国原则基础上，中国与两国关系一定会迎来快速发展的新局面，并为所罗门群岛、基里巴斯的振兴注入新动力。

[①] Jason Scott, Bloomberg. Taiwan Loses Second Ally This Week to China, 20 September, 2019, *Bloomberg*, https://www.bloomberg.com/news/articles/2019-09-20/taiwan-loses-second-ally-this-week-as-kiribati-severs-ties-k0rp5wgk.

[②] 2024年所罗门群岛将"脱离"世界不发达国家名单，需要从气候变化、教育、医疗、社会治理等多个层面有所改进。Solomon Islands set to graduate from LDC in 2024, *One PNG News Online*, 27 Oct, 2019, https://www.onepng.com/2019/10/solomon-islands-set-to-graduate-from.html.

二 政府高层互动频繁，政治互信不断增强

2019年，中国与太平洋岛国高层领导互动不断，通过双边访问、多边会议等形式，特别是中国太平洋岛国旅游年、第二届"一带一路"国际合作高峰论坛、第三届中国—太平洋岛国经济发展合作论坛以及第二届中国国际进出口博览会的成功举办，促进了中国与太平洋岛国友谊的发展。截至2019年11月，中国国家元首（主席/总理）与太平洋岛国领导人互访会谈7次，互致贺电1次，发贺电2次，回信1次。[①]

4月1日，中国—太平洋岛国旅游年在萨摩亚举办，萨摩亚代总理菲亚梅、库克群岛总理普纳等领导人出席活动。中国国家主席习近平、斐济总理姆拜尼马拉马向开幕式发来贺电。4月25日，国家主席习近平在人民大会堂会见巴布亚新几内亚总理奥尼尔，高度赞赏巴布亚新几内亚在开展共建"一带一路"合作方面走在太平洋岛国前列，为在岛国地区共建"一带一路"做出示范和引领。[②] 4月26日，政府总理会见巴布亚新几内亚总理奥尼尔。4月27日，王毅会见巴布亚新几内亚外长帕托。5月28日，国家主席习近平在人民大会堂会见瓦努阿图总理萨尔维。会见时指出，当前中瓦关系处于历史最好时期，两国政治互信持续深化，各领域交流合作不断扩大，中瓦关系已经成为中国同太平洋岛国关系的典范。萨尔维总理表示，愿同中方在共建"一带一路"、落实联合国2030年可持续发展议程、应对气候变化等领域加强合作，致力于推动瓦中全面战略伙伴关系不断向前发展。[③]

9月11日，国家主席习近平同密克罗尼西亚联邦总统帕努埃洛互致贺电，热烈庆祝两国建交30周年。贺电指出，中密建交30年来，两国关系保持良好发展，愿同帕努埃洛总统一道努力，以两国建交30

[①] 《习近平给巴布亚新几内亚乒乓球运动员复信》，《中国青年报》2019年9月30日。
[②] 《习近平会见巴布亚新几内亚总理奥尼尔》，《人民日报》2018年6月22日。
[③] 《习近平会见瓦努阿图总理》，《新华每日电讯》2019年5月29日。

周年为新起点，增进政治互信，深化务实合作和友好交流，推动两国全面战略伙伴关系迈上新台阶。① 帕努埃洛在贺电中表示，密克罗尼西亚坚定奉行一个中国政策，支持"一带一路"伟大倡议。10月8—13日，所罗门群岛总理索加瓦雷对中国进行正式访问，同党和政府领导人分别进行会谈，取得了建设性的成果。② 访问期间，索加瓦雷总理出席了2019年北京世界园艺博览会闭幕式。

访华期间，太平洋岛国领导人不仅与国家领导人举行会谈，还到北京、上海、海南等地进行参观访问，进一步了解和认识中国。太平洋岛国领导人感叹在中国共产党领导下中华人民共和国成立70年来取得的伟大成就。除此以外，甘肃、山东等省份派出代表团前往斐济、汤加等国家访问，洽谈合作。政治互访的加深，不仅增强了政治互信，更为经济、技术、人员合作提供了平台和机会。瓦努阿图总理萨尔维在海南考察时表示，希望在海南的考察为同属岛屿型经济体的瓦努阿图寻找更多学习借鉴、深化合作的机会。他认为，海南在生态环境保护、土地规划利用、旅游开发等方面经验丰富、成效显著，给人留下深刻印象。希望广泛开展旅游、农业、海洋、教育、科研、环保、航空等多领域合作，发挥各自优势，瓦努阿图与中国海南省增强双方往来，实现互利共赢，也欢迎更多投资者到瓦努阿图投资兴业。所罗门群岛商会主席杰伊·巴特利特和总理一起访华，作为该国私营部门的最高机构代表，期盼利用该国外交转向的机会，助力所罗门群岛私营部门的发展。所罗门群岛商会还邀请了当地许多私营企业的代表自费参加此次访华团，希望能在中国进行卓有成效的讨论。③ 同样，高层对话为中国与太平洋岛国开展军事合作交流提供了平台。10月

---

① 《习近平主席同密克罗尼西亚联邦总统帕努埃洛互致贺电 庆祝中密建交30周年》，《中国青年报》2019年9月12日。
② PM confident after China visit, the Solomon Star News, 16 Oct. 2019, https://www.solomonstarnews.com/index.php/news/national/item/22153-pm-confident-after-china-visit.
③ Solomon Islands and China Sign Agreements, the Solomon Star News, 10 Oct. 2019, https://www.solomontimes.com/news/solomon-islands-and-china-sign-agreements/9401.

15日，正在执行远航实习和出访任务的中国海军戚继光舰，抵达巴布亚新几内亚首都莫尔兹比港，开始对巴布亚新几内亚进行为期4天的友好访问。巴新政治家、观察员、社区领袖、媒体等登上舰艇，近距离接触中国军事设施，深入感受中国先进的军事技术。巴布亚新几内亚外交部副秘书长瓦罗（Joseph Var）认为，"作为海洋大国，我们与中国共享太平洋，因此，我们将本着该地区的友好、繁荣与稳定的精神，继续欢迎中国海军舰船来到我们的海岸"。①

三 "一带一路"倡议带动太平洋岛国经济发展

"一带一路"是中国对世界经济发展的巨大贡献，它不仅促进了人员、技术、资本的流动，而且通过多边渠道推动了太平洋岛国地区的互联互通和经济的快速发展。中国与建交太平洋岛国签署了"一带一路"合作备忘录，进一步促进了双方合作交流。

太平洋岛国独立的时间主要集中在20世纪70年代前后，深居于南太平洋之中。由于经济总量和市场小，自然资源有限，再加之交通不便，它们远离国际市场，成为被忽略的对象。进入21世纪以来，太平洋岛国独立意识日渐增强，希望在新兴科技的支持下实现跨越式发展。太平洋岛国的政府和民众对经济和社会发展充满了渴望，巴布亚新几内亚政府将期待的目光转向了自己的近邻亚洲新兴国家，特别是中国，提出了"北向"战略。与此同时，其他太平洋岛国也产生了类似认识，他们期待着包括中国在内的亚洲新兴国家能够向他们伸出援助之手，用他们的资金、技术和现代化经验实现国家富强。

当今世界国家间政治经济联系日益密切，新兴国家群体性涌现，发展中国家希望在新的全球治理体系下受益，共享人类发展成果。然而，一些发达国家提出的"反全球化""去全球化"的错误认识，让

---

① Foreign affairs welcome Chinese naval training ship, *the National*, 17 Oct. 2019, https：//www.thenational.com.pg/foreign-affairs-welcome-chinese-naval-training-ship/.

发展中国家错失发展机遇。"一带一路"倡议是构建人类命运共同体的具体体现，顺应了全球治理体系变革的内在要求，为完善全球治理体系变革提供了新思路新方案①。中国"一带一路"建设中提出的"绿色"发展理念与太平洋岛国的"蓝色太平洋"具有异曲同工之妙，目的是共同推进太平洋岛国经济可持续发展，应对全球气候变化，提升经济复原能力。"一带一路"带动了太平洋岛国经济可持续发展主要体现在以下几个方面：

一是提升了太平洋岛国基础设施建设水平。中国向巴布亚新几内亚、斐济、萨摩亚、汤加等太平洋岛国提供了一大批援助建设项目，同时承揽了一批招标项目。中国的工程建设速度和建设质量，获得了岛国政府和人民的一致好评。所罗门群岛总理访华期间，签署了一带一路合作备忘录，同中国签署了五项合作协议，表示尽快在北京设立大使馆。② 2021年6月，所罗门群岛驻华大使傅桂（John Moffat Fugui）已向中国外交部递交网书。

二是促进了太平洋岛国旅游业的快速发展。14个太平洋岛国中，除了巴新、斐济、所罗门群岛国土面积较大且有一定的矿产资源外，多数太平洋岛国主要依赖海洋专属经济区内的渔业资源，且旅游业成为多数岛国发展的重要支柱。根据世界旅游及旅行理事会（WTTC）报告，2017年，斐济旅游业占GDP总量的40.3%，旅游业直接和间接就业11.85万人，占全国总就业人数的36.5%；瓦努阿图旅游业对GDP的综合贡献占GDP总量的46.1%，旅游业直接和间接就业3万

---

① 萨摩亚总理图伊拉埃帕告诉法新社记者：他不会允许地缘政治的恐惧扼杀急需的基础设施的发展，并表示萨摩亚将"遵循我们自己的思路"，而不是美国及其盟国。Jonathan Barrett. Sink or swim: Chinese port plans put Pacific back in play, *The Reuters*, 7 Aug, 2019, https://www.reuters.com/article/us-pacific-samoa-china-insight/sink-or-swim-chinese-port-plans-put-pacific-back-in-play-idUSKCN1UX01I.

② Solomon's PM returns from China trip with praise, *the Radio New Zealand*, 15 Oct. 2019, https://www.rnz.co.nz/international/pacific-news/401057/solomons-pm-returns-from-china-trip-with-praise.

人，占全国总就业人数的39.3%。据南太平洋旅游组织（SPTO）统计，2017年，中国赴太平洋岛国和地区旅游的总人数为12万人。2019年4月1日，中国太平洋岛国旅游年在萨摩亚阿皮亚开幕，这将进一步推动太平洋岛国旅游业的发展，密切中国与太平洋岛国的联系。中国—太平洋岛国旅游年是在"一带一路"倡议框架下开展的具体合作项目，必将进一步扩大双方文化交流和人员往来。

三是推动了太平洋岛国国际贸易和经济稳定发展。尽管太平洋岛国远离世界贸易中心，但是受世界金融危机和全球经济变动影响依然很大。与南太平洋区域内外大国的深入接触和联系，是太平洋岛国融入世界经济发展的重要渠道。太平洋岛国领导人非常钦佩中国改革开放四十年来经济发展取得的经验。多数太平洋岛国GDP增速不高，一般保持在2%左右。由于受国际市场和自然灾害等因素影响较大，GDP增速波动幅度较大。2019年10月，在萨摩亚举办的第三届中国—太平洋岛国经济发展合作论坛，进一步为双方合作提供更多的机遇和更广阔的舞台。

四是太平洋岛国获得了资金支持。近年来，太平洋岛国独立自主发展和联合自强、平等参与国际和地区事务的愿望不断增强。中国向太平洋岛国提供的援助仅次于澳大利亚，居第二位。中国通过不附加任何政治条件的资金帮助，获得了太平洋岛国政府、政治家、观察家、学者的好评。巴布亚新几内亚、斐济、汤加、萨摩亚等太平洋岛国在开展共建"一带一路"合作方面走在太平洋岛国前列，为在太平洋岛国共建"一带一路"做出示范和引领。2019年4月，在北京外国语大学举行的"一带一路"建设与太平洋岛国新机遇学术研讨会上，斐济驻华大使马纳萨·坦吉萨金鲍、密克罗尼西亚驻华大使卡尔·阿皮斯都充分肯定了"一带一路"为推动本国发展计划落实起到的重要作用，他们坚决反对南太平洋地区域内外大国出于自身地缘战略需要"抹黑"中国援助的话语。

参与"一带一路"的各国也逐渐认识到，中国是真正帮助他们发展的"好朋友""好伙伴",是在协商民主的机制上实现合作共赢。参加第二届"一带一路"国际合作高峰论坛的巴布亚新几内亚总理奥尼尔认为:"'一带一路'是全球性的伟大倡议,让许多国家受益,特别是对于巴布亚新几内亚这样的发展中国家。"[①] 他认为,中国企业和中国投资在机场、道路、桥梁和港口等基础设施领域,以及电力、电信等行业,为巴新等国提供了强大的发展动力。"当你开车行驶在莫尔兹比港这样的城市时,能看到很多新项目正在建设,为人们带来就业机会,为中小企业带来商机。"随着"中国—太平洋岛国旅游年"的正式开幕,中国文化和旅游部将与太平洋岛国及南太平洋旅游组织合作,开展旅游调研、旅游人力资源培训、在线旅游推广等一系列合作。浙江、广东、广西等地方文化和旅游部门及中国旅游集团等旅游企业,已经开始与30多家岛国旅游企业进行业务洽谈。

中国企业和商人在太平洋岛国投资,不仅满足了当地的生活需要,而且促进了进出口贸易,带动了当地就业。2019年,中国土木工程集团南太平洋有限公司完成各类建设项目3775万元,[②] 涉及道路、办公大楼。公司雇用了大量当地人加入工程建设,不仅提升了当地工人的技术水平,而且带动了当地年轻人的就业。

四 对外援助促进民心相通

太平洋岛国经济基础薄弱,除渔业资源外,其他资源相对匮乏,对外交通不便,实现联合国2030年可持续发展目标有巨大压力。2019年,中国继续履行大国责任,向建交太平洋岛国提供了教育、医疗、农业、基础设施等方面的援助。

---

① 刘天亮:《"一带一路"是全球性的伟大倡议——访巴布亚新几内亚总理奥尼尔》,《人民日报》2019年5月21日。
② 此数据由中国土木工程集团南太平洋有限公司罗经理2019年10月27日提供,特此感谢。中国建设速度和建设质量获得国际高度认可。2017年8月,中国土木工程集团南太平洋有限公司中标图瓦卢纳诺梅阿港口建设和航道疏浚项目,合同额是1331万澳元。

第二章　中国与太平洋岛国关系四十年

教育是切断贫穷代际传递，改变人们思想观念的重要渠道。中国对太平洋岛国的教育援助主要包括三个方面：派遣援外教师、提供留学奖学金（太平洋岛国论坛奖学金、中国政府奖学金、中国政府海洋奖学金）以及开设孔子学院。8月7日，斐济23名学生获颁2019年中国政府奖学金。自20世纪80年代以来，中国已为约200名斐济学生提供了中国政府奖学金。中国自2016年以来已经向萨摩亚派遣四批教育援助团，2019年启动了向汤加派遣援教教师的计划。

作为小岛屿国家，环境和气候变化是太平洋岛国最为关心的话题。10月24日，密克罗尼西亚总统戴维·帕努埃洛（David W. Panuelo）呼吁加强保护环境，从一个环礁、一个岛屿开始。① 传统上，作为太平洋岛国最大的捐助国，澳大利亚在该地区具有最大的外部影响力。但是，近年来，中国通过基础设施建设和贷款，使对太平洋岛国捐助者的支持呈现多样化。在应对气候变化上，其他大国在该地区的做法令他们感到失望。8月15日，第50届太平洋岛国论坛及对话会在图瓦卢召开。论坛召开期间，岛国领导人在气候变化问题上展开了紧张讨论，并产生了严重分歧，论坛的领导人将他们的大部分怒火都指向了澳大利亚。鉴于气候变化对本地区小岛屿国家的严重影响，许多领导人希望他们能够聚在一起编写联合公报，呼吁采取多国行动应对气候变化。然而，莫里森政府领导下的澳大利亚最近对其煤炭行业进行了投资，而且澳大利亚对该文件应包含的内容有所保留。② 岛国领导人对中国的绿色环保行动寄予厚望，希望中国继续支持岛国的可持续发展。

尽管绝大多数太平洋岛国对国民提供了免费医疗服务，但是相对

---

① David W. Panuelo. Saving Our Oceans：A Plea for Action, *the Diplomat*, 24 Oct, 2019, https：//thediplomat.com/2019/10/saving-our-oceans-a-plea-for-action/.
② Naima Green-Riley. Pacific Island Nations Want Partners That Will Help Them Fight Climate Change, *the Diplomat*, https：//thediplomat.com/2019/10/pacific-island-nations-want-partners-that-will-help-them-fight-climate-change/.

落后的医疗设施和医疗水平，依然无法满足当地民众的医疗需要。中国在巴布亚新几内亚第十批医疗队、汤加第三批医疗队、萨摩亚第三批医疗队以及在密克罗尼西亚联邦、斐济等医疗队正在执行医疗援助任务。医疗队派出了心内科、心血管科、神经科、妇科、儿科以及B超、CT技术人员等太平洋岛国急需的医疗人员。2019年，第九批中国医疗队帮助巴布亚新几内亚莫尔斯比港总医院建立了泌尿外科微创中心，完成了六种巴布亚新几内亚首例泌尿外科微创创新手术，肿瘤医生助力巴新筹办癌症治疗中心，为巴新卫生事业进步做出了贡献。援外医疗是大国外交的重要组成部分，使命光荣，意义重大。医疗队员以认真的态度、饱满的热情做好援外医疗工作，将我国先进的医疗技术带向南太平洋，发挥中国特色大国外交作用，树立了中国医生光辉形象。

基础设施建设是中国对外援助的一个重要组成部分。2019年，中国完成了萨摩亚、瓦努阿图、汤加、斐济等国家的道路升级工程、桥梁建设、学校建设，以及萨摩亚、瓦努阿图等国家体育馆、办公大楼的维护任务。2019年7月，国家国际发展合作署副署长周柳军率团访问萨摩亚，签署了《援萨瓦伊乌苏港口建设和阿绍港巷道疏浚项目可行性研究换文》和《援萨国立大学海洋学院教学科研设备项目立项换文》等两份合作文件。

为进一步推动太平洋岛国农业发展，中国向斐济、汤加、萨摩亚等国家派出了农业援助团，在农业技术推广、农技人员培训、作物品种培育等方面取得了新成绩。2019年3月29日，中国—太平洋岛国农业部长会议召开，与会部长围绕"把握共建'一带一路'机遇，推进中国与太平洋岛国农业务实合作"主题进行了探讨，会议通过了《中国—太平洋岛国农业部长会议楠迪宣言》。根据宣言，中国与太平洋岛国未来将加强农业发展战略与规划对接，共同编制《中国—太平洋岛国农业合作行动计划（2020—2022年）》；开展农业领域人员交流和能力建设合作，中国农业农村部2020—2022年每年将为太平洋岛国举办农业技术培训班；加强农业科技合作，特别是菌草技术培训与推广，服务双方农业发展；推进渔业可持续发展领域合作，发展海水养殖加工及贸易，提升渔业附加值；促进农业投资贸易合作，助力太平洋岛国延伸农业产业链和价值链；加强与联合国粮农组织的农业南南合作，选派中国农业专家和技术人员赴太平洋岛国开展农业技术示范和培训。①

以上所论，仅仅涉及中国对太平洋岛国援助的一小部分，中国各省市与太平洋岛国城市建立了好友城市（姐妹城市），也向太平洋岛国提供了资金、技术、人员、设备等多方面的援助。

五 中国与太平洋岛国继续携手前行

当前，中国与建交太平洋岛国关系处于历史最好时期，中国支持太平洋岛国选择独立自主的发展道路，中国为太平洋岛国经济社会发展提供多层次多领域的帮助。随着全球化的日益加剧，世界各国之间的联系日益密切。伴随着"一带一路"倡议的推进，中国与太平洋岛国的联络只会增多不会减少，中国与太平洋岛国之间的友谊只会增强不会削弱。

中国与太平洋岛国关系发展面临着前所未有的新机遇。2014年、2018年，国家主席习近平两次出访太平洋岛国，充分显示了中国对发展与太平洋岛国关系的重视。中国向汤加、斐济、巴新、萨摩亚、库克群岛等国家提供了多方面的援助。据 HIS 全球世界市场贸易分析，中国与太平洋岛国贸易数额超过 80 亿美元，远超澳大利亚的 50 亿美元以及美国的 15 亿美元数额。中国作为世界第二大经济体，蕴含着巨大的投资和贸易机遇。所罗门群岛与中国建交、基里巴斯与中国复交也充分说明了这一点。

---

① 《中国—太平洋岛国农业部长会议聚焦合作机遇》，新华网，2019 年 3 月 29 日，http://www.xinhuanet.com/2019-03/29/c_1124303216.htm。

当然，看到巨大的发展机遇同时，我们也不应当忽略现已存在或者未来出现的挑战。

回顾2019年，我们看到，太平洋岛国的巴布亚新几内亚、密克罗尼西亚、所罗门群岛、瑙鲁、图瓦卢等国家经历了大选，新上任的领导人加强了与区域内外大国的联系，以缓和经济下滑趋势以及人口就业压力。2020年，瓦努阿图、帕劳、基里巴斯、库克群岛等国家进行了大选，进一步稳定形势，发展经济，实现蓝色经济可持续发展是他们的主要目标和追求。展望未来，中国与建交太平洋岛国的关系将会迈上一个新台阶，在共赢的基础上实现新发展。

第三章 中国与太平洋岛国合作的领域与经验

亚太地区是全球经济发展速度最快、潜力最大的地区。进入21世纪以来，中国与太平洋岛国在经贸、人文等领域开展了广泛合作，特别是在渔业、林业、农业、教育、医疗、科技、海洋、人员培训等方面取得了显著合作成效，为提升当地教育水平、扩大青年人就业、应对频发的自然灾害、增加收入做出了贡献。

第一节 "一带一路"倡议为中国与太平洋岛国合作提供了新机遇

太平洋岛国独立的时间主要集中在20世纪70年代。独立以后，他们想更快地振兴经济、改善民生，更好地适应全球化的变化，跟上世界发展的潮流。同时，太平洋岛国自主发展意识不断提升，国际影响持续扩大。中国同太平洋岛国经济互补性强，合作潜力巨大。截至2013年，中国已累计向太平洋岛国提供94亿元人民币的各类援助，有力地促进了太平洋岛国的经济社会发展。中国—太平洋岛国经济发展合作论坛改善了太平洋岛国发展的外部环境，提升了基础设施建设水平，推动了中国—太平洋岛国关系健康发展。

为了进一步深化与"一带一路"沿线国家的互利合作，中国国家发展和改革委员会、外交部和商务部于2015年联合发布《推动共建丝绸之路经济带和 21 世纪海上丝绸之路的愿景与行动》的倡议，强调"21 世纪海上丝绸之路的重点方向是从中国沿海港口经南海至印度洋，并延伸至欧洲；从中国沿海港口经南海至南太平洋"。在这份倡议中，清晰可知包括太平洋岛国在内的南太平洋地区已经成为我国"21 世纪海上丝绸之路"的重要组成部分，是"海上丝绸之路"南线发展与合作的重点区域。2017 年 6 月，国家发展和改革委员会和国家海洋局又联合发布了《"一带一路"建设海上合作设想》，为构建中国—大洋洲—南太平洋蓝色经济带提供了更加具体可行的建议和思路。

作为回应，斐济、巴布亚新几内亚等太平洋岛国领导人参加了 2017 年和 2019 年在北京举行的"一带一路"国际合作高峰论坛，对在更广泛的经济和基础设施建设领域同中国开展互利合作表达了热切的愿望和期待。太平洋地区岛屿国家密集，中国在与岛国发展经贸合作关系时采取了"以点带面，点面结合"的发展策略。在选择重点合作伙伴时，中国优先选择政治与社会稳定，并与中国具有良好关系的国家，确保双边经贸合作顺利开展，并进而使之成为该地区具有典范意义的合作样板国家。中国的地区合作伙伴在地区事务中表现活跃，具有一定的地区"威望"，对其他太平洋岛国具有良好的示范作用，能够起到"以点带面"的效果；当然，中国的地区合作伙伴如果拥有丰富的自然资源，这样更易于开展双边"互惠互利"的经济贸易合作，以"互补"和"互利共赢"的范式在整个太平洋岛国地区起到标杆和样板的作用。

随着中国与太平洋岛国的经贸合作与投资的迅速增长，中国与太平洋岛国之间的政治关系也在快速升温。除了双方原则上每四年举行一次的经济发展合作论坛，太平洋岛国的政府领导人几乎每年都要到中国访问，探讨深化双方经贸合作的有效路径。对于太平洋岛国表现出的强烈与中国发展经贸关系的意愿，中国政府也做出了积极的回应。中国政府官员、大型国有企业每年都受邀访问太平洋岛国地区，双方在经贸和基础设施领域的合作每年都有显著增长。

第三章　中国与太平洋岛国合作的领域与经验

中国政府再次承诺尊重各岛国人民自主选择符合本国国情的社会制度和发展道路，强调国家无论大小、贫富、强弱，都是国际社会中的平等一员。中国与斐济商定在农业、林业、渔业、矿产、旅游和基础设施等领域进行重点合作，中国欢迎斐方优势产品对华出口，鼓励中国企业赴斐济投资，并将继续在农业开发和基础设施领域帮助斐方改善民生。双方还商定通过设立中国文化中心等方式促进人文交流。中国与密克罗尼西亚联邦商定深化两国在渔业、新能源、基础设施建设、经济技术等领域的合作，并加大人文交流。中国与萨摩亚商定加强两国在农业、渔业和旅游业等领域的合作；中方帮助萨摩亚发展清洁能源，应对气候变化。中国与巴布亚新几内亚商定扩大双方在农业、林业、渔业、基础设施建设、能源资源等领域的合作，落实好瑞木镍矿、中石化和巴新液化天然气的重点合作项目。中国与瓦努阿图商定加强双方在特色农业和渔业领域的合作；中方为瓦方提供输华产品零关税待遇，鼓励其扩大对华出口；中方继续为瓦方培养各类人才。中国与库克群岛商定加强在渔业、矿业和旅游业等领域的合作，推动拉罗汤加岛供水项目；考虑在库克群岛开设孔子学院。中国同汤加商定在基础设施建设、民生、人才培训等领域加强合作，在南南合作框架内帮助汤加应对气候变化。中国同纽埃商定加强渔业、基础设施建设、医疗卫生等领域的合作。

中国与建交岛国全面战略伙伴关系的确立，使中国与南太平洋岛国关系走上新的历史起点。在中国与太平洋岛国领导人和民众的共同努力下，中国同太平洋岛国的经贸关系发展迅速。双边贸易额不断创历史新高。许多经济学家预测中国将在今后的若干年内跃升为大多数太平洋岛国最大的贸易伙伴和最重要的投资来源国。[①] 2017 年，中国

[①] Joanna McCarthy, "China extends its influence in the South Pacific", *ABC news*, 10 September 2016, http://www.abc.net.au/news/2016-09-10/china--extends-its-influence-in-the-south-pacific/7812922.

同太平洋岛国的双边贸易额增至82亿美元，比2012年翻了一番。其中，中国从岛国地区的进口额增长了3倍。中国与太平洋岛国签订的经贸合作协议通常涵盖较多的内容，既包括贸易优惠条款、投资和特许权贷款等内容，也包括经济援助和技术援助等内容。在文化、教育和医疗卫生领域，双方的合作不断加强，人文交流日益扩大。在国际社会，中国和太平洋岛国在彼此核心利益和重大关切问题上相互支持。太平洋岛国政府和民众总是第一时间发声驳斥某些国家散布的中国"新殖民主义论""资源掠夺论"等对中国的"妖魔化"诬蔑。各国领导人强调中国同太平洋岛国的关系之所以能够迅速发展就是因为各方在合作中始终遵循"平等互利、合作共赢"的原则，坚持正确的"义利"观。岛国领导人对岛国与中国建立全面战略伙伴关系表示赞赏，认为这充分表明了中国对岛国的平等相待和高度重视，同时也抬升了岛国的国际地位。

太平洋岛国领导人普遍欢迎中国政府的"一带一路"倡议，认为中国的"一带一路"倡议与太平洋岛国的经济发展目标高度契合，基础设施建设项目将会促进太平洋岛国地区的"互联互通"和经济发展。岛国领导人承诺将保持与中方进一步详细磋商合作细节，切实落实"一带一路"的务实合作。联合国开发计划署发表的一份研究报告指出，中国可以在四个重点领域加强与太平洋岛国的互利合作：基础设施、公共卫生、应对气候变化与新能源。联合国机构的设想和中国的"一带一路"倡议不谋而合，因为上述四个领域都是中国在"南南合作"和"一带一路"倡议框架下的合作重点。"一带一路"倡议在合作发展、互利共赢的理念指导下正成为深化中国同太平洋岛国关系的新纽带。

中国与太平洋岛国人民的友谊是双向的，支持也是相互的。中国对太平洋岛国的真诚支持和帮助赢得了太平洋岛国政府和民众的热烈回应，太平洋岛国不仅在包括联合国在内的国际组织中对中国予以支持，而且在双边和多边场合中也同样给予中国大力支持。在"一带一路"倡议框架下，双方合作会有更广阔的前景。对于相对落后的太平洋岛国而言，与中国的合作，将为该地区发展提供更多机遇。

第一，为太平洋岛国包容、灵活、持续的发展框架提供了中国智慧和中国方案。亚太地区成为世界经济发展的新动源，特别是作为世界第二大经济体的中国，可持续发展政策引起了全球关注。而太平洋岛国由于受到历史、地理和资源的限制，多数国家经济发展较慢。近年来，斐济、库克群岛GDP增速保持在3.5%左右，瓦努阿图、帕劳、所罗门群岛、图瓦卢GDP增速在3%左右，汤加和瑙鲁是负增长，瑙鲁则下降了4%。在全球应对新型冠状病毒疫情之下，失去了旅游业的支撑，太平洋岛国经济全部出现了负增长，更显示出了该地区经济的脆弱性。所有太平洋岛国都在寻求突破过去的依赖，以经济互利和可持续发展为基础建立新型关系。他们欢迎经济上实现跨越式发展的中国对太平洋岛国投资，带来就业机会，促进农业、渔业发展，加强基础设施建设。

第二，提供了太平洋岛国经济社会发展所需要的资金、技术，为太平洋岛国发展提供了新选择。太平洋岛国经济成分单一，发展韧性比较弱。中国从经济着手，通过优惠贷款、基础设施建设以及其他经贸方式，促进了这些国家与中国的往来。2006年，中国承诺在此后3年内提供30亿元人民币优惠贷款。2013年，中国国家开发银行设立10亿美元专项贷款，用于支持太平洋岛国基础设施建设。中国政府持续为太平洋岛国培训政府官员和各类技术人员。据中国海关统计，2005年，中国与太平洋岛国双边贸易额为8.38亿美元，其中中国对岛国出口4.24亿美元，从岛国进口4.14亿美元。2017年，中国和太平洋岛国地区双边贸易额达到82亿美元。在12年的时间内，双边贸易额增长了10倍。其中，中国对岛国地区出口47.2亿美元，同比下降13.8%；从太平洋岛国地区进口34.8亿美元，同比增长34.9%。据中国商务部统计，2017年，中国在太平洋岛国地区对外承包工程新签合同额27.1亿美元，完成营业额9.7亿美元。2017年，中国对太平洋岛国地区直接投资1.6亿美元，涉及农渔业、旅游、基础设施建设等领域。据中方统计，2018年中国与太平洋岛国地区贸易额86.6亿美元，同比增长5.6%。其中中方出口39.8亿美元，同比下降15.6%；中方进口46.8亿美元，同比增长34.6%。截至2018年年底，中国实际利用太平洋岛国地区外资金额308.2亿美元。2018年中国对岛国地区直接投资1.6亿美元。截至2018年年底，中国在岛国地区累计签订工程承包合同额148.7亿美元，完成营业额106.1亿美元。[1] 从海关公布数据分析，在2020年全球发生新冠疫情形势下，中国与太平洋岛国的贸易往来不但未受影响，在某些领域实现了快速增长。

第三，通过项目援助，为当地培训人力资源。人力资源是经济发展和社会稳定的重要因素。南太平洋域内外大国对太平洋岛国投资需要适宜的环境、可预期的收益、精简的政策和稳定的社会局面。中国通过教育援助、农业援助、医疗援助以及提供留学生、培训名额等方式，以先进的技术和管理理念，引导岛国知识阶层接受新知识，以迎接全球化的挑战。教育和培训是太平洋岛国知识阶层迎接机遇和挑战的最好方式，一方面可以促进本土把握机遇，另一方面提升了合作的针对性。

第四，带动了太平洋岛国产业的优化升级。太平洋岛国除巴布亚新几内亚、斐济等国家面积较大，矿产资源相对丰富外，多数国家国土面积不大，除渔业资源之外的其他资源相对匮乏，工业、农业发展缓慢，旅游业成为经济发展的支柱，但是囿于航空条件和基础设施的制约，旅游业发展遇到瓶颈。在"一带一路"建设框架下，中国提供的资金、技术、人力有效地解决了这些限制，港口、交通等基础设施有了大幅度提升，渔业养殖和加工技术日益成熟，蔬菜种植水平和面积不断提升和扩大。太平洋岛国以特色优势资源为依托，促进蓝色经济发展，在新科技的支持和推动下，具有一定附加值的产业不断发

---

[1] 《中国与太平洋岛国贸易和投资简况》，中华人民共和国商务部网站，http://mds.mofcom.gov.cn/article/Nocategory/200210/20021000042986.shtml。

展,产业结构的改善和优化,加快了新能源、新材料、先进装备、制造业、特色生物资源开发等战略性产业发展,有效带动了当地就业。巴布亚新几内亚总理奥尼尔表示,将积极参加共建"一带一路",尽快启动同中国的自由贸易协定谈判。①

第二节 中国与斐济的经济合作

斐济是南太平洋地区外交较为活跃的国家,传统上受澳大利亚、新西兰的影响较大,同时保持与其他太平洋岛国的密切关系。2006年,斐济提出"北望"战略,积极发展同亚洲、中东各国的关系,大力推动次区域合作。2014年,斐济提出"广交友、不树敌"的外交战略。斐济是世界知名的旅游胜地,也拥有丰富的农业、林业、渔业和矿产资源。中国与斐济交往频繁,经贸合作不断深化。

一 斐济:太平洋岛国空中交通枢纽

斐济由330个岛屿组成,其中106个有人居住,国土总面积1.83万平方千米,海洋专属经济区面积130万平方千米。180°经线穿过斐济群岛,为避免一国出现两个日期,国际日期变更线从东侧绕过斐济,所以斐济是世界上最早迎来新一天的国家。每年4—10月,当地采用冬令时,时间比北京时间早4个小时,每年11月至次年3月实行夏令时,时间比北京早5个小时。维提岛(Viti Levu)是斐济群岛的主岛,面积1.04万平方千米,占全国陆地面积的50%以上,也是该国基础设施最完善、人口最集中的地区。首都苏瓦坐落在维提岛东南部,距离楠迪国际机场约200千米。作为斐济对外门户的楠迪国际机场和苏瓦港、劳托卡港以及大多数第一、第二产业和旅游业基础设施均位于主岛。斐济的第二大岛为瓦努阿岛(Vanua Levu)面积5556

---

① 《习近平同巴布亚新几内亚总理奥尼尔会谈》,《光明日报》2018年11月17日。

平方千米，也称"北岛"。该岛的经济活动以蔗糖业、林业、椰子产品、渔业和旅游业为主。

斐济是太平洋岛国地区航空运输网络的枢纽，也是周边岛国通往世界各地的必经之地，斐济共有大小机场28个。楠迪国际机场是太平洋岛国地区规模最大、设施最先进的国际空港，有"南太平洋十字路口"之称，能起降各种大型飞机，客流量和货物吞吐量较大。首都苏瓦附近的瑙苏里机场主要经营斐济国内航线及货运业务。楠迪国际机场有十多家航空运输公司，既有斐济当地企业，也有国际知名的货运公司，承揽面向世界各地的货运业务。此外，斐济还有为数众多的小型机场连接各主要城市和岛屿。瑙鲁、基里巴斯、萨摩亚、汤加等岛国对外航空运输主要依靠斐济。斐济航空公司原名太平洋航空公司，是斐济经营的国际航空公司，拥有波音、空客等大型客机，运营飞往澳大利亚、新西兰、中国香港、新加坡、美国以及周边岛国的航线，每天都有从楠迪至澳大利亚、新西兰主要城市的航班。新西兰航空公司、大韩航空公司等航空公司也执行该地区的航线任务。截至2020年年初，中国内地没有直飞斐济的航班，从内地出发的乘客可在韩国、中国香港或澳大利亚转机到达。

斐济的人口规模和国土面积在太平洋岛国中相对较大，拥有较丰富的渔业、森林及旅游资源，相对完善的社会管理体系和较好的地理位置。斐济是太平洋岛国论坛、南太旅游组织等多边和地区机构总部所在地，在南太平洋地区具有重要影响。斐济的主要经济支柱是旅游业、蔗糖业、渔业、农业。斐济旅游资源丰富，是世界知名的旅游胜地。旅游业在该国经济发展中占有重要地位，约占国民生产总值的30%，全国约33%的劳动力直接或间接从事旅游业。据世界贸易组织（WTO）数据，2015年斐济旅游业吸引外国游客消费达到7.6亿美元，2010—2015年年均增速达到4%。2016年，斐济接待游客数量达79.2万人次，同比增长5%。斐济的游客主要来自澳大利亚、新西兰、美国、中国、欧盟和其他岛国等。澳大利亚、新西兰、美国、中国游客分别占游客总数的 45.5%、20.7%、8.8%、6.2%。在斐济政府制定的五年和二十年发展规划中，均将旅游业作为未来国家经济发展的"主要驱动力"，《斐济旅游发展战略》主要通过加强旅游业基础设施建设、行业整合与协调、保护生态环境等方式吸引更多海外游客。2005 年，中国与斐济已签署协议确认互为本国公民出境旅游目的国，自 2015 年 3 月起两国互免签证协议生效。

包括斐济在内的太平洋岛国的制造业较为落后，资源的深加工能力有限。蔗糖业是斐济传统支柱产业之一，政府也在考虑制定制糖产业的长久发展计划，毕竟斐济有长久的蔗糖种植历史。2013 年政府出台《糖业发展规划 2022》，目的是提高生产效率、改善运输条件等，但是工艺落后和斐济人的工作效率严重制约了该产业的发展。斐济全国注册蔗农数量约 1.3 万人，产业相关人口约 20 万。渔业是斐济经济中的传统产业，也是近年发展较快的产业之一。斐济专属经济区蕴藏着丰富的水产资源，渔业产值占 GDP 的份额保持在 2% 左右，出口市场主要为日本、美国、欧盟、澳大利亚和新西兰等，斐济政府改变了过去依靠出售捕鱼证获取外汇收入的模式，也在考虑发展渔业养殖和海产品加工，进一步提升对经济发展的主导权。

斐济农业和林业资源丰富，但是同样存在规模化的发展瓶颈。全国农业用地 42.6 万公顷，占国土面积的 23.3%，22 万人以家庭为单位从事农业生产。2015 年斐济农业生产总值约 3.2 亿美元，占 GDP 的 8.2%。斐济主要农产品包括甘蔗、芋头、木薯、椰子、生姜、卡瓦、水稻等，出产香蕉、菠萝、木瓜等热带水果，另有少量烟草、可可、草药等经济作物。畜牧业以养鸡为主，养殖少量牛、羊、猪、蜂等。斐济农业受土地所有制、自然灾害、基础设施、农业技术等因素限制，发展缓慢。斐济私人拥有土地的比例较高，随处可以看到荒芜着的土地。斐济自然林覆盖面积约 89.9 万公顷。种植林包括 5.2 万公顷硬木林、5 万公顷软木（松林等）林及 3.8 万公顷红树林，斐济是世界上红木种植面积最大的国家。

斐济主要矿产资源有金、铜、银、铁砂、铝土矿等，有一定开发潜力，但采矿业较为落后。斐济近海海洋资源也较丰富，已发现石油，但储量尚不确定。[1] 由于斐济天然的自然环境和优质的水资源，矿泉水加工业和啤酒制造业是斐济近年来发展较快的产业之一，产品主要出口市场为美国、澳大利亚、新西兰、中国、欧盟等。

二 斐济的"北向"得到中国的积极回应

自2000年斐济民族主义政变过后，以澳大利亚和新西兰为首的西方国家便逐步开始实施针对斐济的经济和政治制裁。斐济前总理莱塞尼亚·恩加拉塞意识到国家迫切地需要在外交和经济合作上寻找一个新的突破口，由此便有了"北向"战略。[2] "北向"包括对外政策和对内政策两部分，其对外政策是斐济政府在1970年独立后第二次大规模改革开放的信号和政策集群。该政策主要是向以中国、日本、韩国以及印度尼西亚为首的亚洲国家开放斐济市场为基本方式，加强与亚洲各国的经济、外交等领域的合作，并进一步建立亚洲国家（包括亚洲开发银行等国际机构）对斐济的援助体系，意在逐步将国家发展重心抽离并最终摆脱传统西方国家对斐济的影响与束缚。在此大背景下，前总理恩加拉塞成为了首位访问中国的斐济总理，他在2002年5月26日至6月1日正式访华，签署《中华人民共和国政府和斐济群岛共和国政府关于巩固和促进友好合作关系的联合声明》。[3]

由于斐济恩加拉塞政府对国内形势的错误判断导致其最终丧失了

---

[1] 商务部国际贸易经济合作研究院、中国驻斐济大使馆经济商务参赞处、商务部对外投资和经济合作司编：《对外投资合作国别（地区）指南·斐济》（2018年版），2019年2月21日，https://www.rdi.org.cn/article/1347/cid/67.html。

[2] Graam Davis, Fiji's Other Look Northern Policy, 15 March, 2013, http://www.grubsheet.com.au/fijis-other-look-north-policy/. 作者更多强调的是斐济国内的"北向"战略，从瓦努阿河的西端跨越第二大岛到第三大岛塔韦乌尼以及其中的一些岛，在广阔的弧度上发展该国的北部地区。这是政府最雄心勃勃的项目和计划之一。

[3] 《中国与斐济签署联合声明》，人民网，2002年5月28日，http://www.people.com.cn/GB/shizheng/16/20020528/738589.html，浏览日期：2020年4月30日。

政权。"北向"战略还未得到充分的展开推广，恩加拉塞政府就在2006年政变中被斐济军队总司令姆拜尼马拉马（Voreqe Bainimarama）推翻。军事政变导致了西方国家更加强烈的反应和制裁，姆拜尼马拉马领导的军事临时政府不得不再一次将目光看向了北方国家。由于"北向"战略在今天的斐济政治中扮演了一个非常重要的角色并且实实在在地在经济上让斐济摆脱了困境，所以在谁是政策的制定人问题上两代国家领导人产生了分歧。姆拜尼马拉马政府声称该政策是在2006年斐济受到了西方压力后，由姆拜尼马拉马率先提出并实施的基本国策。但似乎在斐济的执政党——斐济优先党（Fiji Fist Party）内部也存在着一些对政策的不同看法，斐济前外长拉图·伊诺克·昆布博拉曾在2017年接受《斐济太阳报》的采访时表示，"北向"战略是在2014年斐济大选前夕，执政党为了消除西方国家对斐济内政的干涉而制定的。[1]

不过抛除政策制定的分歧，中国作为斐济"北向"战略的重要对接国家的这一事实是各方都认可的，并使该政策成为了斐济历史上最成功的国家级战略。在斐济西部重镇楠迪召开的中国与太平洋岛国领导人的会晤，更是奠定了斐济作为太平洋岛屿地区领袖国家和枢纽国家的地位。可以说，"北向"战略在斐济民间的声望达到了顶点。

2014年以来，一系列相关的援助项目纷纷得到了落实，双边关系进入了"蜜月期"，政府及民间的合作也稳步增长。中国的"一带一路"倡议与斐济"北向"战略无缝连接，为两国合作提供了坚实的理论和政策基础。过去斐济严重依赖澳大利亚、新西兰的援助，主要集中在农业发展、基础设施建设、经济贸易、自然灾害应对、气候变化监测等方面。中国在2006年后为斐济提供了诸多相关

---

[1] Ratu Inoke Kubuabola, "Look North Policy Aided Fiji: Ratu Inoke", *Fiji Sun*, 24 May 2017, https://fijisun.com.fj/2017/05/24/look-north-policy-aided-fiji-ratu-inoke.

的援助，其中菌草项目和基础设施建设是效果比较显著的优质援助行动。

为进一步推动中国与太平洋岛国的合作，2018年中国广东省广州市与斐济确定对口支援。2018年11月，中华人民共和国广东省和斐济共和国谅解备忘录（MOU）在苏瓦正式签订，这一备忘录的签订标志着"广东被确定为与斐济交往的重要战略省份，并将通过该谅解备忘录为我们在贸易、旅游、投资、民生项目、农业和渔业以及人与人之间的交流、沟通与协调方面的合作提供指导。广东省省会广州市已与苏瓦市建立了姊妹城市关系，广东省通过对苏瓦市政厅的翻新以及其他基础设施项目合作带来切实的好处"[1]。

新冠疫情以来，中国还向斐济提供了资金、医疗设备以及医疗车辆的援助，[2] 获得了斐济官方的一致认可。在地区安全、打击犯罪方面，中国和斐济的合作不断加深。2011年，斐济与中国公安部达成了《安全合作谅解备忘录》，随后中国向斐济提供了培训、人际交流、作战理念以及跨国犯罪联合调查等方面的帮助。[3] 21世纪的第二个十年，斐济与中国之间的贸易往来蓬勃发展。2018年，斐济与中国的双向贸易总额达到历史最高水平，总额超过10亿美元。

旅游业是斐济的主要外汇收入来源。中国已成为斐济增长最快的市场，每年的游客量从2014年的28333人增加到2018年的49271人，增长了约74%。斐济工业、贸易和旅游部长普雷米拉·库马尔认为中国和斐济的经济关系仍有更大的改善空间，"我们需要及时实施好的项目，以及互惠互利的商业交易，这些交易不仅要给公司带来财

---

[1] Fiji-China Ink Development Cooperation Agreement, http://www.foreignaffairs.gov.fj/head-quarters/38-press-releases-2018/1187-fiji-china-ink-development-cooperation-agreement.

[2] China Donates vehicles to Fiji, Cook Islands News, 11April 2020, http://www.cookislandsnews.com/item/76645-china-donates-vehicles-to-fiji, 浏览日期：2020年4月29日。

[3] Fiji Police Media Cell, "Fiji Signs MOU On Security Cooperation With China", *Fiji Sun*, 7 January 2020, https://fijisun.com.fj/2020/01/07/fiji-signs-mou-on-security-cooperation-with-china/.

富，还要给我们的人民提供体面的薪水，同时还要考虑到我们环境和生态系统的脆弱状态"①。中国高度重视太平洋的福祉以及对此作出的承诺给她留下深刻的印象。作为第三届中国—太平洋岛国经济发展合作论坛的成果，斐济同中国签署了四个合作备忘录，其中一个涉及5000万元人民币的技术和发展援助。

针对西方媒体提出的中国"债务危机"一说，斐济驻中国大使马纳萨·坛吉萨金鲍（Manasa Tagicakibau）否认有关中国在为太平洋岛国设置"债务陷阱"的说法，称这是基于某些西方国家价值观的"看法"②，这种消极的想法是因为这些国家的代表没有来中国。他说，斐济认为从中国获得贷款时的债务水平是可以控制的，而且两国之间的协议是建立在相互理解的基础上的。斐济将渔业、贸易和基础设施视为"一带一路"倡议下双边合作的三个主要领域。斐济未来五年的发展计划重点是促进可持续发展和改善基础设施。③

三 菌草种植助推斐济的经济发展

据亚洲发展银行（ADB）公布的数据，2015—2018年斐济GDP增长保持在3%左右，2016年是0.7%。④通过数据分析，在斐济所有产业中服务业贡献率最高，农业的贡献率比较稳定。

斐济的农业政策在摆脱了殖民者统治后经历了50年的发展变化，实现了跨越式的发展，从过去以村为基础单位的农业转型到建设大规模现代化设施复合经营方式，斐济政府在不断摸索适应本国

---

① Maraia Vula, "Fiji And China Strengthen Ties, Ink Four MoUs", *Fiji Sun*, 22 Oct 2019, https：//fijisun. com. fj/2019/10/22/fiji-and-china-strengthen-ties-ink-four-mous/.
② ZHOU JIN, "Fiji Rejects Chinese Debt Trap Accusations", *China Daily*, 26 April, 2019, https：//www. chinadaily. com. cn/a/201904/26/WS5cc28474a3104842260b8912. html.
③ 5-Year-20-Year-National Development Plan, https：//www. fiji. gov. fj/getattachment. 斐济的20年发展规划是指2017—2036年。
④ ADB, Fiji, 2019 - 2023—Achieving Sustained, Inclusive, Private Sector-Led Growth, March 2019, https：//www. adb. org/sites/default/files/institutional-document/495256/cps-fij-2019-2023. pdf, p. 7.

的农业发展模式。① 农业在斐济的经济发展过程中有着不可替代的地位，它维持了人民的生计，提供了就业和机会。但是斐济的农业一直都没有得到很好的开发与发展。2001—2011年，农业对斐济的GDP年均贡献率仅占10.6%。斐济全国拥有330个岛屿，但是大部分的岛屿却缺乏充分和有效的利用。斐济的农业、森林和海洋资源受到人口压力和气候变化的严重影响。斐济主要的出口产品例如蔗糖、椰子、根茎类农作物，由于质量问题和营销策略也一直受到了国际社会的挑战与挤压，尽管这些产品具有天然无污染的优良品质，由于缺乏深加工在国际市场上没有竞争力。斐济人均土地面积充裕，但是本国的农业产品还远不能达到自给自足的水平，大米、肉类和奶制品仍然需要从国外进口。旅游业作为国内GDP的支柱产业对农产品有着巨大的需求量，但是斐济农业由于虫害和疾病的重创、政策影响、公共部门组织不协调等因素导致发展停滞不前。过去十年，受私人投资波动性、肺结核、普鲁氏菌病等疾病影响，再加上繁殖和挤奶技术落后，牛肉和奶制品产量逐年下降。斐济最大的乳制品公司Rewa Dairy仍然需要依靠进口原材料和半成品来满足国内的需求。②

在斐济农业欠缺核心技术与发展动力的情况下，中国援助的菌草项目便有了不同的意义。2014年11月9日，中国援助斐济的菌草技术示范中心成功落地。示范中心位于距离斐济楠迪国际机场仅有1千米的乐加（Legalega）研究站。规划建设面积7公顷的菌草种植区，2—3公顷的芒果园套种菌类循环利用示范区，以及1公顷的培训示范生产加工和生活区。通过培训、示范推广、辐射带动，促进斐济菌草产业发展，为斐济开拓一个新的行业和出口创汇的新途径。

菌草项目不仅填补了本地产菌类在斐济市场的空白，大大缩减了

---

① 曲翔宇、杨鸿濂：《小众旅游热点，斐济掘金机遇多》，《环球时报》2018年12月5日。
② Bacolod Eduardo D, FiJi 2020 Agriculture Sector Policy Agenda, 2014 - 08, pp. 10, 13. https：//www. agriculture. gov. fj/documents/fiji-2020-agriculture-sector-policy-agenda. pdf.

斐济菌类食品需要进口的需求，也侧面助力了斐济旅游业的发展。据斐济媒体报道，斐济此前每年需要从海外进口超过 7000 万斐济元农产品，其中菌类食品 100% 需要从海外进口。斐济农业部供应链分析报告显示，1991 年至 2009 年，从事农业领域的农户数量降低 38.1%。菌类产品的需求一直居高不下，也造成作为国家支柱产业的旅游行业的高压力。中国菌草项目的正式落成还附带建成了一条日产 5000 袋（年产 100 万袋）菌袋、年产 300 吨菌草鲜菇的半自动化生产线。这条生产线的诞生不仅仅直接降低了斐济菌类产品价格，更为岛国的食用菌生产开辟了一种新的模式。

评判一个优质的援助项目靠的绝对不仅仅是援助给予国的一腔热忱，更多地体现在受援国政府和民众的反响。中国援助斐济菌草项目自 2014 年正式落成以来，历经 5 年多的发展与推广，受到了斐济政府的大力支持与配合。斐济总统乔治·孔罗特（Jioji Konusi Konrote）和总理姆拜尼马拉马等政府高层分别在 2014 年到 2019 年之间多次考察菌草技术示范中心。斐济总统孔罗特曾握着中心专家组组长林占森教授的手说道："你们的工作做得好！感谢你们！"他还邀请专家组去他的家乡罗图马岛去推广和培训蘑菇养殖。[①] 斐济政府还通过宏观调控为斐济的农业发展提供了诸多便利条件。斐济政府专门设立了土著人土地信托局，帮助参与管理及租赁全国属于酋长阶层的土地，并且在维提岛东部设立了农业免税区，农业土地的问题现在不再是制约斐济农业发展的桎梏。

2019 年，斐济奈塔西里省议会将斐济最大在野党——社会民主自由党顾问杨鸿濂（Michael Honglian Yang）[②] 提出的"奈塔西里省乳制品公司计划案"正式上会讨论。在该计划中，借助菌草项目推动全省

---

① 黄世宏：《中国援助斐济菌草项目成功落地》，中国新闻网，2014 年 11 月 19 日，http://www.chinanews.com/gn/2014/11-19/6792405.shtml，浏览日期：2019 年 10 月 10 日。

② 杨鸿濂毕业于南太平洋大学，是《斐济日报》主编。

畜牧养殖业发展的方案得到了重视。奈塔西里省是斐济土地面积第五大的省份。奈塔西里省缺少海滨，但是降雨充沛，省内水道纵横、水资源极其丰富。土地多以丘陵为主，缺少适合发展现代化机械农业的平原。综合各种客观因素判定，奈塔西里省适合种植高产量饲料作物带动养殖业和畜牧业的发展。计划中指出，借由中国援助斐济菌草项目的技术，在全省1500—2000户乳牛养殖户中逐步推广以菌草为主体的饲料加工体系，并在武宁达宁镇建立完善的乳制品生产线和深度加工厂。加工厂预计可以为周边村镇提供200—300个工作岗位，而且可以间接带动1000户加入乳制品产业的发展。以斐济传统村落——Mataqali——为基本单位的村级合作社将成为乳制品公司的股东和供应商。该项目是斐济精准扶贫项目的顶尖计划，2020年实施以后，奈塔西里省一跃成为斐济最大的畜牧养殖基地，全省80%的养殖户将直接受益。而这个项目中最为核心的技术即为由中国专家组提供的菌草养殖技术。斐济的一个村级酋长托马西在听取了省议会讨论案后表示，他的村子将全力支持该项目，表示"这将是一个帮助斐济快速发展的好机会，我们也要感谢中国的菌草专家，没有他们的帮助，这个项目是不可能实现的"。

当前，斐济在农产品自给上仍然有巨大缺口，如果能够填补斐济市场的空白并扩大产品供应量满足出口需求，将会为斐济带来大量的就业机会和外汇，而菌草项目作为提升斐济农业技术的关键项目，得到了斐济政府与民众的支持和拥护。此项目是扎根基层、加强两国合作，给斐济政府快速摆脱经济压力带来切实可行的帮助，更能够成为斐济底层民众安身立命之根本。菌草项目是中斐两国友谊牢固的基石，更是两国未来深入合作的阶梯。

第三节　中国与巴布亚新几内亚的合作

巴布亚新几内亚（简称巴新）地处亚洲和大洋洲海上交通要道，

是南北太平洋的交汇点。巴新是大洋洲除澳大利亚之外陆地面积最大的国家，也是该地区人口最多、资源最为丰富的国家。巴新是南太平洋地区最大的经济体。巴新的自然资源包括林业、矿业、石油天然气、渔业和海洋资源等。由于矿业、石油天然气是非可再生资源，这种资源会随着开发的进程而逐渐减少。2017年10月，巴新政府正式发布了《国家REDD+战略（2017—2027）》（减少砍伐森林和森林退化导致的温室气体排放，英文Reducing Emissions from Deforestation and Forest Degradation，REDD+），这是巴新为实现负责任与可持续发展议程的重要内容，也是巴新应对气候变化的核心政策。该政策的实施将提高巴新森林产业的可持续性发展能力，支持农业发展规划落实，提高土地使用规划管理水平，保护巴新环境。

一　巴新：太平洋岛国中陆地最大的国家

巴新位于太平洋西南部，面积为46万多平方千米，由北部的新几内亚和南部的巴布亚两部分组成。全国分为22个省级行政单位，包括1个国家首都区、1个布干维尔自治区和20个省。根据地理位置，划分为莫马塞、巴布亚、岛屿和高地4个地区。各岛均以崎岖的山地地形为主。海岸线全长8300千米，海洋专属经济区面积达240万平方千米。1975年，巴新获得了独立，加入了英联邦，英国女王是国家最高元首，总督代为行使职权。

巴新土著族群大约有800个，居民属于美拉尼西亚人种。巴新是世界上语言最为复杂、最为丰富的国家。官方语言是英语，地方语言有836种。2020年，全国人口大约为878万，其中85%是农业人口。各地区人口分布悬殊，主要集中在沿海地带、内地河谷盆地及丘陵地区的城镇。矿产、石油和经济作物是巴新经济的支柱产业，农业在巴新国民经济中占有重要地位，农业产值占国内生产总值的30%。巴新是南太平洋地区最大的椰油和椰干生产国。巴新内陆地形复杂，山路崎岖，陆地交通相对落后，主要交通依靠水运和空运。铁路交通计划落实缓慢，公路状况较差，水、电、通信等基础设施落后。

当前，巴新经济发展的思路是通过加大对矿业、石油、天然气的投资，提升产品附加值，增加财政收入，增加就业岗位。尽管巴新政府在推动经济发展和增加当地民众收入方面做了多方面的努力，如1990—2015年人类发展指数（HDI）不断上升，[1]但是经济社会发展在南太平洋地区还是处于靠后的位置。在2016年公布的人类发展指数报告中，巴新位列188个国家中的第154位，属于低发展的国家。[2]在太平洋岛国中，仅好于所罗门群岛、马绍尔群岛、图瓦卢、瑙鲁。因而，巴新经济社会发展也面临多重问题和压力。

据《信使邮报》2018年5月30日报道，巴新副总理兼国库部部长埃布尔在议会表示，政府一直根据承诺按期偿还其债务。截至2018年，政府债务为243.4亿基纳（约合470亿元人民币），包含外债75.4亿基纳和国内债务168亿基纳。2018年一季度，政府偿还了1.577亿基纳外债、0.46亿基纳南太银行债务和32.2亿基纳短期国库券，同时发行短期国库券重新举债29.8亿基纳。埃布尔指出，按照2017年国内生产总值801.1亿基纳计算，政府负债率为30%，符合《财政责任法》规定。他认为，巴新的债务水平在国际上处于较低水平，政府将继续按时偿还贷款，举债只要投入到具有生产效益的项目上，将有效促进经济发展。[3]

二　巴新的农业现状

巴新是世界上气候条件最优越的地区之一，地处赤道附近，一年四季气候温和而少变化，雨量充沛，无台风，土地肥沃、土质优良，热量充足。在沿海地区和山间盆地，适宜种植热带经济作物。但是，

---

[1] *Human Development Data（1990-2015）*，http：//hdr.undp.org/en/data.
[2] *2016 Human Development Report*，http：//hdr.undp.org/en/2016-report.
[3] 中华人民共和国驻巴布亚新几内亚大使馆经济商务参赞处：《巴新副总理兼国库部长介绍最新财政形势》，http：//pg.mofcom.gov.cn/article/sqfb/hg/201806/.

第三章　中国与太平洋岛国合作的领域与经验

巴新的农业生产能力和生产技术落后，农业基本处于原始农业状态，主要种植一些当地易于生长的作物。农业主要以自给为主，在新爱尔兰省、新不列颠省等省份，建有种植园。各地土壤成分相差较大，但有机质含量较高。由于巴新基础设施差，运输不便，巴新当地人基本上处于一种自种自食的自然经济环境之中，国内市场对农产品需求低，产业化发展农业只能从加工农业或者是耐贮运农产品着手。

巴新是热带雨林气候，很适合旱稻的生产，由于水稻的种植和加工相对较麻烦，当地人一般不热衷种植，基本不进行施肥和病虫害防治。在马当省的一些地区，由于中国专家的援助，当地已经有种植水稻的习惯。2018年，澳大利亚特鲁凯公司位于巴新莫罗贝省马克汉姆谷地的稻米生产基地的275公顷稻田获得丰收，大约产出1000吨以上稻米。这是该公司在巴新种植稻米的里程碑。公司计划未来将生产规模进一步扩大到500公顷。特鲁凯公司现已成为巴新唯一可以种植和加工优质、高营养价值水稻的公司，且公司已与土地主达成了"独特的双赢"共识。通过使用先进的稻米加工设备进行大米碾磨和包装，已达到100%本地化生产。与此同时，巴新总理奥尼尔在菲律宾访问期间，两国政府签署了旨在稳定巴新大米价格的《巴新—菲律宾农业技术合作协定》。菲律宾将为巴新提供技术咨询，对私营部门投资，并指导巴新农民种植水稻。巴新将为两国合作提供政策支持，加强农村基础设施建设，促进国内投资，以促成巴新本土大米商业化模式。[1]

番薯、木薯、玉米、芋头、花生等是巴新主要的粮食作物，几乎每家农户均有种植，但种植面积较小。由于当地良好的气候条件和优质的土壤，农民基本上是种下去以后即不再管理，这些作物基本能满

---

[1] 中华人民共和国驻巴布亚新几内亚大使馆经济商务参赞处：《巴新与菲律宾签署农业合作技术协定》，中华人民共和国外交部网站，http://pg.mofcom.gov.cn/article/sqfb/ny/201806/20180602754368.shtml，访问日期：2018年11月27日。

足当地人的生存需求。由于岛国人民的生活习惯，他们喜欢肉食，对蔬菜需求较小。因此，蔬菜种植面积小，主要在北部高地种植，种类以瓜果类蔬菜为主，主要有西红柿、胡萝卜、蛇瓜、黄瓜、苦瓜、南瓜、茄子、大葱、生姜、蒜、包菜、生菜、花菜、四季豆、豇豆等。中国、新西兰、日本等国家，为当地蔬菜种植提供了种子和经验。巴新具有得天独厚的优势，水草丰美，是放牧牛羊的好地方，巴新当地人很少有饲养牲畜的习惯。尽管巴新具备了良好的农业种植条件，但是由于观念的落后、技术的缺乏，粮食、蔬菜和肉类需要大量进口。

热带经济作物在巴新国民经济发展中具有重要地位。全国有600个种植园，主要以种植椰子、油棕、可可、咖啡、甘蔗等为主。这些经济作物经过初加工，销往美国、新加坡、印度尼西亚、德国、英国等国家，是巴新外汇增收的一个重要来源。这里还是椰油和椰干的生产国，椰干出口量仅次于印度尼西亚，居世界第二位，棕榈油出口总量居世界第三位。咖啡是巴新的高利润作物，也是该国第二大出口农产品。同时，这里还种植橡胶和茶叶。这里的热带水果有香蕉、西瓜、木瓜、芒果、椰子等。

近年来，巴新政府非常重视农业发展，2017年和2018年举办了两届全国农业峰会，并准备此后每年均将举办农业峰会。组委会主席伯纳德·马拉蒂娜（BernardMaladina）表示，2018年峰会比2017年规模更大、规格更高。2017年8月，成立20多年的巴新国家农业研究院更名为巴新国家农业发展研究院，并由此拓宽了研究范围，以保证该研究院能够有效地服务巴新农业发展。研究院表示，目前巴新在农业领域面临四个主要问题：一是农业未受到应有重视，发展优先级低；二是政府在农业领域的财政拨款呈降低趋势；三是除巴新目前已有经济作物品种外，其他经济作物有待开发利用；四是需要加强对气候变化的研究。[①] 长期以来，巴新政府并未给农业创造一个供各私营

---

① 中华人民共和国驻巴布亚新几内亚大使馆经济商务参赞处：《巴新农业发展正面临四个主要问题》，中华人民共和国外交部网站，http://pg.mofcom.gov.cn/article/jmxw/201708/20170802622092.shtml，访问日期：2018年11月27日。

部门和公共部门之间进行对话、沟通的平台，农业峰会的创办改变了这一不利局面，峰会将对农业这个重要行业以及政府政策的制定做出积极的贡献。2018 届峰会的主题为"解放 PNG 农业的力量"，与政府在可再生能源领域，尤其是在农业核心关切领域相符合。同时，农业峰会网站（www.agsummitpng.com）正式上线。伯纳德希望农业合作社、中小企业，特别是农业企业、金融家广泛参与农业发展。未来 10 年，巴新应抓住发展机遇，着重解决以上问题。

三 巴新的林业现状

巴布亚新几内亚的森林资源极其丰富，森林总面积约为 3600 万公顷，森林覆盖率高达 80% 以上，其中 60% 未经任何开发，完全处于原始状态。林业资源开发为巴新财政收入提供了重要途径。据《国民报》2017 年 11 月 24 日报道，巴新林业部部长道格拉斯·托姆里萨表示，林业每年对巴新 GDP 的贡献超过 50 亿基纳，贡献 3 亿基纳税收，出口创汇超 12 亿基纳。然而，近年来伐木、采矿和大规模农业活动对森林产生了日益增大的威胁。巴新已经建立了自己的森林监控体系。一些地区的开发并没有纳入政府的规划，这将对原始森林覆盖（primary forest cover）产生损害。

巴新森林按海拔分为四种类型：（1）低地热带雨林，位于海拔 1000 米以下，植被由 3 层构成，上层树冠群高 50 米左右，树种繁多；（2）低山林，位于海拔 1000—2100 米，植被由 2 层构成，常绿针阔混交，优势树种为栎木类；（3）山地林，位于海拔 2100—4000 米，树高只有 12—13 米；（4）高山植物群落，位于海拔 4000 米以上，为灌木林及丛生草地。

巴布亚新几内亚森林资源优势和开发潜力很大，但由于国力有限，目前还没有能力靠自己的力量开发森林资源。因此，政府采取了借助外部力量来实现森林开发带动经济发展的政策。2017 年，巴新有 43 家原木加工企业、51 家出口企业，共为巴新生产、出口原木 205

万立方米，平均价格为每立方米 95 美元，其中 90% 销往中国。在热带森林资源日趋减少、环境保护主义日渐高涨、各国相继严格限制原木出口的今天，巴布亚新几内亚成为世界上允许外国公司直接参与本土森林开发为数不多的几个国家之一。

巴布亚新几内亚森林资源丰富，但林权复杂。传统上的所有权大部分归大家族或村组掌握，国有林仅占 3%。一般说来，林地所有者不愿出售大片土地，但可以出售土地上的林木资源，国家可根据《森林法》出售林木采伐权，然后将采伐许可证发放给承租人。根据巴布亚新几内亚的《森林法》，立木采伐权可通过 3 种形式获得：一是木材执照/许可证，适用于较大规模的项目，由政府签发；二是木材管理证，可直接向部落村社购买采伐权，只能用于年产 5000 立方米以下的小规模开发，由林务官审批，政府收取一定的手续费；三是私人交易，根据《森林法》个人有林木处置权，林主可与开发者直接协商开发森林，但任何协议生效前必须经林业部部长同意。对于大规模森林开发，巴布亚新几内亚政府采取国际招标的方式，与国外企业联合进行，积极谋求外国投资。

巴新政府不仅认识到森林资源的价值，而且认识到森林对于促进社会经济发展和改善农村居民生活条件所能起到的重要作用，特别是带动当地就业方面具有重要优势。巴新政府把森林开发与乡村经济发展结合起来，将外国开发者需要满足当地的附加条件作为森林开发项目的部分内容。这些附加条件主要是公用设施建设，如修建道路、桥梁、码头及学校等。当地的附加条件给外国开发者带来了很大的额外负担，但对巴布亚新几内亚来说，对外资和外国技术的积极利用，不仅使本国的林业获益匪浅，还带动了当地的经济发展。继续利用外资开发森林资源将是巴布亚新几内亚今后一段时间仍将采取的政策。

由于巴布亚新几内亚资金和开发能力有限，林业开发还停留在靠廉价出售资源来换取必要工业品的阶段，基本上停留在初级产品加工阶段，且被国外资本所垄断。现阶段巴布亚新几内亚林业开发面临的问题主要表现在以下几个方面。

一是森林资源正在减少。巴新由于经济落后，财政收入在很大程度上依赖天然林资源，特别是以天然林原木出口为主要途径。森林资源开发导致森林覆盖率逐年下降。人口的增长和经济压力的增大，都是造成森林资源进一步减少的主要原因。巴新政府要逐步出台对森林资源的保护与合理利用相关法律政策。

二是林业管理落后。巴布亚新几内亚林业管理机构很不健全，缺少有能力的管理人员。林业部门的管理能力，尤其是管理森林采伐和木材出口的能力十分有限。巴布亚新几内亚97%的土地归大家族或部落所掌管，这也给林业管理带来很大困难。2017年8月3日，巴新国家林业资源清查办公室（National Forest Inventory Office）建成。林业资源清查办公室将为开展包括盘点树木、了解生物多样性及研究土壤类型在内的多目标林业资源清查项目提供场所。该机构将承担森林监控、管理人员培训、搜集处理森林资源数据以及宣传等职能。

三是缺少资金和技术。巴布亚新几内亚经济落后，林业投资依靠外援。国内由于缺少资金，致使森林资源清查、林业基础设施建设、科研与教育、林业知识和技术的普及、林业机构改革等许多方面的林业工作难以开展，木材工业技术落后的状况也难以改变。因此，资金和技术的引进是巴布亚新几内亚林业发展的关键之一。

四 巴新与中国的经济合作

巴布亚新几内亚是发展中的岛国，资源丰富，经济落后。1976年中巴两国建交以来，两国在经贸、经济技术、文化、农业、卫生、渔业等各领域的合作不断加强，两国农业技术合作和菌草技术合作项目不断取得新进展。在"一带一路"倡议框架下，中国与巴新合作走向了新高度。2018年5月，中方与巴新合建"一带一路"农业产业园。该地块是中国中铁、福建农林大学与巴布亚新几内亚多个省份合建的"一带一路"中巴新农业产业园的核心区，园区内设置菌草旱稻科技园区等相关配套产业园区。福建农林大学同巴新农业畜牧业部、东高地省、西高地省开展合作，旨在改善民生、促进当地经济社会发展。中巴林业合作继续向好。巴布亚新几内亚林业协会最新数据显示，2004年，中国从巴新进口的木材占巴木材出口的64.4%，继续保持其最大的木材出口对象国地位。近十年来，法属波西尼亚、马绍尔群岛、新喀里多尼亚、帕劳、瓦努阿图等南太平洋岛国和地区也从巴新进口木材加工产品。巴新木材下游加工产品出口额不断提升，主要出口产品为复合板、木片、单板，原木出口受到一定程度的限制。中国已成为巴布亚新几内亚及其项目承包商的最大外国投资来源国。中国公司参与了巴布亚新几内亚的道路、桥梁、机场和航站楼建设，改善了基础设施建设，改善了投资环境。在"一带一路"倡议和《2010—2030年巴布亚新几内亚发展战略计划》（PNG Development Strategic Plan 2010–2030）的框架下，巴新与中国的合作将更加务实。来自中国的投资可以帮助巴布亚新几内亚建立以增长为导向的发展模式，这是巴布亚新几内亚发展战略计划中提到的目标。该发展战略主要通过吸收投入公共资金来促进投资驱动型经济。

巴新是中国在太平洋岛屿地区最大的经贸伙伴，也是该地区与中国签署"一带一路"项目谅解与合作计划备忘录的第一个国家。在2020年8月，中国和巴新召开的第一届中巴经贸委员会视频会议上，双方同意继续加强抗击流行病的国际合作，深化"一带一路"与巴布亚新几内亚主要战略的融合，加快两国自由贸易区的可行性研究，深化贸易和投资合作，扩大经济技术合作，并在区域和多边框架下加强沟通与协调。[①] 2019年，巴新国内生产总值居世界第105位，出口110亿美元，位列世界第87位。主要出口商品为石油、天然气、金

---

① China, PNG Vow to Strengthen Cooperation During First Economic and Trade Commission Meeting, Global Times, https://www.globaltimes.cn/content/1196982.shtml, 浏览日期：2021年3月3日。

矿、铜矿、粗木、原油。主要出国对象国是澳大利亚、中国、日本和韩国，向中国出口的商品占到巴新出口额的25.5%。[①]巴新进口总额为41亿美元，居世界第141位，主要进口商品是精炼石油、挖掘机械、原油、其他食用制剂、送货卡车等。主要进口伙伴是澳大利亚、中国、新加坡、马来西亚和印度尼西亚。

在经济合作过程中，还有一些问题需要注意。

一是妥善处理土地问题。众所周知，岛国的土地非常珍贵，土地是私有财产。无论是林业开发，还是扩大农业种植，都必须处理好土地问题。正如当今的石油和天然气资源开发一样，土地问题成为制约资源开发的瓶颈。时任巴新总理奥尼尔在2012年12月3日巴新矿业和石油大会上指出，该国的资源开发达到空前纪录，一年为巴新带来22亿基纳（约9.8亿美元）的税收，是巴新政府年度税收收入的1/3。巴新矿业和石油商会表示，复杂的土地所有问题已经对巴新资源开发产生了主要的挑战，如果改变资源所有权问题将使这个挑战放大许多倍。按照宪法规定，允许资源开发将使巴新全体人民获益，但是一些政要认为矿石和石油资源等所有权应私有化。巴新商工部部长维拉·莫里表示，政府将确保解决土地使用权问题，释放咖啡、干椰子肉、可可和香草等产业的种植潜力；致力于推动出口驱动型农业合作社的发展，希望将85%的自给农业用地转化为可种植农业商品用地，以增加农业对出口的贡献度。巴新约70%的出口份额由资源行业贡献，至2030年应努力使这一比例减到30%。

二是坚持可持续发展的理念参与资源开发。巴新面临社会发展的众多问题，政府为了获取更多的财政资金，采取的是粗放型的经济发展模式。巴新是除亚马逊地区和刚果地区之外的世界第三大热带雨林地区。2018年12月，根据《联合国气候变化框架公约》秘书处（UNFCCC）发布的一份报告显示，巴新的热带雨林保护工作成功减

[①] 参见 https://oec.world/en/profile/country/png/，浏览日期：2021年3月3日。

缓了 2014—2015 年的森林砍伐速度。2000—2013 年，巴新每年平均损失 0.5% 的热带雨林（总约 19.7 万公顷）。年度森林砍伐最高值出现在 2013 年，损失了 3.96 万公顷。损失主要是由将森林转变为农田以满足其人口的非商业性农业需求（占比 63%）和商业性农业发展（占比 30%）造成的。根据《联合国气候变化框架公约》秘书处统计，巴新核算了 900 万吨的碳减排量，将成为第一个向企业和消费者出售林业碳信用额度的国家。2021 年 3 月，巴新政府签署协议，允许出售森林碳信用额。与此同时，巴布亚新几内亚在 2050 年愿景中设定了到 21 世纪中叶建立 80 万公顷人工林的雄心勃勃的目标，但通过重新造林和森林恢复活动提高森林覆盖率的努力却很有限。因此，在森林发展中要坚持可持续发展的理念，提高林业产品的附加值，以带动当地就业，切实提高当地民众收入水平，阻止无节制的粗放式的砍伐行动。①

三是投资发展新兴产业。巴新是太平洋地区覆盖成熟椰林最多的国家，然而，椰子加工产业并没有得到很好的发展。巴新可以大力发展椰子产业，着眼于开发椰子生物燃料、木材和椰油等其他副产品，发展下游增值加工产业。斐济在开发椰子木材和椰油领域已达世界领先水平，巴新可以借鉴斐济的经验和做法，推进椰子加工产业的发展。椰子产业对巴新经济的贡献虽然不如油棕和咖啡等主要经济作物，但对巴新的就业、出口收入、食品生产和 GDP 的增长也有很大的影响。巴新政府试图与亚太椰子联盟（APCC）加强合作，吸引投资，开发椰子相关产品，建立巴新椰肉品质标准。另外，木薯和甘蔗也是很好的作物，在巴新到处有自然生长的木薯，当地民众种植的甘蔗很多。木薯和甘蔗管理比较粗放，比较适合当地人的管理习惯。引导当地人种植木薯和甘蔗，发展蔗糖业，既可以让当地人致富，又可

---

① https://www.rainforestcoalition.org/country-news/news-papua-new-guinea-slows-rainforest-deforestation-after-a-decade-according-to-new-unfccc-report/.

以解决能源供应问题。

四是参与行业标准和政策制定。巴新是一个发展中国家，虽然资源丰富，但是在资源政策和产业标准方面没有统一规定，产品规格和质量往往会受到人为因素的影响。巴新希望增加出口，将芋头、红薯和新鲜蔬菜等产品出口到澳大利亚、新西兰和亚洲市场，于是请求新西兰政府帮助巴新完善相关法律框架，制定生物安全政策（Bio-Security Policy），确保农产品达到出口市场的检疫标准。

五是对投资风险要有充分的估计。治安问题一直是限制巴新引进外资的最主要因素之一，位列巴新工商界最关注的十大问题之首。巴新经济社会发展起步较晚，政府部门履职能力差。丰富的自然资源储量，持续快速的经济增长，使巴新越来越受到国际投资者的关注，但考虑到当地恶劣的治安状况对人身、财产安全造成的严重威胁，以及由此带来的高昂的安保成本及沉重的管理负担，许多国际投资者对巴新望而却步。高犯罪率对当地的商业活动造成了不利影响，许多私营业主怠于购置更为先进的设备；企业不敢夜间营业，员工不愿或不能在夜间工作。这些都大大限制了企业经营和生产效益的充分实现，企业盈利能力受限。

总之，巴新与其他资源匮乏的岛国不同，丰富的资源和巨大的国内市场需求，使它不仅在岛国群体中具有举足轻重的地位，而且在整个亚太地区也有重要的影响。为了国内社会和经济发展，巴新急需外资加入，进行投资开发。但是在参与国际市场方面，巴新还是相对保守，巴新和斐济都是没有参与《太平洋更紧密经济关系协定》（PACER Plus）的国家，它们认为协议中的不平等制度会影响到国家经济的发展速度。

第四节　中国与密克罗尼西亚联邦的合作

密克罗尼西亚联邦（简称密联邦）位于赤道以北的西太平洋，由

4个州、607个岛屿组成,东西延伸约2700千米,南北宽约900千米,从西向东依此为雅浦州、丘克州、波纳佩州和科斯雷州。其陆地面积为702.5平方千米,海洋专属经济区面积为278万平方千米,人口约为13万人。西班牙、德国、日本和美国的殖民统治,破坏了岛民与外界长久稳定的联系。在第一次世界大战前,该地区群岛主要受德国的影响,一战后又被日本占领,二战后受美国控制。1947年联合国将其交由美国托管。1978年,密克罗尼西亚独立,建立联邦国家。2019年前后,密克罗尼西亚联邦经历了一场激烈的政治和经济转型,以防在2023年与美国签订的《自由联系条约》终止后,能够独立应对可能出现的挑战。按照现在的《自由联系条约》,美国向密克罗尼西亚联邦政府提供20年的援助。作为回应,美国有权拒绝不符合美方利益的第三方进入该国。这样做表面上是为了维护密克罗尼西亚地区的安全,但实际上是为了维护美国的国家安全和利益。美国认为,如果减少对密克罗尼西亚联邦的财政援助,可能会为区域外其他大国提供机会,使它们在条约结束时扩大其在西太平洋地区的影响。美国担心一旦条约终止,美国和日本的争夺会造成两败俱伤的局面,使中国在密克罗尼西亚的影响越来越大。中国与该国发展友好关系符合密克罗尼西亚联邦外交多元化的目标,也为其自身适应不断变化的全球经济环境、保持利益最大化提供了条件。密联邦对其与中国的关系保持乐观,不仅是因为中国和美国之间的合作伙伴关系,而且因为中国平等的外交方式和交往心态,以及能够为密联邦未来的经济能力提升提供帮助。

一 金枪鱼是密联邦重要的财政收入来源

密克罗尼西亚联邦的专属经济区是世界上最大的海洋经济区之一,海底可能蕴藏着丰富的未探明矿产资源。这一潜在资源吸引了大国以及地区的关注,包括中国、日本、韩国、美国和欧洲在内的国家和地区。

第三章 中国与太平洋岛国合作的领域与经验 ◆◇◆

密联邦经济不发达,绝大多数人的经济生活以村落为单位。农业是该国经济的重要组成部分。旅游资源丰富,但是基础设施较差,接待能力有限。渔业资源丰富,但保护和开发能力缺乏。[①] 有资料显示,世界上大约60%的金枪鱼来自西太平洋地区的帕劳、基里巴斯、图瓦卢、马绍尔群岛、巴布亚新几内亚和所罗门群岛、密克罗尼西亚联邦。其中,密克罗尼西亚联邦海域贡献了西太平洋金枪鱼捕获总量的28%、世界金枪鱼捕获总量的20%左右。金枪鱼的主要出口国和地区是日本、菲律宾、美国、韩国、欧盟等。虽然中国对密联邦的金枪鱼需求量不是很大,但是总体需求量也在持续增长。俄罗斯和阿联酋也对金枪鱼产业显示出了兴趣,希望加强与密方的联系与合作。

由于该国粗放型的经济管理模式,尽管每年在密联邦专属经济区捕获的金枪鱼价值数亿美元,但是渔业资源对密克罗尼西亚联邦政府的财政收入贡献很低,难以满足政府的开支。和许多太平洋岛国一样,密联邦也面临着其他国家船只在其专属经济区非法捕鱼问题。为应对这个问题,密联邦也在想办法进行处理。有议员提出,或者将海域的捕鱼许可授予一个国家,由该国保护专属经济区域的渔业资源;或者让参与捕鱼的各国对渔业资金进行竞标,以提高国家财政收入。渔业是密联邦财政收入的主要来源,可以减轻《自由联系条约》结束后财政可能陷入瘫痪的困境。在密联邦专属经济区内开采出重要的海底矿藏前,没有任何资源能够取代出售捕鱼许可权收入对财政收入的贡献。该国也在设想改变现有渔业经营模式,通过引入加工技术提高渔业资源的附加值。同时,密方希望在《联合国海洋法公约》框架下,对海底资源进行探索和开发,寻求新的经济增长点。

由于缺乏持续稳定的外汇收入来源和经济内在驱动力,21世纪以来的密联邦经济处在几十年来最不景气的时期。密联邦四个州中,两个州财政已出现危机,占全国人口一半的丘克州的经济状况尤为糟

---

① 丁海彬:《密克罗尼西亚》,社会科学文献出版社2016年版,第51—52页。

糕。2017年，丘克州财政亏损1924万美元，负债3700万美元。为了应对这些挑战，获取更多的潜在经济利益，密克罗尼西亚联邦试图寻求新的合作伙伴，以帮助其建立独立的经济发展体系，应对各种社会问题。

二 信托基金是密联邦经济发展重要驱动力

作为前托管国也是密联邦最大的援助国，美国对密联邦的援助主要是按照两国于1982年签订，并于1986年11月生效的密美《自由联系条约》来提供援助资金。该条约主要有3个目标：实现密联邦自我管理；确保双方国家安全（密国防由美国负责）；促使密联邦发展成自给自足的经济体。按照条约规定，1987—2003年美国向密联邦提供15亿美元的援助。在美国援助下，密联邦的经济社会发展有了很大改善。但是，促使密联邦发展成为自给自足经济体的目标没有达成。出现这种局面的主要原因是：援助资金未能有效配置资源，没有实现经济发展所需要的管理变革。另外，美国政府和密联邦政府在条约资金的支出上也缺乏监督，许多工程设计马虎、管理缺位、施工拖沓维护不当，甚至还出现了挪用资金的问题。[1]

该条约于2001年开始修订，并于2003年达成协议。根据新修订的条约，美国2003—2023年每年向密提供7600万美元的资金援助，另外每年提供1600万美元的信托基金；密联邦则须在新的条约开始执行时一次性提供3000万美元的信托启动资金。2006年后，美国对密联邦援助比例发生变化，现金援助将按比例逐年减少，信托基金援助将增多。2023年后，美将不再提供现金援助，密政府的财政将主要依靠所积累的信托基金。新条约的目标是：继续加强密美国防合作关

---

[1] 中国驻密克罗尼西亚联邦大使馆经济商务参赞处：《密美自由联系条约执行情况简介》，中华人民共和国外交部网站，2008年10月5日，http://fm.mofcom.gov.cn/article/zt-dy/200810/20081005849075.shtml，访问日期：2019年1月10日。

系；强化密向美移民条款；在2003—2023年的20年内，美向密联邦提供23亿美元援助。条约资金主要向6个领域提供援助：教育、卫生、公共基础设施、环境、公共部门能力建设以及私有经济发展，其中教育和卫生作为最优先的两个领域。而美国国会举行的听证会报告显示，美国提供的资金并没有得到充分的使用，特别是基础设施资金闲置较多。造成这种情况的主要原因是：密联邦与州政府意见不一致；税收制度、投资政策、土地租赁以及政府管理效率存在严重问题。[①] 目前密联邦经济仍是以外国援助支持的公共支出为主，预算以工资和弥补日益增长的赤字为特征，私营经济未得到发展。加之世界油价暴涨、美元贬值等因素的影响，造成密联邦经济发展出现停滞甚至倒退的局面。

美国除资金援助外，在密联邦各州还提供了一些援助项目，主要包括交通、医疗、教育等基础设施。此外，美国还向密联邦派遣了教师、志愿者等。美国非政府组织也向密联邦提供了一些援助。美国的援助渗透到密联邦的各个领域。

密克罗尼西亚联邦是一个独立的主权国家，但它现在仍然受美国的严重影响，而且这种影响被《自由联系条约》的条款所强化。美国利用条约的具体条款，不断巩固利益，从而"拒绝"其他国家作为潜在竞争对手与密克罗尼西亚联邦发生联系（特别是在军事和外交事务方面的合作）。但是，密联邦政府则希望找到更多的资金来源和其他技术资助，以便利用其本身的资源，服务国家的整体发展战略和规划。密联邦如果与其他域外大国来往过于"亲密"，美国认为不符合美国的利益，势必进行干涉。因而，密联邦则可依据有关的国际公约，审查《自由联系条约》的条款，以确保其利益不受协约中限制性措施的影响。虽然世界上大多数国家都承认密联邦是一个主权国家，

---

① 中国驻密克罗尼西亚联邦大使馆经济商务参赞处：《密美自由联系条约执行情况简介》，http：//fm.mofcom.gov.cn/article/ztdy/200810/20081005849075.shtml。

但美国一直将其视为美国领土不可分割的一部分,特别是《自由联系条约》刚开始执行时,资金支付是放在美国内政部之下而不是由美国国务院进行管理拨付。通过这种方式,密联邦实际上是作为美国领土的一个组成部分,而不是作为一个主权国家而对待的。在这种控制模式下,密联邦仿佛又回到了过去的托管时代,尽管与托管时期稍有不同,但是密联邦在本土事务处理上依然缺乏话语权。

由于密联邦与美国之间的特殊关系,密克罗尼西亚联邦的外交关系正经历着一个微妙的过渡阶段。尽管密联邦真诚地欢迎美国的援助,但美国也必须认识到密克罗尼西亚联邦是一个独立的国家,它必须行使自己的权利,像任何其他主权国家一样,在合适的情况下任由其自行发展。美国不能把本国的经济或社会模式强加给密联邦。如果美国继续干涉密克罗尼西亚联邦的内政事务,那么密联邦必然会对这种做法感到不满。依照密联邦的文化传统,他们可能会更积极地寻求替代者,尽管在这种替代转换的过程中,他们获得的援助资金可能会减少。

三 密联邦对大国援助的选择

尽管密联邦政府试图摆脱对美国资金援助的依赖,但并未强烈质疑美国主导的外交政策。2002年,美国国会会计总署(General Accountabicity Office)的一份报告认为,密联邦在美国亚太地区的战略中将不再扮演重要的角色,[1] 这也许可以解释为什么在2002年重新议定的协议中,美国逐渐减少了对密联邦的援助资金,而是通过信托基金的方式进行援助。作为美国关岛军事基地的重要组成部分,美国不会轻易放手密克罗尼西亚群岛。在美国看来,相较于马里亚纳群岛、

---

[1] Giff Johnson, "Marshall Islands Advised to Prepare for End of US Aid: U. S. Ambasssdor Notes Compact Will Expire in Thirteen Years", *Pacific Islands Report*, Pacific Islands Development Program East-West Center, University of Hawai, May, 2010. pp. 1 – 2.

第三章　中国与太平洋岛国合作的领域与经验 ◆◇◆

帕劳群岛、马绍尔群岛的军事地位，密克罗尼西亚群岛的地位可能稍差一些。

日本是密联邦二战前的占领国，现在是密联邦的重要援助国。日本对密联邦进行了多项援助，包括码头、公路、医院等基础设施建设，无偿援助客货两用船，无偿援助延绳钓鱼船，提供技术援助和派遣志愿者服务，为密联邦政府官员提供管理和技术培训等。日本十分重视对密联邦的援助，其原因是：日本同包括密联邦在内的密克罗尼西亚群岛国家有着历史上的传统关系；日本重视该地区丰富的渔业资源，并一直从中受益，在经济上可以得到回报；密联邦支持日本成为联合国安理会常任理事国。澳大利亚作为南太平洋地区的大国，出于安全等方面的考虑，向密联邦援助了电脑、海上巡逻艇，培训岛国官员，向密联邦学生提供少量奖学金名额赴澳大利亚留学。因美国与日本、澳大利亚在南太平洋地区属于军事同盟，澳大利亚和日本对密联邦援助时尽量避免与美国利益的直接冲突。

中国与其他国家不同，具有独特优势。密联邦被西班牙和英国殖民过，被日本占领过、美国托管过，而中国以一种新的外交方式与密联邦发展关系，没有干涉该国的内政和外交事务，并向密联邦提供了发展资金。中国的外交风格在密联邦赢得了民心。尽管中国提供的资金数额远远少于美国根据密美《自由联系条约》提供的资金数额，但密方依然认为，中国向密联邦提供的无条件援助和贷款/赠款是一种很好的选择、一种很好的替代方案。密联邦已经从中国的援助中受益，中国政府向密联邦提供了包括资金、技术、奖学金、能力建设等方面的支持。中国援建了密联邦政府办公大楼、体育场和机场设施、高级住宅、西太平洋金枪鱼综合大楼，提供了奖学金名额和现金赠款。在未来一段时间里，中国将在技术援助和培训方面提供更多的经济援助。中国将继续向密克罗尼西亚联邦提供经济和技术援助，继续支持中国企业在密克罗尼西亚联邦投资，为年轻人提供更多的就业机会。

密联邦经历过了第二次世界大战，不希望再次成为超级大国对抗的舞台。密联邦从过去几十年的发展中吸取了教训，过去紧紧依靠美国的资金援助来维护政府的开支，但是经济可持续发展目标无法实现。它对美国的资金要求越高，它获得经济独立的可能性就越小。依照国内法律和国际法，密联邦律师和政治领导人重新审视《自由联系条约》条款的合理性与合法性。依据密美《自由联系条约》，密联邦使用美国的援助资金需要经过设立的联合经济管理办公室（JEMCO）的同意。联合经济管理办公室中的美方人员与密方人员比例是3∶2，美国占了多数。密联邦认为联合经济管理办公室是在干预密联邦的内部事务，密联邦政府对美国的做法提出了质疑。密方认为，联合经济管理办公室是美国向密联邦政府施加压力的工具，以满足美国的利益诉求。一旦密方不能如实执行，将会尝到财政制约的后果。在密联邦，几乎没有人敢公开质疑美国的态度，因为他们害怕失去长期以来的援助。简而言之，密克罗尼西亚联邦不仅缺乏独立的经济基础，而且缺乏在相关法律程序上挑战美国行为的能力。因而，密联邦向中国和其他国家寻求更公平的解决途径。

密联邦希望建立一个以密克罗尼西亚为中心并主导的、遵守密克罗尼西亚联邦宪法和国际法人类普遍权利和原则，与其他区域外国家之间合作发展的外交模式。密联邦希望在这种模式之下，所有与密联邦交往的国家共同推进经济的可持续发展，一起协作共同推进，而不是为了各国经济利益进行相互竞争，大国博弈会对密联邦带来持久的破坏性。站在密联邦的角度看，这种设想是最佳的理想模式，但是可操作性非常差。鉴于中国、美国对密联邦的支持和帮助，密联邦政府认为，在其国家领土范围内，要妥善处理好与中国和美国的关系，不能偏袒任何一方。密联邦意识到，美国和中国都是大国，在宪法和国际法框架下妥善处理与它们的关系，能够为本国的经济发展和本国人民的生活水平提高带来有益帮助。

密联邦不仅顾及美国和中国，还会考虑日本、澳大利亚的诉求，

第三章　中国与太平洋岛国合作的领域与经验　◆◇◆

在促进密联邦经济目标达成的情况下，关照所有有关各方的共同利益。或许密联邦会在条约信托基金委员会为中国分配一个观察员席位。中国不仅向密联邦提供了资金，而且关注密联邦未来的发展。密联邦的想法是，在美国援助不能支持的领域，中国可以提供资金和能力援助。虽然这是在密联邦缓和中美紧张关系的一种途径，但是中国要获得与美方同样的发言权，必然要在现有基础上加大对密联邦的支持力度。日本曾经在第一次世界大战和第二次世界大战期间占领该国，二战后日本向密联邦提供了资金援助。同时，日本拥有丰富的渔业养殖经验，具有巨大的金枪鱼消费市场，日本也可能会被邀请加入条约信托基金委员会。澳大利亚同样不可忽略。澳大利亚与密联邦接触较晚，但是澳方是密联邦外交关系的重要一员。澳大利亚着眼于西北太平洋国家情报信息收集，以及密联邦在太平洋岛国论坛上的支持。[1]澳方向密联邦提供了物资援助，进行了外岛小型基础设施建设，在青年发展、农业建设、海上巡逻、边境安全、密克罗尼西亚大学以及领导力奖学金等方面提供了帮助。但是，日本和澳大利亚的捐助力度远不及中国，更不及美国，只能是密联邦解决方案的一个参考。

四　中国与密联邦的经济合作

密联邦是密克罗尼西亚群岛的重要国家。密联邦以"和平、友谊与合作"作为发展对外关系的指导思想。1989年9月，中国与密克罗尼西亚联邦建立外交关系。1990年2月，中国在密联邦设立大使馆。中国一贯主张国家不分大小、贫富、强弱，都是国际社会的平等

---

[1] 2021年2月4日，太平洋岛国论坛成员国经过在线投票，库克群岛前总理亨利·普纳（Henry Puna）当选为新一届太平洋岛国论坛的秘书长。而密克罗尼西亚群岛国家推荐的候选人马绍尔群岛驻美国大使杰拉尔德·扎克米斯（Gerald Zackious）以一票之差落败，导致以帕劳为首的密克罗尼西亚群岛五个国家领导人发布声明，宣布退出太平洋岛国论坛。此次事件既是波利尼西亚、密克罗尼西亚、美拉尼西亚三个次区域矛盾激化的体现，也是大国之间地缘争夺的必然结果。密克罗尼西亚群岛国家认为，太平洋岛国论坛过于重视南太平洋地区的南部区域，忽略了北部地区利益。

153

成员，都应该相互尊重、和平相处、互利合作、共同发展。密联邦尊重中国对太平洋岛国的做法。中国善于倾听岛国的声音，以谦逊和谦卑为中心的外交政策对密克罗尼西亚的传统生活方式有着深远的影响。

密克罗尼西亚的领导人认为，在相互尊重的基础上，中国与密联邦培养了真正的友谊，并给密克罗尼西亚人民带来了许多好处。2010年，密联邦驻中国第一任大使到任。2010年8月，大使阿基里诺·苏赛亚（Akilino Susaia）向中国政府递交了国书，对中国提供的支持和援助表示感谢。中国通过提供赠款援助、奖学金、技术和人道主义援助等方式，帮助密克罗尼西亚联邦进行国家建设。2016年，中国与密联邦召开了首届中国—密克罗尼西亚联邦经贸联委会，取得良好效果。

随着中国同太平洋岛国关系的发展，一些西方国家在太平洋岛国散播"中国威胁论"等言论。这主要是因为西方国家在太平洋地区的利益与中国的利益发生冲突。在太平洋岛国发生的事情，往往被西方媒体进行扩大化宣传。2007年，在汤加和所罗门群岛发生的针对中国商业的"骚乱"事件被广泛报道。外媒认为，"骚乱"的原因是中国商人涉嫌为当地政治人物的竞选提供了资金支持。2018年，太平洋岛国的前宗主国再次炒作中国的优惠贷款是"债务陷阱"。同样，中国的"一带一路"倡议提出以后，西方媒体也在误导当地民众，中国正努力扭转太平洋岛国媒体上的错误言论。与中国建立外交关系的岛国支持中国在岛国的活动，抵制西方某些国家的批评言论。然而，中国与密联邦关系没有受此影响。在密联邦没有发生中国商业受到攻击的行为，相反，中国援建的项目受到了当地人民的欢迎。

密联邦已经充分认识到在这个全球化的新时代，国家间的相互依赖将成为常态。密联邦加强与中国的联系是一项外交政策，并期望从这种相互依赖中获益，以推动国家发展。特别是近期美国与密联邦关系的紧张，使其寻求中国支持的欲望更加强烈。但是，密联邦也充分意识到亚洲其他国家在其领土方面的利益和诉求，比如日本、韩国、菲律宾。密联邦将培养与这些国家的关系作为外交活动的一部分，促成了这些国家在密联邦与中国和美国的合作。密联邦享受到了中国提供的帮助，并且看到了中国的潜在能力，支持中国在联合国和其他地区的外交利益。相比之下，中国对密联邦的资金援助金额，要远远小于美国对密联邦的资金支持。密联邦是密克罗尼西亚群岛中支持"一个中国"立场的两个岛屿国家之一，位于美国布局的第二岛链上，紧邻美国在关岛和马绍尔群岛的军事基地，且海洋专属经济区内拥有丰富的渔业资源，它期待从中国获取潜在的经济效益。

总之，处于21世纪的密克罗尼西亚联邦已与殖民统治时期的状况大有不同，特别是域外大国的不断介入，使得密联邦重新审视21世纪该国的对外关系格局。密克罗尼西亚领导人深知今天的独立来之不易，试图在不改变各方力量均衡格局的情况下发展独立的外交政策，以使各大国能够为密克罗尼西亚联邦经济社会发展提供有利的帮助。中国可能会填补因美国减少对密联邦的援助资金而产生的一些空白，但是这种情况不取决于中国，也不取决于密联邦。中国在"一带一路"倡议框架下为密联邦提供的发展援助，确实得到了密方的认可和肯定。从当前的整体情况来看，密克罗尼西亚联邦不满意美国的指手画脚，但是又不愿意轻易与美国决裂。妥善处理好与中国和美国的关系，以顺利增加本国公民福利，会是密联邦坚持的一个基本原则。

第五节　中国与太平洋岛国的教育合作

教育合作交流是国家外交工作的重要组成部分。"一带一路"倡议提出后，2016年4月，中共中央办公厅、国务院办公厅印发了《关于做好新时期教育对外开放工作的若干意见》并付诸实施。教育部也于2016年7月印发了《推进共建"一带一路"教育行动的通知》（教外〔2016〕46号），文件指出"加强合作育人，提高区域人口素质，为共建'一带一路'提供人才支撑。坚持人文交流先行，建立区域人文交流机制，搭建民心相通桥梁"，"加强不同文明之间的对话，寻求教育发展最佳契合点和教育合作最大公约数，促进沿线各国在教育领域互利互惠"[①]。从深化对外教育交流合作方面，积极回应中国与"一带一路"沿线国家加强教育合作、采取共同行动的新要求和新期待，这既是共建"一带一路"的重要组成部分，又能为共建"一带一路"提供人才支撑，凸显了教育合作在落实共建"一带一路"倡议中的基础性和先导性作用。太平洋岛国作为"21世纪海上丝绸之路"南线的沿线国家，教育发展具有巨大潜力，是我国开展教育国际交流合作的重要对象，也是在该地区开创合作交流新局面、增进中国—太平洋岛国友谊的重要桥梁和纽带。

一 太平洋岛国教育发展现状

在14个太平洋岛国中，除库克群岛和纽埃外的12个国家拥有联合国投票权。岛国之间国土面积差别较大，星罗棋布地分散在南太平洋地区。太平洋岛国土地总面积约55万平方千米，巴布亚新几内亚面积为46万平方千米，所罗门群岛、斐济、瓦努阿图三国国土面积近6万平方千米，其他10个国家合计不到3万平方千米。各岛国资源分布和经济发展差异较大，人口数量悬殊。巴布亚新几内亚人口约为878万，斐济人口约为90万，图瓦卢、瑙鲁各1万多人，纽埃不到2000人。这些国家语言分属美拉尼西亚语、密克罗尼西亚语和波利尼西亚语三个语系。每个语系之下，又有多种甚至数十种不同语言。以上因素都对岛国的教育发展有很大影响。尽管如此，太平洋岛国非常重视教育。斐济在《2015—2018年教育发展规划》中指出，

[①] 《教育部关于印发〈推进共建"一带一路"教育行动〉的通知》，2016年7月15日，中华人民共和国教育部网站，http://www.moe.gov.cn/srcsite/A20/s7068/201608/t20160811_274679.html，访问日期：2018年8月20日。

第三章　中国与太平洋岛国合作的领域与经验 ◆◇◆

教育的目标是通过"提供一个整体性、创新性、全面性、包容性和自主性的教育体系,使所有儿童能够认识自身能力和潜力,成功地为斐济的和平和可持续发展作出贡献"①。萨摩亚在《2013—2018年教育体育文化发展规划》中指出,"教育的首要目标是,通过建立一个包容的教育体系,为全民提供优质和平等的教育资源"②。下面从基础教育、职业教育、高等教育三个方面分别进行陈述。

(一) 基础教育

1. 公立小学提供免费教育

斐济采取12年级学制,1—6年级为小学学习阶段,公立小学实行免费教育,学龄儿童入学率为100%;巴布亚新几内亚政府对1—10年级学生提供免费教育;汤加小学实行六年制,6—14岁儿童由公立学校提供免费初等义务教育,但8%的初等教育和90%的中等教育由教会学校提供;瓦努阿图大部分地区普及了小学教育,学校教学语言为英语或者法语;所罗门群岛没有实行义务教育制度,小学教育学制为6年,入学率不足60%,学生流失率比较高,入学儿童仅有72%的完成了基础教育;③ 库克群岛对5—15岁的孩子实行强制免费教育;马绍尔群岛对6—14岁的儿童提供免费教育。

2. 非公立教育是基础教育的重要补充

在太平洋岛国还有一些私立学校,私立学校的教学质量有很大差异。帕劳的私立学校属于贵族学校,就读私立小学的人数占到公立小学就读人数的25%。如2015年在帕劳公立小学就读学生有1707人,在私立小学就读的学生有411人。④ 萨摩亚的私立小学收费同样很高,教育质量高于公办教育。在岛国,还有一些非政府组织、国际组织以

---

① ESSDP2015-2018,http://www.education.gov.fj/index.php/resources/press-publication-reports,访问日期:2018年8月20日。
② Education Sector Plan,http://www.mesc.gov.ws/index.php/en/downloads/mesc-publ/mescpublication,访问日期:2018年8月21日。
③ 张勇:《所罗门群岛》,社会科学文献出版社2016年版,第190页。
④ 李德芳:《帕劳》,社会科学文献出版社2017年版,第180页。

及教会等创办的学校，对学生进行技能教育，对教师进行培训，协助岛国政府制定教育政策和方案，有力地推动了岛国教育发展。一些非政府组织和教会学校根据社会需求和资金情况适时提供非正式教育，教授传统知识和技艺，如捕鱼、手工艺、编织、烹饪、传统艺术表演、音乐、传统礼仪等，对保留岛国传统文化、丰富社区生活、提高生计能力都有所帮助。非公立教育的资金多数来自社会团体和个人的捐助，缺少政府的资金支持，缺乏统一的领导和管理。只有部分岛国对私立学校提供一定的经费支持。

（二）职业教育

太平洋岛国的职业教育发展迅猛。太平洋岛国政府非常重视职业教育的发展，认为这是提升就业水平、促进社会发展的重要举措。岛国学生也希望学习一门技能，能够在社会上迅速谋得一份职业。决定岛国职业发展的主要有两个因素：一是现代科学技术的支撑，二是该项技能能否促进岛国社会的发展。为了适应职业教育的发展，岛国教育部门在中学教育阶段开始引入职业教育的内容和元素。

汤加大多数中学在三四年级引入了航海、农业、工程、酒店管理、时装和设计等职业教育课程，便于学生高中毕业后选择去职业教育类高等院校学习。汤加的职业学校有阿特尼斯学院、汉高农业学院、汤加科学学院、理工学院、萨洛特女王护理学校、汤加警察培训学校等。2013年年初，汤加首次制定了用于规范职业教育教学的国家政策，政府大力推动职业教育项目，其支持资金主要来自澳大利亚和新西兰的援助。斐济为初中毕业的学生提供了学制为两年的职业学习课程，学习内容包括农业、渔业、建筑业（轮船的装修和制造）、轻工业、家庭手工艺和工业制造等，[1] 希望学生毕业后能够在城市谋得一份工作。2009年，斐济注册的职业学校有69所。巴新设有国家培训委员会，负责对中学生、成年人、已经从业的人员进行培训，这是

---

[1] 吕桂霞：《斐济》，社会科学文献出版社2015年版，第209页。

教育部和政府工作的重点内容。教育部门通过在全国各地的技术和商业学院以及133个职业培训中心,为完成8年级、10年级和12年级的学生提供全日制课程。[①] 同时,延伸课程为一般社区和已经在劳动力队伍中的人员提供培训机会,培训的目标是增加人们的就业机会。从巴新商业与技术学院提供的培训课程来看,比较受欢迎的课程是机械、电气、车辆、建筑、餐饮、印刷、旅游管理、神职人员和实验室操作与管理。这些培训课程与中学生的课程设置相衔接。巴新还通过远程教育技术,对距离较远的岛屿的人员进行培训。

瓦努阿图同样设有国家培训委员会,负责实施全国的职业技能教育。瓦努阿图除利用南太平洋大学提供技术和职业教育课程外,该国的农业学院、海洋学院、教育研究院、理工学院等,也提供职业培训。瓦努阿图的理工学院在职业技术培训项目中发挥了重要作用。[②] 库克群岛的职业教育与培训主要由库克群岛高等培训学院提供,该学校成立于2013年,主要进行酒店管理、旅游管理、经济贸易等专业技能培训。职业教育对国土面积狭小、经济发展落后的图瓦卢而言意义重大,该国的船员分布于世界各地,成为国家外汇收入的重要来源,船员都毕业于图瓦卢海事培训学院。[③]

帕劳的职业教育更加正规,与基础教育对接更加紧密。学生的职业教育主要在帕劳中学和帕劳社区学院(Community College)进行[④]。帕劳中学整合资源,在9—11年级设置了"职业发展"课程,在11—12年级设置了"职业和技术教育项目"课程,学生在修习后可以获得相应学分。课程见表4-1。

[①] "Technical Vocational Education & Training", http://www.education.gov.pg/quicklinks/tvet.html.

[②] 笔者曾在2019年8月前往该校调研。该校的专业设置侧重实用性,澳大利亚、新西兰、日本等国向该校提供了免费交换生项目名额。

[③] 赵少峰:《图瓦卢》,社会科学文献出版社2016年版,第171页。

[④] 帕劳社区学院相当于中国的职业中专,学生毕业后多数选择直接就业。日本、美国等向该校提供了免费交换生项目名额。

表 4-1　　　　帕劳中学"职业和技术教育项目"课程

项目（专业）		课程	选修课	学分
商务信息		商务概论（11年级） 计算机应用（11年级） 企业数学（12年级） 统计（12年级）	办公室英语	每课程1学分
卫生与服务	旅游与接待	酒店运营一（11年级） 导游规则（11年级） 酒店运营二（12年级） 旅游经营与管理（12年级）	日语一 日语二 计算机基础 商业管理	每课程1学分
	医疗卫生	解剖学与生理学入门（11年级） 医疗数学（11年级） 医疗沟通艺术（12年级） 帕劳和密克罗尼西亚社区卫生（12年级）	三角函数 物理	每课程1学分
工业管理	汽车技术	汽车技术一（11年级） 汽车技术二（11年级） 汽车技术三（12年级） 汽车技术四（12年级）	计算机基础 商业管理	每课程1学分
	建筑技术	建筑技术一（11年级） 建筑技术二（11年级） 建筑技术三（12年级） 建筑技术四（12年级）	计算机基础 商业管理	每课程1学分
自然管理	农艺	农艺一（11年级） 农艺二（11年级） 农艺三（12年级） 农艺四（12年级）	计算机基础 商业管理	每课程1学分
人文科学		人文科学和社会科学入门（11年级） 大学预备技能（11年级） 人文科学沟通艺术（12年级） 帕劳和密克罗尼西亚当代问题研究（12年级）	公开	每课程1学分

资料来源：李德芳：《帕劳》，社会科学文献出版社2017年版，第183—184页。

从学生选课结果来看，商务信息、建筑技术、旅游与接待是最受欢迎的专业。以应用为导向的职业课程，让学生能够及早掌握各类职业特点和要求，并学会应对的策略和方法，切实提高了他们的从业技能和职业能力。

（三）高等教育

整体而言，太平洋岛国的高等教育相对落后。在该地区，除了南太平洋大学是区域性的知名高校之外，其他高校办学质量和国际影响力都较低。下面简要介绍几所南太平洋岛国地区的高校。

1. 南太平洋大学：太平洋岛国最具地区影响力的一所大学

南太平洋大学成立于1968年，由12个岛国（地区）联合创办，他们分别是库克群岛、斐济、基里巴斯、马绍尔群岛、瑙鲁、纽埃、所罗门群岛、托克劳（新）、汤加、图瓦卢、瓦努阿图和萨摩亚。该校是该地区最重要的一所高等院校。学校由委员会进行管理，委员会成员由来自12个岛国（地区）政府、教育、社区和商界的代表，以及来自太平洋岛国论坛秘书处、太平洋共同体秘书处、美国教育委员会、澳大利亚和新西兰等机构的代表共同组成。该校在12个岛国（地区）都有分校区，其中，学校主校区位于斐济苏瓦，农业与食品科技学院位于萨摩亚分校区，法律学院位于瓦努阿图分校区。学校专业设置包括商业管理、教育学、旅游学、海洋学、环境管理、太平洋管理、农业科学等。[1] 同时南太平洋大学也使用互联网进行远程教学。在库克群岛、马绍尔群岛、帕劳、基里巴斯、图瓦卢、瑙鲁、托克劳（新）、纽埃等陆地面积极小、人口少、地理位置偏远且交通不便的校区，学生主要通过远程教育进行学习，南太平洋大学分校成为该国（地区）国民在本国接受高等教育的唯一场所。南太平洋大学除提供学历教育外，还提供职业培训和技能提升项目。太平洋岛国政府和区域组织的领袖多数从该校毕业。

2. 太平洋岛国地区的其他高等院校

在国土面积较大和人口较多的岛国，如巴布亚新几内亚、斐济、萨摩亚等国，岛国政府或相关机构创办了高等学校，不仅招收本国学

---

[1] 赵少峰：《图瓦卢》，社会科学文献出版社2016年版，第173页。

生，还面向岛国地区招生。

巴布亚新几内亚大学是巴新六所高校中排名最高的高校，也是在太平洋岛国地区有重要影响的高校。该校成立于1965年，在首都莫尔斯比港有两个校区，设有专门的医学院，并在所罗门群岛的霍尼亚拉设有分校区。学校设有人文与社会科学学院、法学院、医学与健康科学学院、自然与物理科学学院、商学院，以及美拉尼西亚与太平洋研究中心、生物多样性及天然产品研究中心、灾难预防中心、远程教育研究中心、公共健康中心和人权研究中心等多个研究机构。全日制在校生2000多人。该校还培养硕士生、博士生。

密克罗尼西亚大学始建于1963年，前身是密克罗尼西亚师范教育中心，1993年更名为密克罗尼西亚大学，办学宗旨是为学生提供学习职业和技能教育的机会，助力密联邦国家发展。该学校一共有6个校区，在校学生2400多人，教师约100名。设有6个系，分别为农学系、商学系、教育系、语言文学系、自然科学和数学系、社会发展系。学校提供两年制的副学士学位课程和一年制的证书课程。证书课程主要包括小学教育、特殊教育、教育领导学、簿记、社区卫生健康助理、社区卫生医疗办公室助理、通识教育、幼儿师范教育、审判协助理等。

萨摩亚国立大学成立于1984年，是该国唯一的国立综合性大学，拥有本科和硕士培养层次，以渔业学和萨摩亚研究而闻名。高等教育学院设有艺术、护理、教育、科学及工商管理等科系；技术学院主要提供关于工程和海事等方面的职业教育课程。

另外，斐济有斐济国立大学、斐济大学、技术学院和医学院，密克罗尼西亚联邦还设有波纳佩农业和商业学校，法属波利尼西亚有法属波利尼西亚大学，所罗门群岛有所罗门群岛师范学院、霍尼亚拉技术学院。太平洋岛国还有一些私立高校，如在汤加有专门培养神职人员的思阿塔泰神学学院（Sia'atoutai Theological College），在巴新的马当市有传教士创办的圣言大学（Divine Word University）和在莫尔斯比港的太平洋安息日大学（Pacific Adventist University）。

二 太平洋岛国教育发展中存在的问题

相比较而言,太平洋岛国的基础教育发展相对完善,职业教育发展较为充分,高等教育相对落后。

(一) 基础教育中存在的问题

一是学前教育不规范。岛国学前教育年龄阶段在3—5岁。多数岛国的学前教育没有制定统一的教育方案。有公立的学前教育中心,也有私立的托管中心(类似幼儿园)。学前教育的基础设施较差,经过培训的教师较少。

二是中学阶段学生流失严重。中学阶段的学生流失严重是岛国的普遍现象。在密克罗尼西亚联邦,14—17岁的人口中,中学入学率为70%。[①] 巴新同样存在学生流失问题,政府为11—12年级的学生提供75%的学费补贴,极大地提升了学生入学率。汤加的中等教育主要由教会学校负责,学生需要经过三次考试,在最后一次考试通过后获取全国考试证书,方有资格进入综合大学或其他高等院校,因此能够进入大学的比例很低。

三是各岛国对教育投入不一。密克罗尼西亚联邦重视教育发展,宪法规定对5—14岁儿童实行强制性义务教育制度,政府在教育上的投入占到密联邦年度预算的20%左右。[②] 巴新的教育投入占到了政府财政预算的18.5%。瓦努阿图的教育投入占政府财政支出的18.72%。[③] 汤加正在修订教育法案,将义务教育年限设为4—18岁。瑙鲁义务教育阶段为5—18岁,即便到澳大利亚、新西兰等地求学,所需费用仍由国家承担。[④] 图瓦卢的义务教育阶段为6—15岁。[⑤] 在所

[①] 丁海彬:《密克罗尼西亚》,社会科学文献出版社2016年版,第91页。
[②] 美国向密克罗尼西亚联邦的教育提供了资金、教材等方面的支持。
[③] 韩玉平:《瓦努阿图》,社会科学文献出版社2016年版,第142页。
[④] 赵少峰:《瑙鲁》,社会科学文献出版社2016年版,第138页。
[⑤] 赵少峰:《图瓦卢》,社会科学文献出版社2016年版,第170页。

罗门群岛、马绍尔群岛、瓦努阿图等国家，教育投入明显不足，学校难以满足学生的需求。

（二）职业教育中存在的问题

太平洋岛国在独立后，异常重视职业教育发展。经过短短几十年的时间，职业教育得到了迅速发展，为国家培养了诸多技术人才和熟练劳动力。但是，岛国职业教育发展中也存在不少问题。

一是没有形成完善的职业教育体系。职业教育不同于普通教育，它更侧重于应用。多数岛国没有建立完善的学校内职业教育、企业内职业教育以及以职业能力开发为主的现代职业教育体系。受限于岛国的条件，职业教育发展不完善，教师的技能多来自传统经验；培训实践机会较少，不能满足社会需求。

二是没有建立起各类学校与学科体系之间融会贯通的体制和机制。在多数岛国，职业学校的学生求学目标就是为了实现尽快就业，在升学与就业之间的渠道是不相通的。因而，学生只能在普通教育和职业教育之间做出选择，不能够实现二者之间的有效衔接。

三是传承传统文化和现代职业教育之间的冲突。现代职业教育以科技发展为依托，以现代化生产和应用为目的，为社会发展提供更多熟练的技术人才和劳动力。而多数太平洋岛国将保护传统文化（技能）作为优先事项列入宪法。在保护传统技艺和尊重现代科技之间寻找到平衡，是促进岛国职业教育发展的关键问题。

四是职业教育发展活力不够。岛国将职业教育视为推进社会就业、提高生存技能的一种方式，没有将其视为面向市场提高国家科技水平、推进社会快速发展的手段，没有充分认识到职业教育具有的广阔前景。

（三）高等教育发展中存在的问题

一是高素质的学生流失严重。南太平洋岛国人口最多的是巴新，占到了太平洋岛国总人口的80%，斐济人口总量居第二位，其他国家的人口相对较少。岛国经济社会发展缓慢，基础设施较差，教育财政投入主要在基础教育领域。高等教育投入较少,师资比较缺乏,难以促进高等教育快速发展。如汤加仅有高等教育学院和南太平洋大学汤加分校①,国内仅能够开展教师、医护人员培训等技能培训。一些家庭条件较好或者申请到外国留学项目的学生,更愿意前往澳大利亚、新西兰、美国、中国、日本等国家进行留学。随着留学生观念的改变,他们已经习惯了现代化国家的优越生活环境和便利基础设施,很少选择回到本国就业或者发展②。

二是学生缺乏进入高等学校进行深造的观念。岛国社会节奏较慢,人们的生活观念与较发达国家民众的观念有巨大差异。加之岛国位于大洋深处,对外交通不便,受外界影响较少,他们更喜欢安逸稳定地享受田园生活。如密克罗尼西亚联邦的学生从高中进入大学就读的比例仅为27%。即便进入高校,也有一定数量的学生不能按期毕业。

三 太平洋岛国教育发展的制约因素

应当说,岛国的教育从国家独立后逐步迈向正规,在国际组织和各大国的帮助下,日渐满足本国的发展需求。无论是女童的入学率,还是公办学校的教学质量,都有大幅度提升。通过调研发现,制约岛国教育发展的因素主要体现在以下方面。

第一,对职业教育重视不够,没有合理地安排职业教育和高等教育贯通。技术培训和职业教育是岛国一个非常重要的教育领域,学生可以通过技能培训迅速地找到合适的工作。所以,岛国的教育系统在中学就开设了工业技术和实用技术等一些职业类课程,教育部也努力寻求途径让更多的学生修习技术和职业类课程。尽管政府有了一定的

---

① 南太平洋岛国汤加分校的注册学生300人左右。
② 在澳大利亚和新西兰一些城市中,都有岛国人社区;在美国的帕劳人占到帕劳人口的25%;密克罗尼西亚联邦同样有大量人口生活在美国关岛、夏威夷等地。

投入，但是在职业教育体系发展、学生技能的提升等方面仍有拓展空间，如职业教育的课程陈旧、理论性过强，缺乏实操训练，导致学生毕业后仍然不能找到合适的工作。在汤加、斐济等国家，绝大多数父母为了孩子以后能够从事白领工作，会强迫学生修读学术课程，进入高校深造。实现职业教育和高等教育的贯通，是政府和家长面临的重要问题。

第二，教育基础设施较差，经费投入力度不够，师资严重缺乏。瓦努阿图教育体制发展不完善，缺乏师资和经费的支持。瓦努阿图有60%左右的学生完成小学教育以后，因缺乏初中教育学校而辍学。[1]中学师资紧缺，私立学校缺乏办学经费和资源，教育观念落后，教师培训不及时，是限制瓦努阿图教育发展的重要因素。[2]马绍尔群岛因教室紧张，导致学生人满为患，适龄学生无法入学。岛国多数学校缺乏水、电、通信设施和交通设施，学校教学大纲落后。由于近些年国内政治动荡和国内外财政危机频发，汤加教育资金紧张，教学资源有限。汤加小学仍需所在社区的帮助，校舍翻建、维修、教学材料购买等方面的资助多来自学生父母的捐赠和帮助。基里巴斯、图瓦卢、瑙鲁等国经济发展迟缓，严重缺乏财政资金的支持。岛国学校普遍严重缺乏教师，特别是男性教师。岛国政府面临巨大压力，一方面要为所有的儿童提供初等和中等教育，另一方面也要提供高等教育。政府不仅要对教师进行培训，还要在教学方法和学科设置方面进行改革。

第三，没有充分利用网络技术提供的便利。太平洋岛国论坛、太平洋共同体等区域组织可以围绕太平洋岛国的教育发展制定一个科学的教育发展规划，在网络技术的支持下，解决偏远地区没有学校以及某些学校师资缺乏的问题。在职业教育和高等教育方面，通过签订跨

---

[1] 2016年8月，中国援助瓦努阿图马拉坡学校扩建项目开工。笔者2019年8月前往该校交流，高标准的教学楼、宿舍和室外场地，彻底改变了以前该校落后的学校面貌。尽管旧的宿舍和室内活动场馆已经破旧不堪，但是该校依然不舍得拆除。

[2] 韩玉平：《瓦努阿图》，社会科学文献出版社2016年版，第141—142页。

第三章　中国与太平洋岛国合作的领域与经验　◆◇◆

地区跨边界学分、学位、学历互认协议,解决师资、课程等问题。

第四,岛国教育成本高,在教学体制、机制以及课程设置方面,对西方国家有严重的依赖性。岛国人口少,且居住分散,教育成本很高。岛国地区经济发展落后,多数家庭生活条件差,不能为孩子成长提供资金支持。一些岛屿位置偏远,学校不仅很难引入高素质的老师,而且面临教师流失的问题。[1] 多数岛国都经历过殖民统治,教育体系就是在殖民过程中建立起来的,并深受西方的影响。如库克群岛与新西兰的教育模式一致,帕劳与美国的教育模式一致,图瓦卢与英国的教育模式一致。岛国基础教育的教学大纲主要由新西兰和澳大利亚帮助制定,甚至有些国家还向日本求助,希望对其基础教育课程提供帮助。[2] 大纲中国际通用的课程占绝大部分,没有考虑岛国的国情与特点,对本土文化教育和信息技术重视不够,体育和健康教育也有待加强。如库克群岛学生的母语水平逐渐下降,库克群岛议会制定了《2003年毛利语法案》,毛利语获得了与英语同等地位。[3]

第五,慢节奏的太平洋模式与家庭教育理念,造成学生学习观念淡化。在岛国,学生学习热情不高,留级率和辍学率居高不下。部分学生家长不认同学校教育,宁肯把有限的资金用来改善家庭生活,也不愿意投资到孩子的教育上。[4] 岛国教师的教学效率和出勤率不高,是制约教育质量的重要因素。[5] 近年来,岛国政府不断加大财政投入,努力提升本国人口的识字率。经济全球化和全球一体化是大势所趋,岛国人民也并不满足于传统的种田捕鱼和利用天然资源养活家人这一生存发展之道。如果学生没有完成高等教育,或者没有接受系统的技

---

[1] 王作成:《库克群岛》,社会科学文献出版社2017年版,第130页。
[2] 《日本将援助巴新修订教科书》,2016年4月8日,中国驻巴新经济商务参赞处网站,http://pg.mofcom.gov.cn/article/jmxw/201604/20160401292002.shtml,访问日期:2018年8月16日。
[3] 王作成:《库克群岛》,社会科学文献出版社2017年版,第131页。
[4] 刘丽坤、李静:《马绍尔群岛》,社会科学文献出版社2016年版,第184页。
[5] 赵少峰:《瑙鲁》,社会科学文献出版社2016年版,第143页。

能培训，将严重影响他们的就业，而且会带来一系列社会问题。

四　中国与太平洋岛国教育合作的路径

中国关心关注太平洋岛国的教育发展。2006 年 4 月，首届中国—太平洋岛国经济发展与合作论坛部长级会议后，中国与 7 个太平洋岛国签署了《中国—太平洋岛国经济发展合作行动纲领》，其中在人力资源合作方面，中国制订专项培训计划，提出了具体项目，推进了中国与太平洋岛国之间在教育和职业技能以及语言培训领域的交流与合作。中国先后开展了面向岛国教师、官员、科技人员等群体的多期培训班。多个岛国的学生前来中国交换、留学。2014 年 11 月，习近平主席访问太平洋岛国，与太平洋岛国一些领导人进行会晤，强调双方将在政治、经济、人文等领域加强合作。2018 年 3 月，汤加国王图普六世访华，双方签订了科学技术、人力资源开发、教育等多个双边文件。[1] 中国在斐济、萨摩亚已经建立了孔子学院，在库克群岛、瓦努阿图建立的孔子学院教学点，有力地促进了中国与岛国的人文交流。在"一带一路"倡议框架下，中国与太平洋岛国的教育合作空间广阔，潜力巨大。结合当前太平洋岛国教育现状，中国与太平洋岛国的教育合作可以从以下途径展开。

一是以职业教育合作为突破口。鼓励中国职业教育院校与岛国职业院校进行对接，协助岛国提升职业院校、培训中心的水平，合作开发教学资源和培训项目，在岛国培养紧缺专业人才。职业院校之间可以在护理、农业技术、电子商务、环境工程、生物科学、酒店管理、旅游管理、海洋科学、生态保护、文化遗产保护、教师教育等岛国急需的专业领域开展合作。

二是以教育援外与培训当地师资为抓手。中国每年都会举办多期针对岛国的培训班、研修班等，邀请岛国的院校管理人员、教师等到

---

[1]　白洁、崔文毅：《习近平同汤加国王会谈》，《人民日报》海外版 2018 年 3 月 2 日。

中国来参观学习。远水不能解决近渴，岛国的多数教师并没有机会到中国来学习。中国政府可以利用教育援外的方式，在中国教育部和驻外使馆的统一协调下，在岛国当地举办教师培训，颁发培训结业证，提升当地教师的教学技能。

三是利用网络技术助推岛国高校建设。针对岛国的特殊地理条件，中国可以利用网络技术帮助岛国建设和完善大学网络平台和远程教学系统，丰富教学方式，扩大教学覆盖面。同时，岛国大学与中国大学开展开放共享课程，进行学分互认，岛国学生可以通过自主学习中国大学的网络课程，获取相应学分。

四是鼓励中国高校在岛国创办分校。在岛国创办中国高校分校，不仅是国际化办学水平提升的体现，而且还是一项重要的政治任务。将岛国资源与中国高校资源进行整合，对当地学生进行专业教育和技能培养，同时联合开展岛国历史、经济、政治、教育、文化、气候变化、环境保护等领域的研究。教育援助能够打破当地落后局面的代际传递，改变以往简单的输血式援助。

五是协助改善教学基础设施，做好后续跟踪服务。中国不仅为岛国的一些学校提供计算机、教学用具、文体用品等教学设备（物资），同时要培养当地人员做好物资的管理和后期维护跟踪工作，切实提高物资的利用效率。

总之，教育交流与合作需要以政治互信为基础，中国要与岛国政府各部门加强对话、交流，积极拓展务实合作，在"一带一路"倡议框架下实现共赢共享发展。岛国作为太平洋地区发展中的小岛屿海洋国家，在经济社会发展过程中面临特殊挑战，中国与岛国开展教育合作不仅能够让当地人民从中受益，也是共建"一带一路"的重要体现。

第四章　影响中国—太平洋岛国关系的因素

站在新的历史起点，中国日益接近世界舞台的中央，全面参与国际上的各种事务，承担着维护世界和平与发展的重要责任。作为世界大国，中国履行国际责任和义务，帮助发展相对落后的南太平洋地区岛国是题中之义。然而，囿于多种因素的影响，中国发展、深化与太平洋岛国的关系还面临着多方面的挑战，特别是来自南太平洋地区域外大国的猜忌与干扰。2018年6月，美国美中经济与安全审查委员会的一份报告写道：中国在南太平洋的潜在军事基地或设施可能对美国在印度太平洋地区的军事存在和训练产生影响，并可能对美国在太平洋岛屿地区的战略构成障碍，还将影响澳大利亚、新西兰和太平洋岛屿地区的其他美国主要合作伙伴。① 2022年2月11日，美国白宫发布的新版《印太战略》，强调与太平洋岛国建立弹性合作伙伴关系，输出价值观，全面对抗中国。只有正确客观地认识影响中国—太平洋岛国关系的因素，才能冷静地应对挑战，促进中国与太平洋岛国关系的发展。

第一节　太平洋岛国报纸上的中国形象
——以巴新、萨摩亚、斐济报纸为中心

报纸作为有重要影响的平面媒体，能够上达国家元首，下及普

---

① Ashish Kumar Sen, "A Rising China Has Pacific Islands in Its Sights", https://www.usip.org/publications/2020/07/rising-china-has-pacific-islands-its-sights.

通百姓，在太平洋岛国有很大的阅读群体，其深入的评论和关于域外国家的报道对民众的认识具有较大的导向性。推动"21 世纪海上丝绸之路"建设，需要加深对沿线国家的了解和认识，特别是掌握沿线国家政府和民众通过媒体发出的声音。本节以随机抽取的巴布亚新几内亚、萨摩亚、斐济出版的三份报纸为中心，分析报纸所反映的中国形象，为中国扩大在太平洋岛国的影响以及提升"软实力"提出建议。

一 "21 世纪海上丝绸之路"与太平洋岛国

中国和太平洋岛国虽然相距遥远，但双方人民有着天然的亲近感，友好交往源远流长，中国对发展同太平洋岛国关系的重视只会加强、不会削弱，投入只会增加、不会减少。国家不分大小、强弱、贫富，都是国际社会平等一员，应相互尊重，平等相待，真诚互助，将双方关系提升为相互尊重、共同发展的全面战略伙伴关系。与美国等西方国家的政治援助和军事支持不同，中国与太平洋岛国的全面"战略伙伴关系"是建立在尊重各岛国自主选择符合本国国情的社会制度和发展道路之上的。中国支持岛国以自己的方式管理和决定地区事务，支持岛国平等参与国际事务、维护自身合法的权益。

太平洋岛国远离世界贸易中心，而中方倡导的"21 世纪海上丝绸之路"和提供的援助，能够极大地改善岛国的基础设施建设，有利于太平洋岛国吸引中国游客，促进岛国社会经济发展。与中国建交的 10 个岛国对"21 世纪海上丝绸之路"倡议抱有极大的热情。2015 年 4 月 15 日，太平洋岛国（深圳）投资贸易推介会在广东深圳举行，巴布亚新几内亚驻华大使克里斯多夫·梅罗向嘉宾推介了巴新项目，重点是矿产资源。中巴企业都对"21 世纪海上丝绸之路"倡议的实施充满期待。[1] 2016 年 4 月，巴新驻华使馆邀请一批中国有实力和发

---

[1] 孙锦：《太平洋岛国推介尽显不一样的精彩》，《深圳特区报》2015 年 4 月 16 日。

展前景的电商前往巴新洽谈贸易合作，以期推动巴新的外贸和出口。萨摩亚驻华大使托欧玛塔认为，"21世纪海上丝绸之路"倡议将会为萨摩亚旅游业提供商机。密克罗尼西亚联邦驻华大使阿基利诺·苏赛亚高度赞扬中国"一带一路"倡议给密联邦引进中国投资所带来的机遇，热情介绍密联邦丰富的旅游、农业、渔业、能源资源和投资机会，希望深圳的酒店、餐饮业能到密联邦发展。斐济蟹业有限公司带来了一个投资规模约300万美元的蟹类产品项目；汤加带来了一个投资规模约35万美元的椰子油加工项目，等等。

与中国未建交的四个岛国，国土面积小，人口少，经济总量小，市场小，基础设施建设落后，对外交通不便，它们成为国际市场上被忽略的对象。这些国家除了拥有优美的环境和丰富的渔业资源之外，其他可利用资源较少。随着全球气候变化和海平面上升，这些岛国自然灾害频发，人民的正常生活受到了很大影响。图瓦卢、瑙鲁等国没有淡水资源，饮用水依靠进口水、雨水和淡化海水。未与中国建立正式外交关系的岛国与中国联系较少，经贸往来数额较低。这些国家受限于国内落后的经济状况，它们对中国提出的"一带一路"倡议了解较少，在他们的政府网站上没有查阅到关于"一带一路"的相关报道。

中国对太平洋岛国的经济发展具有重要影响，它们需要中国的市场、经济支持和援助。但是，由于美国、英国、日本、韩国、印度、澳大利亚、新西兰等国家也在不同程度上扩大了其在太平洋岛国的影响力，中国的"一带一路"倡议在太平洋岛国所引起的反响并没有像在中亚、东南亚等地区那样强烈。新西兰对中国在太平洋岛国的援助活动提出了"质疑"和进行了"指责"[1]。澳大利亚媒体不断"抹黑"中国的援助行动，认为中国会将岛国拖入"债务危机"。日本加大了

---

[1] 中国驻汤加大使馆：《新舟入驻汤加遭质疑 谁是麻烦制造者》，环球网，2014年7月3日，http://mil.huanqiu.com/aerospace/2014-07/5046598.html，2016年9月20日浏览。

对太平洋岛国的援助,①以对抗中国在太平洋岛国的影响。在实施"一带一路"倡议的大背景下,特别是在实现"21世纪海上丝绸之路"愿景的过程中,中国在南太平洋地区面临的形势依然比较严峻。

二 巴新、萨摩亚、斐济报纸上的中国形象

为了分析太平洋岛国平面媒体上的中国形象,笔者选取了巴布亚新几内亚、萨摩亚、斐济三个国家的主流报纸。②巴新是太平洋岛国中面积最大、资源最为丰富的国家;斐济是太平洋岛国对外交往的"空中枢纽",很多国际组织在该国设有办事处,以便处理有关太平洋岛国的事务,因此斐济的报纸和网络媒体在太平洋岛国中影响较大。萨摩亚是该地区历史最为悠久的独立国家,是中国在南太平洋地区重点援助的国家之一。

(一)巴新的《信使邮报》

巴新总共有两份报刊,分别为《信使邮报》(*Post-Courier*)和《国民报》(*The National*),均使用英文出刊。《信使邮报》创刊于1969年,每期由48个版面组成,有较大的读者群体。笔者选用的是2016年4月25日发行的《信使邮报》。

报纸第28版和第29版对中国的报道有3篇:第一篇是有关中国驻巴新使馆三秘保证拉姆镍钴矿项目开采者的安全;第二篇是有关当地政府举办中国在巴新企业联谊会,加强与中国企业的联络的报道;

---

① 2015年5月,第七届日本与太平洋岛国首脑峰会在日本福岛县召开,由14个太平洋岛国领导人和澳大利亚、新西兰两国部长级领导参加。日本首相安倍晋三承诺,未来3年将向太平洋岛国继续提供550亿日元(约合4.53亿美元)的援助。2018年5月,第八届日本与太平洋岛国首脑峰会如期举行,新喀里多尼亚和法属波利尼西亚首次参与峰会。日本首相安倍晋三提出在2021年前实现与太平洋岛国5000人以上的人才培养与交流,并在大会主旨演讲中渗透日本的"自由开放的印度洋—太平洋战略"。

② 本书初稿提交于2016年9月在北京举办的第二届太平洋岛国研究高层论坛学术会议,因此文中选用的报纸是2016年出版的。所选用的报纸是随机挑选的。四年来,太平洋岛国的对中国的关注已经发生了新的变化。为了让读者能够掌握和了解这种变化,笔者将其予以保留,以便进行比较。

第三篇是援引 BBC 的报道，讲的是中国从国外引渡电信诈骗犯，从而导致两岸关系紧张的内容。

在报纸主版出现的企业产品广告有：日本株式会社小松集团的 Komatsu 挖掘机，美国 HBO 电视网、可口可乐、福特汽车、MRL 石油公司、高露洁牙膏、德国彪马、英国嘉实多、中国鑫源摩托、澳柯玛饮水机、联想电脑、韩国 LG、现代卡车、瑞典伊莱克斯等。

在家庭购物版块16页的宣传彩页中，中国的品牌只有海尔冰箱以及香港的 YOVA 产品；日本的电子产品最多，包括夏普、佳能系列产品；美国有胜家（Singer）、西点电器（Westpoint）、科勒曼户外（Coleman）、星朗收音机（Staraudio）；澳大利亚有澳大利亚家居用品有限公司旗下的 Breville、Kambrook、Sunbeam 等企业品牌。

（二）萨摩亚的《萨摩亚观察家报》

萨摩亚的报纸主要是《萨瓦利》（Savali）和《萨摩亚观察家报》（Samoa Observer）。《萨瓦利》是政府周报，于1904年创刊，分萨语版和萨语、英语混合版两种，萨语版主要面向农村发行，混合版在首都地区发行，发行量为4500—5000份。《萨摩亚观察家报》属于私营日报，只出萨语、英语混合版。报纸前部分为英语版，后部分为萨语版。萨语版主要针对不懂英语的下层民众，一般是将英语版的主要部分翻译为萨语，并附有几页广告。该报发行量为2000—3000份。笔者选用的是2016年8月17日的《萨摩亚观察家报》。

这一期的《萨摩亚观察家报》对中国的报道比较多。第1版和第10版报道了中国驻萨摩亚大使王雪峰对萨摩亚小学的捐赠活动，标题是"中国投资于萨摩亚的未来"（China Invests in Future of Samoa）。

第26—28版是《今日中国》（China Today）专版。第26版报道了中国国务院副总理刘延东前往墨西哥进行访问，标题是"中国副总理认为与墨西哥合作潜力巨大"（Chinese Vice Premier Sees Great Potential for Cooperation With Mexico）。第27版报道的两篇分别是《中国政府要求官员当面拒绝行贿者的贿赂》（China Asks Officials to Turn

Down Bribes in Bribers' Face）和《欣克利角是中英互信的一次测试》（Hinkley Point "Test of Mutual Trust" between Britain, China）。第28版的报道是《中国铁路工程课程向肯尼亚年轻人开放》（China-built Railway Engineering Course Opens New Frontiers to Kenyan Youth）。这四篇报道能够使萨摩亚人对中国的重大动向有所了解。经核实，这四篇报道均来自新华网英文频道。据了解，"今日中国"专版并不是固定栏目，但是会经常出现。

在《萨摩亚观察家报》中汽车广告最多，其中日本的汽车品牌居多，包括丰田、本田、铃木、马自达、斯巴鲁、尼桑、三菱等，另外还有韩国的现代汽车品牌。广告中的其他企业品牌包括日本松下的冰箱、洗衣机，美国的思科系统公司产品、惠普、戴尔、苹果、微软、麦当劳，瑞士的卫盟（veeam）软件公司，中国的华为宽带交换机，新加坡爱家乐（Akira）公司空调，中国香港精品店（Boutique）品牌等。

（三）斐济的《斐济时报》

斐济的英文报纸主要有《斐济时报》（The Fiji Times）、《每日邮报》（Daily Post）、《斐济太阳报》（Fiji Sun）；中文报纸有《斐济日报》[①]和《斐济华声报》；主要杂志有《岛国商务》（Island Business）和《太平洋岛屿》（Pacific Island）。

《斐济时报》是斐济发行量最大的报纸，也是斐济迄今为止运营时间最长的报刊，隶属于1869年成立的斐济时报公司。《斐济时报》有56个版面，主要包括国内外新闻、政治、体育、社会、商业和专题等内容。笔者选用的是2016年6月29日发行的报纸。

在本期报纸中，笔者使用"China"一词进行检索，出现了两个结果：一是外国运河使用中国的古运河名字命名，二是斐济电视节目中涉及"China"。使用"Chinese"一词检索，也出现了两个结果，

[①] 《斐济日报》是华侨创办的中文媒体，报社总部在苏瓦，主要供华人华侨阅读。

一是美国女歌手史蒂芬妮·杰尔马诺塔（Lady Gaga）与达赖会面，二是中国商人在斐济设立了运动健身中心。

从企业广告的内容来看，有日本的尼康、索尼、安桥音响，韩国的起亚汽车，美国的柯达相机等，没有中国品牌的产品广告。

从以上三份报纸上的内容和对中国的报道中，我们可以得出以下结论。

第一，岛国报纸上的新闻报道以岛国本土新闻为主，对世界新闻的关注主要集中在域外的大国事件和同属大洋洲的澳大利亚、新西兰。

第二，岛国报纸对域外国家、地区的报道，多因外国或域外地区对岛国进行的援助而起，这些援助行为涉及岛国的生计、环境、医疗、教育等方面。如巴新报纸称印度总理莫迪的访问是"历史性访问"，并且用黑体字介绍印度是"世界上第七大经济体""第二人口大国""人口最为稠密的民主国家"，莫迪此次访问为该国捐赠了治疗艾滋病的设备，并在巴新建立了制药中心[1]。同样，《萨摩亚观察家报》第4版对日本给予的环境保护支持进行了整版报道，标题是"气候变化中心正在行动"（Climate Change Centre Moves），文章认为日本成立的气候变化基金会为萨摩亚以及其他太平洋岛国应对气候变化提供了极大帮助[2]。澳大利亚对萨摩亚国立大学进行了图书捐赠，报纸使用了一版中75%的篇幅对此进行了全面报道。

第三，中国在太平洋岛国依然面临该区域内外其他国家的挑战。澳大利亚、新西兰具有地缘优势，与太平洋岛国关系紧密。美国、日本、韩国、印度、英国在该地区的影响同样不容忽略。笔者使用不同国家的名字在同一期《斐济时报》中进行检索，发现澳大利亚出现了

---

[1] 太平洋岛国的药物主要来自澳大利亚、新西兰和美国。
[2] 设于萨摩亚的太平洋气候变化中心在2019年9月正式开放。该中心主要承担气候变化及环境变化监控、海洋水文气象监测、气候项目实施监督、气候政策制定等多项职能，由日本、萨摩亚和新西兰政府共同出资建设和维护。

第四章　影响中国—太平洋岛国关系的因素

9次,日本出现了6次,韩国出现了3次,中国出现了2次。这也基本代表了该区域外的大国对太平洋岛国的关注程度。

第四,中国产品在太平洋岛国的竞争力不强。从上述数据分析可知,中国企业的品牌产品在太平洋岛国的影响力不及日本、韩国、澳大利亚。当然,出现这种现象是由多方面因素造成的,但是,企业产品的质量是其中一个重要因素。巴新的马当省在中国企业联谊会上要求中国企业保证销售产品的质量,[1] 由此亦可以看出岛国对企业产品质量的要求。笔者调研得知,日本汽车、电子产品在岛国具有良好的市场,这与日本多年来因注重产品质量而奠定的信誉有关。民众一旦习惯了某个产品,其他企业产品便很难进入这一市场[2]。

上文分析了三份报纸上的中国形象,仅仅是从一个小视角进行窥探的尝试。除此以外,太平洋岛国还有不同的网络媒体,他们也有不同层次的受众。太平洋岛国的教会也是传播域外国家公共形象的重要场所,本书限于篇幅不再论述。报上的中国形象给我们提供了观察视角,那就是这些年中国在对外形象传播上做了很多工作,取得了一些成绩,但是在英文舆论环境下的话语困境依然存在。从2020年出现的全球性新冠肺炎公共疫情来看,中国在稳定本国疫情后,向世界近百个国家主动提供援助,然而依然受到西方媒体的指责和猜忌,这充分反映了中国在国际舆论话语权上的艰难困境。西方大国长期深耕于南太平洋地区,向媒体、记者提供援助资金,在西方"舆论霸权"下的中西意识形态之争在媒体上表现异常明显。一些太平洋岛国政治家、媒体人受到背后"金主"的支持和西方媒体舆论的影响,动辄提出"债务陷阱""新殖民主义"的论调,在中国问题上歪曲历史事

---

[1] Rosalyn Albaniel, "Chinese Firms Must Get Affiliated", *Post-Courier*, April 25, 2016, p.20.

[2] 笔者多次前往斐济、萨摩亚、瓦努阿图、帕劳等地调研,在岛国华人经营的便利店销售的一些产品,直接从中国进口,产品缺乏英文名称介绍。中国援助的一些桌椅,由于没有考虑到岛国的海洋性气候,铁制品生锈比较严重。

实，以专业手法扩大传播效果，影响普通民众的公共认知。中国在南太平洋地区做的任何一件事情，都有可能被域内外媒体推上舆论的风口浪尖，进而与地缘政治争夺相挂钩。深化中国—太平洋岛国关系，国际舆论话语权是一件大事，必须牢牢把握好。

第二节 太平洋岛国对"一带一路"的态度

太平洋岛国总体特征是国家小、人口少，经济总量少，市场规模小，地处太平洋深处，交通不便，处于国际市场的边缘化状态。这里经济发展落后，基础设施差，加之自然灾害频发，社会比较落后。截至2021年10月，中国与14个国家中的10个国家建立了外交关系，与4个国家尚未建立外交关系。从田野调研来看，与中国来往较多的政治人物佩服中国的发展模式和现代化成就；多数岛国民众知道中国经济发展迅速，国家富裕，但对中国的位置和发展情况不甚了解。

一 中国与太平洋岛国合作没有针对任何第三方

在地缘政治思维引导下，西方一些政治观察家和媒体在审视中国与太平洋岛国的互利关系时，总是会将"掠夺资源""新殖民主义"与中国相联系，他们在指责中国从发展中国家"掠夺资源"后时常心怀忧虑地强调，中国与太平洋岛国日益密切的经济与贸易合作关系已经并将继续对该地区的政治环境和安全体系产生深远的影响。[1] 很明显，这些观察家们虽然眼睛盯着中国与太平洋岛国经济关系的加强，心思却更多地放在中国对该地区政治和安全体系的影响。一些西方国家政治人士和学者声称："中国在太平洋岛国地区有一个由霸权野心

---

[1] Shahar hameiri, "China's 'Charm Offensive' in the Pacific and Australia's Regional Order", *Pacific Review*, Vol. 28, No. 5, 2015, pp. 631–654.

驱动的大战略,旨在将该地区的西方大国从这一地区排斥出去。"① 澳大利亚和新西兰的一些政客、媒体,甚至包括一些学者对中国与太平洋岛国加强经贸合作表现出极强的戒心。

事实上,中国发布的外交政策性文件和中国领导人对外政策讲话中从没有宣布过中国要在南太平洋地区实施"大战略"的踪迹。从事关全球霸权的地缘政治格局分析,南太平洋地区亦不是全球性大国争霸的焦点,也根本起不到能够决定大国全球霸权命运的关键性作用。当然,有相当多的国际政治和国际关系学者对美国、澳大利亚和新西兰提出的关于中国擘化了宏大的南太平洋战略的说法表示疑问。例如,国际政治学教授张永进结合多年的研究指出:"没有足够的证据表明中国在太平洋岛屿地区有明确的、协调一致的战略来填补该地区所谓的权力真空。"这些学者根据中国的外交实践强调中国在南太平洋地区更多的只是经济与贸易活动,相反,中国在太平洋地区实际上为美国及其盟国数百个军事基地所包围。②

中国重视与发展中国家的互利合作,重视这些经贸与投资上的合作关系,不针对第三方,特别是避免卷入这些发展中国家相互间的矛盾,以及它们与其他大国之间的矛盾之中。中国在太平洋地区与发展中国家建立的新型多边组织也更多强调加强经贸合作与互联互通,而很少涉及敏感的地区安全与军事合作问题。中国这么做显然是在向太平洋地区大国,特别是前殖民宗主国如美国、英国、澳大利亚等表明态度:中国尊重太平洋岛国与其他大国业已存在的合作关系,无意以新的地区多边组织取代原有的区域多边架构。但是,中国与太平洋岛国建立的经济发展合作论坛也向传统地区大国表明立场:中国的合理

---

① Kerry Gershaneck, "China's Plan for Conquest of the South Pacific", *Asian Times*, 7 September 2018, http://www.atimes.com/article/chinas-plan-for-conquest-of-the-south-pacific/.

② Stuart Rollo, "China's Pacific Bases and the US Pivot to Asia Obscure Australia's Role in Militarising the Region", *ABC News*, 24 May 2018, http://www.abc.net.au/news/2018-05-22/china-military-south-pacific-vanuatu-us-bases-australia/9770408.

诉求和利益应该得到地区传统大国的认可和包容，并且随着时代的变迁，太平洋岛国的合理诉求和利益也应该得到西方大国，特别是前殖民宗主国的认可和尊重。

中国这种包容性和策略性的发展方式在所有新兴大国中无疑是温和的，它旨在用平和的方式向传统地区大国表明原有的霸权主义治理方式已经无法适应新的国际关系，只有平等互利的合作才能促进太平洋地区的可持续性发展、良好的区域治理和长期稳定的和平态势。中国与太平洋岛国互利合作关系的迅速发展，以及中国—太平洋岛国经济发展合作论坛的机制化和制度化固然有中国推动的因素，但更是太平洋岛国在实践中自主选择的结果。这里需要特别指出的是，尽管中国在太平洋地区的经贸活动较以往有了十分明显的增长，中国的影响力也与日俱增，但是与澳大利亚等传统地区强国相比，中国对该地区的影响力依然十分有限。最明显的表现就是太平洋岛国地区的绝大多数青年人直至今日仍然前往美国、澳大利亚和新西兰留学，并且这一地区仍然与美国、澳大利亚保持着最为密切的人文交流。

一些西方前殖民宗主国政府和观察人士时常指责中国在太平洋岛国的投资和经贸活动，以及对太平洋岛国提供的援助有着深刻的政治意图，即扩大中国在太平洋岛国的政治影响力。[1] 这是一个人们很难量化的指责，既难以肯定，也无法加以否定。因为任何一个国家的对外投资和经贸活动都很难说仅仅是出于经济考量，并且随着一国对外经贸活动的增多，该国的海外影响力也会不可避免地增长。因此，仅仅是因为中国对外投资和经贸交流的增长，就指责中国别有用心是很难站住脚的。

中国与太平洋地区加强经贸合作是中国本身经济发展的需要，也

---

[1] Darryn Webb, "China's South Pacific Expansion and the Changing Regional Order: A Cause for Concern to the Regional Status Quo?," Australian Defence College, Centre for Defence and Strategic Studies, 2015, http://www.defence.gov.au/ADC/Publications/indopac/webb_ips_paper.pdf.

是一个具有全球利益的新兴国家在发展全球经贸合作时不可避免的结果。中国与大洋洲岛国的经贸合作完全符合中国的经济利益，也符合由此而产生的政治与外交利益。对中国与太平洋岛国的经贸合作应该放到中国与发展中国家普遍加强关系的"南南合作"的外交大背景中考察，片面认为中国对太平洋岛国自然资源的追求的观点，缺乏对中国外交政策准确和战略性的理解。

中国的成功之路对广大发展中国家具有极其珍贵的借鉴意义，正如斐济前总理恩加拉塞在2006年指出，中国的快速发展在政治和经济上为岛国的发展提供了一种崭新的、可供借鉴的新模式。自20世纪60年代陆续独立以来，太平洋岛国领导人都在思考如何实现国家的繁荣富裕。在尝试了西方模式近半个世纪以后，太平洋岛国发现中国的经济和社会发展道路对他们国家的发展具有令人耳目一新的借鉴意义。

二 中国与太平洋岛国合作稳步向好

斐济总理姆拜尼马拉马认为，中国的"一带一路"倡议完全符合斐济的发展需求，斐济应当抓住机遇，利用中国的资金和技术加速本国的基础设施建设。[1] 斐济是最早同中国建交的太平洋岛国，在太平洋区域贸易和外交活动中表现活跃，在地区事务中时常发挥重要作用。中国与斐济建交后，两国政治关系良好稳定，经贸合作增长迅速，该国也成为中国在太平洋岛国地区的重点合作国家。2009年斐济发生了洪灾，中国政府决定向斐济政府提供经济技术援助，体现了中国人民对斐济人民的友好情谊。鉴于斐济缺少医院，民众普遍存在着"看病难"的问题，中国政府援建了纳武阿医院。2018年年初，中国援建斐济的斯廷森大桥和瓦图瓦卡大桥如期竣工。斯廷森桥和瓦图瓦

---

[1] Josaia Voreqe Bainimarama, Prime Minister of the Republic of Fiji's speech at the Belt Road Forum, 15 May 2018, http://www.foreignaffairs.gov.fj/about-us/27-speeches-2017/.

卡桥是中国提供的无偿援助项目，极大地改善了斐济首都苏瓦等地的交通条件，便利了当地民众的生活和工作。斐济政府举行了隆重的通车典礼，姆拜尼马拉马总理发表了热情洋溢的讲话，称赞中国是斐济坚定的合作伙伴和真诚的朋友。

除斐济外，中国政府有关部门也向其他太平洋岛国提供了许多力所能及的帮助。例如，中国热带农业科学院橡胶所的专家于2005年来到瓦努阿图实地研究适合瓦努阿图自然环境的热带经济作物，以便帮助该国民众尽早"脱贫"。经过实地调查，中国专家们发现这里有着非常适合油棕生长的自然条件，于是专家们便着手开展油棕的引种试种工作。瓦努阿图没有种植油棕的历史，此举对该国的自然环境、生态体系和经济发展有着十分重要的意义。瓦努阿图油棕项目也是我国境外援建的首个油棕引种试种项目。中国科研团队经过12年的育种、育苗、试种，成功地完成了油棕项目的示范园工作。瓦努阿图桑托岛迄今已经开垦了5300公顷的油棕种植园，每公顷油棕可产4吨油，产业化规模种植已在瓦努阿图形成。瓦努阿图政府和民众从油棕的种植中不仅增加了经济收入，而且提高了当地民众的就业率。油棕种植现在已经成为瓦努阿图可长期持续发展的经济产业。[1] 瓦努阿图发展需要现代化的公路，然而当地无能力建设。塔纳岛公路施工复杂，包括一条"之"字形路段和混凝土大桥，以及现代化的排水系统，中国提供了贷款，中国土木工程公司南太分公司承建了该项目并迅速完工。该路建成后，当地的经济发展明显提速，经济总量增长了25%，受到了当地民众的热烈欢迎。瓦努阿图政府于2013年开始了宏大的维拉港城市发展项目，该项目原定于2017年5月完工，这是瓦努阿图自1980年独立以来最重大的建设项目。然而2018年时，该工程距离完工依然遥遥无期。当

---

[1] 《我院油棕技术走进瓦努阿图，12年实现从无到有再到产业化发展》，中国热带农业科学院网，2017年5月16日，http://www.catas.cn/contents/15/20935.html，访问日期：2019年1月9日。

地极为失望的民众认为这项工程是根本不可能完成的项目。但是,中国企业的优秀表现却给当地政府和民众留下了深刻的印象,因为该项目唯一一段按照高标准建成的海滨道路是由一家中国公司完成的。瓦努阿图政府和民众认识到该国的基建设施一定要与中国的"一带一路"对接,只有中国才会真心实意地帮助岛国加强基础设施建设。瓦努阿图总理夏洛特·萨尔维表示非常感谢中国的帮助,"瓦努阿图政府希望建立更多的基础设施,在需要的地方进行更多地投资满足人们的需求。我们有肥沃的土地,但我们需要建设道路等基础设施,这样人们才可以进入市场,才能将外面的投资者吸引到这片肥沃的土地上,这样我们才能更多地投入到生产领域"[1]。2018年11月,中国进出口银行与瓦努阿图财政部签署了瓦努阿图塔纳岛和马勒库拉岛公路二期项目贷款协议,项目建成后将与一期项目相连接,形成完整的环岛公路网,改善沿线地区的投资环境,带动当地农产品出口和旅游业发展。[2] 中国企业遵循本地化的发展模式,塔纳岛和马勒库拉岛公路一期项目聘用当地400多名工人。在一期项目结束后,中国土木工程集团捐赠的纳皮尔农业技术培训学校举行了交付仪式。这是一所乡村技能培训学校,主要为18—20岁的青少年提供种植、木工、机修等专业技能培训,更好地服务了当地发展。[3]

萨摩亚是第二个与中国建立外交关系的岛国,两国在地区事务中多有合作,相互信任,这是萨摩亚成为中国在该地区"重点"合作国家的重要因素。由于中萨两国的经贸合作不断扩大,双边贸易额增长

---

[1] 《夏洛特·萨尔维:"一带一路"让我们更好地参与全球经济》,央视网,2018年11月17日,http://news.cctv.com/2018/11/17/ARTIWFpAXUxy1IIPtzvDITed181117.shtml,访问日期:2019年1月10日。

[2] 许晟:《进出口银行与瓦努阿图再签署一项公路项目贷款协议》,新华丝路网,2018年11月21日,https://www.imsilkroad.com/news/p/120909.html,访问日期:2019年1月20日。

[3] 陶社兰:《中国企业在瓦努阿图实施的最大公路项目竣工》,中国新闻网,2019年1月7日,http://www.jl.chinanews.com/gnyw/2019-01-07/57659.html,访问日期:2019年1月11日。

迅速，萨摩亚因而成为"海上丝绸之路"南线建设的支点之一。太平洋岛国的许多政府官员和民众表示中国对太平洋岛国提供的援助项目大多符合有关国家的实际需要，因而受到当地民众的欢迎。例如，来自中国湖南的农业技术人员在萨摩亚修建了农业种植技术培训站，向当地民众传授一些农作物种植技术，特别是经济作物的种植技术。

汤加自1998年11月与中国建交后，两国关系发展顺利，合作不断加深。由于汤加独特的地理位置，便于设立卫星通信观测站。两国良好的政治关系和互信使两国顺利达成了关于在汤加建立卫星测控站和南太平洋卫星通信商业合作协议，汤加成为中国在太平洋岛国地区的重点合作伙伴。

巴布亚新几内亚是南太平洋地区最大的岛国，人口众多，自然资源丰富。巴新总理奥尼尔曾率领大型政府和商业代表团访问了北京、上海、浙江和广东。2018年6月21日，巴布亚新几内亚与中国签署共建"一带一路"谅解备忘录，成为太平洋岛国地区首个与中方签署"一带一路"建设谅解备忘录的国家。奥尼尔对巴新媒体强调："全世界都在和中国做生意，我们不能袖手旁观，白白丧失机遇"；"签署'一带一路'协议对巴新是个绝好的机会，因为它将帮助我们融入世界经济"。中国与巴新经济互补，两国自然而然地不断走近，成为"天然的贸易伙伴"，巴新也因此成为中国在太平洋岛国地区的重点合作伙伴。巴新有着丰富的镍资源，但是由于缺乏较大的国际市场买家，加之西方采矿公司十分苛刻的条件，巴新一直守着巨量的矿物资源，民众生活却极为艰辛。巴新曾被联合国列为全球最不发达国家，也被联合国列为千年减贫计划实施效果不佳的国家。据统计，巴新国内85%的人口居住在偏远的农村地区，他们很少能享受到政府提供的医疗、教育、电力和其他基础设施服务，并且也很少能接触到电视、报纸等媒体。巴新政府对于中国愿意在矿业领域开展互利合作，并提供充足的资金表示满意。双方以此为基础，不断扩大合作范围。2006年，巴新政府和中国签署了一项协议，允许中国机构在巴新共同合作

第四章　影响中国—太平洋岛国关系的因素　◆◇◆

勘探黄金、铜、铬、铁、镁及其他矿物资源。中国石油化工股份有限公司多年来一直从巴新进口价值数百万美元的液化天然气，成为巴新天然气产业最大的客户之一。巴新由于面积较大，人口较多，对基础设施的需求也较其他岛国更为迫切，因而巴新领导人一再请求中国提供帮助。中国政府和企业对巴新发展经济和基础设施建设的迫切心情十分理解和重视，巴新也成为太平洋岛国中最大的基础设施建设受益者。巴新莱城港潮汐码头工程的扩建项目由中国港湾工程有限责任公司承建，工程造价近5亿美元，亚洲开发银行提供大部分贷款。该港口扩建后进一步增强了巴新港口的货物吞吐能力，为拉动巴新经济发展和提高当地民众的就业做出了贡献①。

巴新全国没有一座较好的体育馆。中国政府应巴新政府的请求，帮助巴新修建了现代化的多功能体育馆，并帮助巴新在全国一些偏远的乡村地区修建了乡村公路，极大地改善当地民众的出行条件。巴新的基础教育比较落后，中国教育部门不仅向巴新提供了无偿援助，帮助当地修建了一些现代化的中小学校，而且还帮助培训师资力量，提高教育品质，受到了巴新政府和民众的欢迎。为了帮助巴新发展现代化农业和帮助当地农民"脱贫"，中国一些省市应巴新政府请求派出农业技术人员到巴新建立农业种植示范区，手把手地向巴新农户传授现代农业技术。中国设立的示范园不仅向巴新农户传播了现代农业技术和知识，提高了当地农作物的产量，增加了农民的收入，而且还吸引了相当一批劳动力投入农业生产，帮助巴新提高了青年人口的就业率，维护了社会稳定，增进了巴新地方政府和普通民众对中国人民的友好情感。②

随着全球化的快速发展和中国经济日益走向世界，中国政府和社会各阶层对"民间外交"和"公共外交"越来越重视。中国在太平

---

① PNG Ports Cooporation, "New Terminal Operator Starts Operations at Lae Tidal Basin", 2018, http: //www.pngports.com.pg/index.php/news-media/.
② Sarah O'Dowd, Grant Walton, "Tightening the Belt? Chinese Soft Power in Papua New Guinea", *Devpolicy*, 26 April 2018, http: //www.devpolicy.org/.

185

洋岛国的公共外交实践已经在当地产生了较好的效果，助力中国在太平洋岛国地区的影响力日益增长。例如，中国卫生部门高度重视对岛国开展"卫生外交"，通过派遣医疗队和帮助培训太平洋岛国医疗人员来改善和提高太平洋岛国的医疗技术水平，缓解当地民众的"就医难"。据报道，中国卫生部已经对医疗援助太平洋岛国形成了较为健全的机制，定期派出医疗队赴太平洋岛国为当地的民众提供医疗服务，并为当地的医院和其他医疗机构提供技术培训。自2014年以来，中国军队数次派遣"和平方舟"号医疗船访问太平洋岛国地区，并在汤加、巴布亚新几内亚和斐济等国开展义诊，受到当地民众的欢迎。许多普通民众正是通过中国医疗队的和善服务和高超的医艺而认识了中国，并对中国产生了美好的印象。经过多年的不懈努力，中国医疗队已经成为在太平洋岛国地区中国民间外交的重要渠道，深受太平洋岛国政府和民众的欢迎。2020年，新冠疫情发生以来，中国向巴布亚新几内亚、斐济、基里巴斯等国家提供了呼吸机、口罩、防护服等医疗物资，为当地提升疫情防控能力和促进经济社会复苏发挥了重要作用。太平洋岛国高度评价中国的医疗援助，岛国政要和当地媒体表示，中国在成功控制本国疫情后，同联合国世卫组织等密切合作，克服重重困难，帮助岛国防控疫情，推动复工复产，积极参与全球新冠疫苗合作，这充分体现了中国的国际担当和人类命运共同体的理念。除了卫生领域的合作，中国还特别注意加强与太平洋岛国在教育领域的合作，增进两地青年的相互交往和了解。截至2014年，已有500名太平洋岛国留学生获得中国政府奖学金来华学习进修。其中汤加留学生149名，斐济留学生121名，密克罗尼西亚联邦留学生120名，瓦努阿图留学生52名。[①] 在太平洋岛国调研时发现，有越来越多的太

[①] Denghua Zhang, Steve Hogg, and Shaun Gessler, Pacific Island Countries, China & Sustainable Development Goals, Part 3: Chinese Scholarships in the Pacific, State, Society and Governance in Melanesia, 2017, http://bellschool.anu.edu.au/sites/default/files/publications/.

平洋岛国学生愿意到中国学习和交流。

三 太平洋岛国对"一带一路"的看法

"一带一路"倡议提出后，中国针对太平洋岛国举办了十余场宣传活动。无论是针对建交岛国的"一带一路"记者体验活动，还是面向全部岛国的投资贸易推介会，各岛国政府官员、驻华使馆人员、太平洋岛国投资与贸易专员署都表现得非常积极。

（一）建交岛国对"一带一路"的态度

与中国建立外交关系的岛国分别是斐济、萨摩亚、巴布亚新几内亚、瓦努阿图、密克罗尼西亚联邦、库克群岛、汤加、纽埃、基里巴斯和所罗门群岛。交流发现，由于与中国政府建立了正式的外交关系，双方交往频繁，岛国一些政治家对"一带一路"概念的认知程度较高，态度较为明确，普遍认为"21世纪海上丝绸之路"能够为岛国提供商机和市场。这些岛国政府重视与中国政府增强政治互信，开展经济合作，更希望中国向岛国提供援助资金和医疗、技术等方面的支持，期望中国能够协助培训岛国政治家，深化渔业、新能源开发和基础设施建设方面的合作。由于各太平洋岛国国内资源和发展状况各异，因此对中国的期待也不一致。巴布新几内亚希望中国对其进行贸易投资，开发资源；萨摩亚希望中国为该国旅游开发提供帮助，特别是对萨摩亚的教育改革进行支持，[①]并对中国在萨摩亚设立孔子学院表示支持；斐济希望把岛国盛产的有机农产品、手工艺品出售给中国人民；汤加希望中国在基础设施建设投资和援助；基里巴斯期望与中国加强旅游合作，期待中国游客到基里巴斯旅游，与上海水产集团及所属的远洋渔业公司建立长久的合作关系；所罗门群岛期望加强与中

---

① 根据与萨摩亚乐法格中学（Lefaga College）的黎塔瓦（Leatawa）、萨摩亚国立大学副校长李航等座谈所得。澳大利亚、日本已经为部分岛国修订了初等教育和中等教育的培养方案，受到岛国的欢迎。

国的贸易合作，将其木材、矿产等资源销售到中国。

我们调查发现，虽然他们看到了加入中国提出的"一带一路"倡议的机遇，但是岛国政治家们表现得更加"务实"，更关注中国的投资和贸易会为岛国带来何种"利益"，或者切切实实的"好处"。建交的这些岛国对中国也有所担心和顾虑，特别是澳大利亚和新西兰对某些问题的介入，使得"一带一路"推进受到影响。即使是与中国建交的岛国领导人，他们在国际公共场合也很少对"一带一路"倡议表态。澳大利亚认为，岛国属于"太平洋文化圈"，是其文化区，不希望中国过多介入岛国事务，包括中国在岛国建立深水港。

（二）未建交岛国对"一带一路"的态度

与中国未建立外交关系的国家为图瓦卢、瑙鲁、帕劳、马绍尔群岛，除图瓦卢以外，都属于密克罗尼西亚群岛。经过数据对比，这些国家与中国经贸往来数额少，岛国政治家对"一带一路"或"21世纪海上丝绸之路"的认知程度较低，政府或者国内主流媒体态度尚不明确。由于国家资源有限，对外交通不便，它们成为国际市场被忽略的对象。随着全球气候变化和海平面上升，岛国自然灾害频发，人民的生活受到很大的影响。图瓦卢、瑙鲁等国没有淡水资源，饮用水依靠进口淡水、雨水、淡化海水。获取海外援助成为维持国内政治稳定的重要手段之一。

我们调研发现，与中国未建交的国家受限于国内经济发展和改善民生的需要，其国内的政治家、民众对中国的"一带一路"倡议了解极少[①]，在他们的政府网站、报刊网站上，没有查阅到关于"一带一路"或"21世纪海上丝绸之路"的报道。尽管如此，部分政治家和商业团体对中国的市场经济和国际影响力或多或少得有所了解，并有和中国扩大合作的意向。帕劳政治家期望引进深圳先进的通信技术，

---

① 课题组成员与所罗门群岛中华总会主席关治安（Godfrey MatthewQuan）、帕劳华侨华人联谊会负责人等座谈所得。

第四章　影响中国—太平洋岛国关系的因素 ◆◇◆

创建岛国之间可以资源共享的网络平台。2018年5月，与帕劳前副总统长姆塞克·陈（Camsek Chin）座谈时，他期望中国与帕劳扩大贸易往来，表示中国与帕劳建交是时间的问题。从2015年中国与太平洋岛国贸易往来的统计数据来看，中国向马绍尔群岛出口最多，达到了340316万美元。

在岛国地调研和数据分析，在这些岛国的14个政府网站、岛国11家主流媒体网站以及太平洋岛国论坛、太平洋共同体网站中少量检索到对"一带一路"及相关内容的报道。[①] 由于岛国地理位置偏僻，交通不便，中国与岛国之间的贸易数额较少，14个岛国对"一带一路"以及"21世纪海上丝绸之路"、亚投行、丝路基金等概念和内容了解较少[②]，合作项目开展得也较少。

尽管太平洋岛国某些政要、政治家、地方领导人、媒体对"一带一路"概念和项目了解较少，但是纵观近十年来的合作数据，中国同太平洋岛国关系发展迅速，双方合作领域不断扩大。在全球治理领域，双方在气候变化、地区政治、经济秩序等许多国际重大问题上立场相近，相互支持。在经济领域，据中国海关总署统计，2018年中国和太平洋岛国地区双边贸易额增至86亿美元，比2012年几乎翻了一番。[③] 在文化、医疗等领域，双方的合作也在不断加深，两国人文交流日益扩大。中国—太平洋岛国关系在过去的十余年之所以发展如此迅速，从太平洋岛国角度分析，既有其渴望独立自主和发展自身经济的强烈内生动力，也有其同域内外西方大国进行施压与反施压博弈的外生动力。

首先，太平洋岛国渴望独立自主、平等合作的政治主张，与中国

[①] 检索内容分别为"the Belt and Road"（B&R，一带一路）、"Twenty-first Century Maritime Silk Road"（21世纪海上丝绸之路）。

[②] 2018年8月，作者前往萨摩亚国立大学参加学术会议，与高校教师进行交流，他们都对此没有概念认知。

[③] 《中国与太平洋岛国贸易和投资简况》，http://mds.mofcom.gov.cn/article/。

189

倡导的和平共处五项原则相互契合，这是双方互利合作迅猛发展的最重要内生动因。太平洋岛国有着漫长的被帝国主义列强殖民和奴役的历史，因此对国家的独立自主和国际社会的平等相待充满渴望。中国在政治上主张国家不分大小，都是国际社会的平等成员；经济上坚持互利、共赢，不附加任何政治条件，因而赢得了岛国政府和民众的尊重和友谊，也收获了丰硕的成果。作者在太平洋岛国做田野调查时发现，当地政界、学界、工商界，乃至普通民众争相称赞中国对岛国的平等相待和从无丝毫"霸凌"的言行。相较而言，西方政客、学者总以居高临下的态度大谈"普世价值"对太平洋岛国政治、经济和社会发展的"贡献"，往往容易引起岛国政府和人民极大的抵触情绪。

其次，太平洋岛国对提高就业、改善民生有迫切需求，中国不附加任何政治条件提供了力所能及的援助，促进了岛国经济和社会发展，是双边关系迅猛发展的重要动因。澳大利亚罗伊研究所有关研究报告称，澳大利亚、新西兰和美国在过去10年间向太平洋岛国提供了90多亿美元的"援助"，其中澳大利亚是太平洋岛国的第一大"援助国"[①]。但该报告指出，西方的"援助"多为政治性的"无偿援助"，而中国的"援助"主要用于帮助岛国地区发展经济和基础设施建设。如中国援建了许多通往偏远乡村的初级公路和农业种植技术培训站等，这些"援助"项目对促进当地经济发展、便利民众生活发挥了重要作用。由此看来，中国对岛国多为"接地气"的"民心"援助工程，不仅拉近了中国与太平洋岛国人民的距离，而且助推了两地互利合作关系的发展。

最后，西方国家企图控制和利用太平洋岛国，并牺牲包括岛国在内的广大发展中国家利益的自私自利行为，是太平洋岛国积极发展对华关系的重要外生动因。中国在国际社会践行正确义利观，支持广大

---

① Lowy Institute, "Chinese Aid in the Pacific interactive map", https://chineseaidmap.lowyinstitute.org/.

发展中国家维护自身合法权益的言行与西方国家形成了鲜明对比,赢得了太平洋岛国的信任和尊重。太平洋岛国最关心全球变暖和海平面上升的议题,某些大国为一己私利拒不执行"节能减排"的国际公约义务引起岛国强烈不满,而中国在国际气候大会上为太平洋岛国的生存和利益"大声疾呼",坚定履行"节能减排"的国际承诺,得到岛国的普遍认可和信任。在田野调查中,岛国一些地方领导人和酋长纷纷恳请中国提供能够保护沿海红树林的技术和专家,因为中国是岛国应对气候变化最"值得信赖的朋友"。

中国倡导以"平等相处、互利合作"理念与太平洋岛国人民携手共建中国—太平洋岛国利益共同体和命运共同体。太平洋岛国政府和民众深刻感受到了中国的真诚,也看到了脱贫致富和国家发展的希望。

第三节 国际形势对中国—太平洋岛国关系的影响

中国与太平洋岛国的合作已经步入快车道。中国向太平洋岛国提供的援助,已经或者正在引起南太平洋域内外大国的关注。在中国提出"一带一路"倡议后,太平洋岛国成为"21世纪海上丝绸之路"的沿线国家。中国已经与斐济、巴布亚新几内亚等10个建交太平洋岛国签署了"一带一路"建设谅解备忘录,正在实现发展战略对接。在中国同太平洋岛国合作大好发展形势下,我们也不能忽略合作中遇到的各种挑战和影响。大体而言,挑战主要源自两个方面。

一 太平洋岛国地区主义和民族主义的影响

太平洋岛国之间在地理、历史、文化、政治和经济方面存在巨大差异。巴布亚新几内亚在陆地面积、人口和专属经济区方面都有绝对优势,图瓦卢、瑙鲁、纽埃等国家资源少,发展陷入困境。尽管如此,共同的利益追求和战略目标将它们联系在一起,通过"抱团合作"实现共同利益。有学者认为,这种合作方式的提出"满足了地区认同、地区联合的需要,并成为南太平洋地区特有的交往和决策方式"①。这在世界气候变化大会、联合国会议等活动中,这种合作方式都有具体体现。太平洋岛国地区主义为南太平洋地区内源合作型秩序的建构发挥了重要作用,在一定程度上也影响了与大国的合作。随着太平洋岛国独立自强意识的提升,各岛国都非常重视本国的建设和发展,在涉及国家利益选择时,维护本国利益又成为首要选择。现在看来,太平洋岛国在谁是太平洋岛国地区政治和文化中心、谁是地区领导者等问题上,分歧非常大。在与太平洋岛国合作中,如何权衡和处理上述问题非常重要。步入现代化国家之后,传统力量和因素在太平洋岛国政治决策中依然发挥着重要影响,在一定程度上制约和束缚着国家领导人的政治思维。

太平洋岛国建国时间普遍较晚,是岛国民族领袖与殖民者通过谈判和政治斗争的方式实现的。太平洋岛国一些政治家和民众不仅不痛恨西方殖民者,还认为这是与现代西方"联系"的开端。② 岛国的政治制度杂糅了西方的政治制度、地方结构、习俗和传统,政权内部包含了多种矛盾。随着岛国现代化进程的发展,传统体制与现代体制之间的矛盾日渐突出。在对中国的一些重要决定上,政治集团内部也依然有分歧,内部的矛盾也会引起原住民族之间、原住民与外来人口之间的冲突,进而影响政权稳定。另外,酋长制和"大家庭"是太平洋岛国民族生活中的重要组成部分。酋长制组成了太平洋岛国社会结构的基本框架。在多数太平洋岛国,酋长仍然享有较高的地位,依然受到社会各界尊重。岛国民众主要信仰基督教、天主教,③ 牧师在国家治理中同样享有重要地位。

---

① 徐秀军:《地区主义与地区秩序:以南太平洋地区为例》,社会科学文献出版社2013年版,第124页。
② 根据与前汤加王国驻华大使夫人兼汤加王国驻华使馆一等秘书拉图夫人(Ms. Saisilia Latu)访谈及岛国调研所得。
③ 在斐济,由于印裔人口较多,信仰印度教的人口约占40%。

第四章 影响中国—太平洋岛国关系的因素

太平洋岛国经济发展最主要的是合作项目和企业投资。太平洋岛国传统土地所有制在现代社会中依然占据重要地位。岛国本身国小地狭，土地非常稀有且珍贵。对有些国家而言，如巴布亚新几内亚、斐济、萨摩亚，只有很小比例的土地可以对外国租赁；[①] 而对多数国家而言，土地所有者通过继承得来的土地，不可以买卖。与土地制度相伴随的就是户籍制度，若无对象国的国籍（或者加入澳大利亚、新西兰国籍），在太平洋岛国做生意是非常困难的，更谈不上参与支柱产业的合作。这种现象在未与中国建交的国家中表现得尤为突出。由于对岛国经济体制和现状的不了解，外国商人在太平洋岛国投资失败的案例很多，很多投资者只能转向从事低端商品的批发与销售，而岛国人普遍认为低端消费品市场应该由本地人经营，外国人进来就要与他们争夺利益。

太平洋岛国经济基础薄弱，面临着不可预测的风险。2019年10月，国际货币基金组织（IMF）发布信息，全球经济风险正在不断加剧，贸易和地缘政治紧张局势的加剧、英国脱欧带来的相关风险，可能进一步干扰经济活动。造成经济增长疲软的原因是制造业活动和全球贸易急剧恶化，关税的提高和持续的贸易政策不确定性损害了投资和对资本的需求。[②] 这对货物出口有限的太平洋岛国而言，也是不小的冲击。再者，太平洋岛国经济增速较低，有些岛国受到自然灾害影响的概率较大，有些岛国经济出现负增长。旅游业是所有岛国重视发展的产业，除斐济、萨摩亚等配套设施较为完善，其他国家旅游资源开发有限，受交通不便的影响，旅游人员受到一定程度限制。巴布亚新几内亚社会治安较差，犯罪率不断上升。有些大国虽然口头声称支持太平洋岛国发展，实际上一切从自己的海外战略出发，扰乱了岛国

---

① 在太平洋岛国，各国之间土地租赁制度有所差异，最长的租期为99年。
② 《MF报告显示2019年世界经济增速预测下调至3%》，中国经济网，2019年10月17日，http://www.ce.cn/xwzx/gnsz/gdxw/201910/17/t20191017_33364690.shtml。

的发展计划。①潜在的风险会影响海外在太平洋岛国地区投资计划的进行。

因此，太平洋岛国在迈向现代化的道路上，不仅要受到外部环境的影响，更受到社会内部自身矛盾的影响，这就注定了太平洋岛国向外部世界发展经验的学习是零散的，不成体系的，最终延缓了发展步伐。

二 南太平洋地区域外大国的影响

太平洋岛国所处区域战略位置极其重要。它连接着太平洋和印度洋，是美洲至亚洲海上运输线上最安全的航线，而且占据着北半球至南半球的国际海运航线，是东西、南北交通的交汇处。它还毗邻东南亚、美洲、澳大利亚，并且与南极大陆隔海相望。受到海洋战略和地缘政治的影响，澳大利亚、新西兰、美国、日本、韩国、印度、英国、法国、德国、俄罗斯等，都对太平洋岛国实施了不同程度的经济援助，甚至包括加勒比海地区的古巴也在加强与这一地区的联系。为了从各方获取的利益最大化，太平洋岛国不想打破平衡状态。大国在岛国的活动越来越关注争夺舆论空间，并将其视为软实力的重要体现。这些域外国家都有兴趣确保太平洋两岸的商业自由和军事准入不受阻碍，削弱潜在敌对国家对它们投射力量的能力和可能性。尽管太平洋岛国在浩瀚的太平洋中只占据了小部分领土，但14个岛国拥有巨大的海洋专属经济区，是发展中的"海洋大国"。这里海洋资源与矿产资源丰富，盛产铜、铝等金属矿产和稀土，海底蕴藏着丰富的天然气和石油资源。

---

① 所罗门群岛与中国建交后，中国森田公司计划开发该国一个岛的旅游业，但是美国等国家不断指责"协议无效"。Jonathan Barrett, "Solomon Government Says Chinese Company's Lease of Island 'unlawful'", *The Reuters*, 25 Oct, 2019；美国重新向所罗门群岛派出了和平队，首批人员2021年到达。"US Peace Corps Volunteers Return to Solomon Islands", *The Solomon Times*, 24 Oct. 2019。

第四章　影响中国—太平洋岛国关系的因素

澳大利亚大洋洲地区大国,一直将太平洋岛国视为"后院",对中国的介入表现出"相当焦虑"。2018年,莫里森政府推出了"太平洋升级"方案(Pacific Step-up),重新关注该地区。新西兰表示要当好太平洋地区的领导者,认为南太平洋已成为"被日益激烈争夺的战略要地"。而美国,尽管在过去的十年中减少了对该地区的投入,但美国对该地区并未放松,不断加强与印太地区的盟友和伙伴关系。美国与帕劳、密克罗尼西亚联邦、马绍尔群岛保持自由联系国(FAS),在该地区拥有军事基地。[①] 日本则通过举办日本—太平洋岛国领导人峰会加强与太平洋岛国的联系,抗衡中国在南太平洋地区的影响。太平洋岛国中的多个国家曾是英国殖民地,独立后依然有11个国家是英联邦成员国。印度则通过海洋地缘优势,扩大价值理念输出,在太平洋岛国有众多印裔人口,斐济的印裔人口达到了35%以上。

按照西方主流的现实主义国际政治和国际关系关于权力体系(Power System)和权力架构(Power Hierarchy)的理论,作为全球权力体系的缔造者和主导者,超级大国的首要目标是维护全球体系的稳定,阻止新兴超级大国对现行体系的挑战和颠覆,以保持自身在全球权力体系中的既得政治、经济利益和至高无上的地位。守成地区强国出于维护自身在全球体系中的既得利益和地位的考量,和超级大国在维护现存全球体系上存在着重大的利益契合。美国从战略竞争、地缘性、制海权三个层次不断发展与太平洋岛国的关系。美国先后提出"转向亚太"(pivot to Asia)、"亚太再平衡"(Asia-Pacific rebalance)和"印太"战略,强调美国必须重新调整其在全球的政治、经济,特别是军事资源的分配,以应对中国的快速发展,[②] 以及由此可能产生

---

① 参见蔡育真《澳洲对中美在南太平洋权力竞逐之回应》,致知学术出版社2015年版。

② 太平洋岛国论坛副秘书长克里斯蒂尔·普拉特直言不讳地说,美国印太战略的提出"符合其确保海上通信线路的政策目标,重点是海上安全和航行自由,并且是对中国在印度和太平洋海洋日益增长的影响力和权力的制衡"。Cristelle Pratt's, "Opening Address at the 2019 Regional CSO Forum", https://www.forumsec.org/。

地对美国在本地区，乃至全球构建的霸权主义体系和秩序的挑战。美国为编织边缘地带新的"十字战略"，为实现战略目标，重掌制海权，再度扩充海上力量，成为实践"美国优先""权力最大化"的主要工具。美国与印度、日本、澳大利亚等地区强国联合进行"军事演习"，源自于超级大国、守成强国不愿见到在国际社会中有匹敌的竞争对手。① 因而，在一定的利益基础之上，这些国家就会形成联盟，一起抵制中国在太平洋岛国的活动。

2017 年，所罗门群岛宣布由中国华为公司承担其至悉尼的海底高速光缆工程。全程 4000 千米，总投资 7000 万美元，由亚洲开发银行提供贷款。但随后，澳大利亚就向所罗门群岛施加外交压力，最后由澳大利亚的公司承担这一项目。汤加首相提出的"免除债务"申请，中国对汤加的援助被澳大利亚、美国、英国等国家称为"债务陷阱"，并抹黑中国对岛国的援助。有些西方国家的政府官员指出：中国的投资和援助"不透明"，会对当地带来环境退化、腐败和犯罪，并对包括渔业在内的自然资源造成更大压力。

尽管中国多次提出不会划分"势力范围"，更不会干涉他国内政，但是包括澳大利亚、美国等国家，依然通过各种方式渲染中国援助将带来"债务危机"②。2019 年 9 月所罗门群岛和基里巴斯采取"外交"转向，积极与中国建立关系，加剧了大国对中国介入的担忧，他们担心太平洋国家将不再支持澳大利亚和美国等西方国家的军事和外交努力③。

---

① 于镭、赵少峰：《澳美同盟与澳大利亚南海政策的蜕变》，《国际政治科学》2018 年第 2 期。

② 2019 年 10 月 23 日，澳大利亚罗伊研究所发布的一项报告显示："中国在太平洋地区的借贷行为还没有充分的证据足以证明造成债务陷阱外交，至少现在还没有……根据国际货币基金组织（IMF）的定期评估，太平洋地区的债务可持续性风险确实在上升，但这反映了多种因素的汇合，并且与该地区遭受灾害的高风险密切相关，而不是与中国过度借贷有关。" "China, The Pacific, and the 'Debt Trap' Question", http://www.lowyinterpreter.org/。

③ 布干维尔 2019 年 11 月独立公投前，澳大利亚外交部部长玛丽斯·佩恩（Marise Payne）访问布干维尔，表示担心中国的介入。"Fears Bougainville Independence will Open Pacific Door for China", *the Australian*, https://www.theaustralian.com.au/nation/politics/。

第四章　影响中国—太平洋岛国关系的因素

2019年8月，在访问悉尼期间，美国国防部长马克·埃斯珀将中国在南太地区的行为描述为"侵略性"和"破坏稳定"。美国国务卿蓬佩奥警告参与会谈的帕劳、马绍尔群岛、密克罗尼西亚三国领导人，中国正在试图"以其专制形象重绘太平洋"[①]。美国在南太平洋地区的活动具有"排他性"，威胁并压制太平洋岛国与其他国家的交往与合作。澳大利亚继续以地区"副警长"的身份，维护地区稳定和自身利益。[②]

大洋洲是世界上最后一个尚未完全经济开发的地区之一，中国在那里有着自己的利益，太平洋岛国也同样对中国有着自己的利益考虑，这是双方经贸合作不断深化的重要原因。因此可以得出结论，不管海峡两岸的关系如何，中国与太平洋岛国的外交关系都得到不断地加强和发展。

从中国大陆与太平洋岛国合作而言，中国与太平洋岛国的合作从过去的国际舞台上支持、资金援助转向项目合作、技术支持等多种形式的资金帮扶。由重视基础设施建设支持逐渐转向渔业、农业、旅游业、采矿业等行业的合作。当然，在合作过程中也不免存在值得进一步改进的地方。一是在执行项目援助时，缺乏与当地的深入协商，由于追求工期忽视了承担建筑的本土化文化元素。二是在资金援助上，有些援助项目和领域，限于政府间达成的协议，而忽略了当地民众的实际需求，造成项目执行过程中的各种后续问题。三是在外执行和承担政府项目的公司，没有严格执行行业标准，建筑质量受到诟病。四是部分企业和个人过于追求商业利益，忽视当地法律，严重影响中国

[①] U. S. seeks to renew Pacific islands security pact to foil China, *PINA*, http://www.pina.com.fj/index.php?p=pacnews&m=read&o=3050176335d49fdc5e1ac608ccd96e.

[②] 澳大利亚为进一步扩大地区影响，莫里森总理成为2008年以来首位访问所罗门群岛的总理，并且提出了2.5亿澳元的赠款计划。Australia pledges $250m to Solomon Islands as China's influence in Pacific grows, *the Guardian*, https://www.theguardian.com/world/2019/jun/03/australia-pledges-250m-to-solomon-islands-as-chinas-influence-in-pacific-grows.

的形象。①"一带一路"倡议之下,越来越多的中国人走出国门,参与到国际投资、贸易的大潮之中。早期的华侨华人对太平洋岛国的发展所做出的贡献是有目共睹的。但是,近年来各岛国出现了不同程度地反华商情绪,特别是在所罗门群岛、汤加王国、斐济和巴布亚新几内亚。新兴华人移民群体与当地民众不断发生龃龉,这与华人自身有关,包括不遵守当地的法律、华商行贿、不文明行为、涉嫌毒品犯罪等。一些电信诈骗犯逃到未建交岛国;有的在岛国形成"帮派",甚至发生华人内斗,或者介入当地民族冲突之中,严重影响了中国在岛国的形象。

太平洋岛国媒体、网络普遍不发达,对国际问题关注较少。太平洋岛国人民长期处于隔离状态,形成了独特的生活观念。他们没有感受到世界经济和地区经济发展所能够带来的幸福生活,对域外情势关心较少,甚至对本国的重大问题都不太关心。特别是在与中国没有建立外交关系的国家中体现得更加明显。因为双方人员往来少、经贸数额低,再加之彼此之间的政治"隔阂",导致这些岛国没有及时了解到中国政府的主张和倡议,只有少数负责经贸事务的岛国官员知道"一带一路"倡议,但是对此概念的具体内容却不甚清楚。这与我们宣传不到位和不了解岛国民族文化有密切关系。2017年5月,在北京召开了"一带一路"国际合作高峰论坛,斐济总理及岛国代表参加了论坛。2019年4月,巴布亚新几内亚总理及岛国政要参加了论坛。两届论坛成为加强"一带一路"宣传、深化伙伴关系、实现联动发展和合作共赢的重要契机。

要之,中国与太平洋岛国的关系已经经历了时间检验,双边合作日益向好。当然,在内外因素影响下,还要下"绣花针"的功夫,将各项工作落到实处。"一带一路"是新生事物,需要经历逐渐接受的过程。自"一带一路"倡议提出以来,仅仅过去了8年时间,中国对

---

① 石莹丽:《中国对萨摩亚援助述论》,《苏州科技大学学报》2018年第4期。

"21世纪海上丝绸之路"的认识也在不断深化。太平洋岛国由过去的"21世纪海上丝绸之路"的自然延伸演变为重要组成部分,这对认识太平洋岛国在"21世纪海上丝绸之路"中的地位和作用有着重要指导意义。大国在太平洋岛国展开激烈竞争,争夺舆论空间。对于中国提出的"一带一路"倡议,西方国家的政治家、媒体既有质疑的声音,也有抵触的态度。太平洋岛国政府有澳大利亚、美国等国家的政治顾问,因此他们也跟随西方的步伐,对中国提出的理念提出"质疑",并保持观望。前太平洋岛国论坛的秘书长梅格·泰勒[1](Meg Taylor)在一次谈到岛国地区形势的时候说,岛国地区现在面临着两个最主要的挑战:一个是气候变化带来的挑战,另一个是中国快速发展对太平洋岛国地区带来的冲击。[2] 这种认识基本上是遵从了西方人的思维模式。由于太平洋岛国的媒体多受澳大利亚、新西兰、美国等资金支持,在某些观点和文字表述上自然受到西方媒体的影响,岛国民众容易受其误导。

---

[1] 梅格·泰勒,女,巴布亚新几内亚人,2014年8月当选太平洋岛国论坛秘书长,2021年年初卸任。
[2] 2017年3月13日,中国—太平洋岛国论坛对话会特使杜起文先生在聊城大学太平洋岛国研究中心作学术报告时提到。

第五章　中国与太平洋岛国关系发展路径

中国改革开放四十多年来，在互利共赢的开放战略下，中国同世界各国一道，在开放中扩大共同利益，在合作中实现机遇共享，推动建设开放型世界经济，构建人类命运共同体。中国和太平洋岛国互为全面战略伙伴，为太平洋岛国的发展提供了多方面的支持，特别是当岛国面临新冠疫情冲击的严峻挑战时，中国向岛国提供了多方面的援助，包括召开中国和太平洋岛国应对新冠疫情副外长级特别会议和卫生专家抗疫经验交流视频会议，以无偿援助方式向岛国提供抗疫物资，并通过政党、地方、企业、民间等渠道向岛国提供抗疫援助。在面对单边主义、霸凌行径不断抬头的形势下，中国和太平洋岛国都坚定支持多边主义，加强多领域合作，为促进国际公平正义，构建人类命运共同体注入正能量。

第一节　深入宣传"和平发展"理念，提升中国在南太平洋地区的形象

改革开放四十多年来，中国找到了适合自身国情的发展道路。2020年，中国全面建成小康社会，打赢了脱贫攻坚战，为世界所瞩目。中国是负责任的大国，是国际新秩序的建设者，世界和平的维护者。中国反对大国的霸凌行径，愿意和世界爱好和平的国家一道，促进国际关系民主化，构建更加公正合理的国际政治经济新秩序。在南

太平洋地区深入宣传中国的"和平发展"理念，有助于加深中国与太平洋岛国人民之间的相互理解和传统友谊。

一 "和平发展理念"符合发展中国家经济建设的多元化路径选择

一些西方观察家将中国与包括太平洋岛国在内的发展中国家快速增长的经贸合作归因于中国的"重商主义"，这一观点遭到了政治战略家的批驳。在推行改革开放政策时，邓小平提出以"经济建设为中心"的发展思路。他认为，大国的竞争归根到底是综合国力的竞争，而综合国力不是"空中楼阁"，它必须建立在经济实力之上。正是在这样的战略考量下，邓小平力推"南北合作"和"南南合作"，强调"南北合作"与"南南合作"并重，它们都是中国开展国际经贸交流的重要组成部分，也是中国经济发展的双重驱动力。正是在全方位发展国际经贸合作的思想指导下，中国既加入了世界银行和国际货币基金组织等西方经济体系的支柱性组织，也加入了世界贸易组织、G20等全球性新兴组织。

受益于"南北合作"和"南南合作"的双重驱动，中国不仅创造了极其快速的经济增长纪录，用了不到半个世纪的时间就成长为仅次于美国的世界第二大经济体，而且与发达国家的经贸合作取得了飞速的发展，并极大地拓展了中国在非洲、拉美和东南亚等发展中国家集中区的经济和政治存在与影响力。2018年，中国与非洲的贸易额达到了2041.9亿美元。中国对非洲贸易涨幅全球最高，进口涨幅也为全球最高。[1] 与拉美和加勒比地区的贸易额在过去的20年里也同样增长了近10倍，达到2870亿美元，[2] 拉美成为中国海外经济合作的第三大市场。同东南亚各国的贸易和投资也出现了倍增的势头，双方的

---

[1] 2018年全年中国与非洲贸易数据，《中国日报》中文网，2019年1月25日，http://cn.chinadaily.com.cn/a/201901/25/WS5c4aab4fa31010568bdc6839.html。

[2] 洪朝伟:《拉美经济研究室召开〈中国——拉丁美洲与加勒比地区经贸合作进展报告（2019）〉新书发布会暨中拉经贸合作研讨会》，中国社会科学院拉丁美洲研究所网站，2019年12月19日，http://ilas.cass.cn/xsnews/xshuodong/。

贸易额达到了创纪录的 5000 亿美元，东盟超过日本成为中国的第三大贸易伙伴。① 一些学者认为，中国的新策略旨在推动中国资本走向国际，更加深入地参与全球资本合作，通过加强与发展中国家的资本合作，更加牢固地强化中国在发展中市场和新兴市场的竞争优势。作为新兴经济体，中国经济的快速发展需要从全球获取资源和原材料以支撑经济的持续发展。这一方面是由于全球化和中国经济快速发展的结果，另一方面是由于中国国内资源供给的不足，在能源领域表现得最为突出。尽管中国国内的石油和天然气年均产量位居世界前列，但是中国仍然不得不每年从海外进口大量能源。据国际能源组织预测，到 2030 年，中国将成为世界上最大的能源进口国。毋庸讳言，中国在与发展中国家的经贸合作中非常重视资源和原材料的获得，中国也同样重视获得发展中国家的政治资源。

21 世纪以来，中国大力推行与不同类型的国家构建各种形式的"伙伴关系"，并且在大力发展国与国之间双边关系的同时，积极成为地区多边组织的成员。联合国秘书长安东尼奥·古特雷斯曾这样评价中国在当今国际社会的作用："中国是多边主义的最重要支柱。"② 中国经济的快速发展不仅需要资源，也需要世界市场。中国是全世界最主要的制造业大国，是全球制成品的主要供给国。中国向世界市场提供了大量物美价廉的商品，这对于遏制全球物价过快上涨，维护普通民众的生活水准发挥了重要作用。澳大利亚中国商会（Australia China Business Council）研究发现，澳大利亚对华贸易每年全国户均受惠 4000 美元。物美价廉的中国商品使澳大利亚保持了较低的通胀率，令普通百姓享受了较高的生活水准。③ 如果说全球化主要是促进了资本、

---

① Xinhua, "China-ASEAN Trade Volume Hits Record High In 2017", 28 January 2018, http://www.xinhuanet.com/english/2018-01/28/c_136931519.htm.
② 凌云：《联合国秘书长古特雷斯：中国是多边主义的重要支柱》，《人民周刊》2018 年第 17 期。
③ 澳中商会：《澳中贸易关系千家万户》, http://www.australiachina.com.au/business/zh/trade-with-china.html.

商品、技术和人员的国际性流动,促进了生产力和生产效率的提高,那么全球化对于普通民众来说则是拥有更多的机会享受到全球各地物美价廉的商品和服务。中国是全球化的重要受益者,中国也是全球化的推动者和捍卫者。中国在经济快速发展的同时始终强调要"和平发展",致力于和广大发展中国家一道建立一个更加公正合理的国际政治经济新秩序。

传统意义上的大国崛起有可能颠覆或局部变革既有的国际体系与秩序,从而导致崛起大国与守成大国间发生猛烈的军事冲突,甚至是世界性战争。中国在经济领域的迅速发展在西方国家也引发了争论。中国政府始终坚持"和平发展"方略,承诺不挑战美国的全球主导地位,倡导各大国在新型大国关系的框架下开展"相互理解的双赢合作"。在过去的半个多世纪里,太平洋地区的和平、稳定与合作造就了亚太地区的经济繁荣,也造就了中国经济快速发展与繁荣,为中国企业走向世界奠定了基础。经过改革开放四十多年的高速发展,中国企业不断发展壮大,中国经济不断地与世界经济相融合。中国企业与中国资本走向世界既是中国经济进一步发展的需要,也是世界经济体系保持持续繁荣的需要。

中国的"和平发展"理念受到了国际社会的广泛赞扬,即便是一些对中国保持极其苛刻态度的西方政治观察家也不得不承认中国的和平发展方略受到了世界上绝大多数国家,特别是发展中国家的欢迎。中国的政治领导人始终强调中国的发展不仅要让本国人民受益,也要让邻国和自己的合作伙伴受益。这种"双赢"和"多赢"的理念并不是前殖民宗主国在国际关系中奉行的基本准则,也不是西方大国对广大发展中国家奉行的原则,中国在与发展中国家加强经贸合作与交流时却将之付诸实践,发展中国家领导人对此深有体会,这成为中国在国际社会日益强大的"软力量"的重要内容〔西方为此刻意创造了"锐力量"(A compelling new force)一词,以示不满〕。

一些西方政治观察家指出,中国与发展中国家日益增强的经贸关系不仅对发展中国家的经济和政治产生了深刻的影响，而且西方大国与发展中国家的关系也有着重大的政治和经济影响。他们强调中国与发展中国家的关系将会最终对国际社会产生不容忽视的整体性的影响，或许这不是中国刻意希望的，但却是不以人的意志为转移的。当然，还有一些西方学者提出中国与发展中国家经贸关系的增强势必会对一些西方国家产生不利的影响，甚至会损害西方国家的利益。这种观点显然认为在与发展中国家发展关系的问题上，中国与美国和其他西方国家之间存在着"零和关系"。这并不符合客观事实，并且国际关系也不能仅从美国或西方的角度来分析问题。即便中国没有与这些发展中国家交往，西方国家自身也存在着一定的竞争关系。从国际关系的实践来看，发展中国家实际上并不排斥与中国发展经贸关系，它们甚至在一定程度上还欢迎大国间有限度的竞争，因为这符合发展中国家的利益。这也说明了为什么相当多非洲、拉丁美洲、阿拉伯世界以及太平洋岛国的领导人对他们与中国关系的前景更加乐观。实际上，中国在这些发展中地区力避与其他大国的摩擦，这在很大程度上要归因于中国一直强调双边关系的发展不应针对第三国，以及中国在多边关系的发展中持有的和解，而不是争斗的态度。当然最重要的原因是，中国日益增长的全球影响力，对越来越多的发展中国家民众的态度已经产生了重大的影响，发展中国家欢迎中国，美国皮尤中心的历年全球调查就清楚地证明了这一点。[①] 一些西方政治分析人士也开始认识到这一点，他们指出西方学者缺乏对发展中国家与中国关系的整体性研究，完全忽视了中国快速发展对于占全世界75%人口的发展中国家的影响。

正是由于这种研究的缺失，以及长期以来形成的并不正确和不客观的学术自大，相当一些西方政治分析人士和学者对中国与发展中国

[①] Pew Research Center 2018, "International Publics divided on China", http://www.pewglobal.org/2018/10/01/international-publics-divided-on-china/.

家关系的加强及其意义始终秉持负面的观点。例如位于悉尼的罗伊研究所对中国与太平洋岛国关系的研究就不乏这样的观点，多年来鲜有新意。[①] 其结果是极大地忽视了发展中国家民众对与中国发展关系的强大动力，也未能深刻地认识到中国的快速发展对发展中国家占世界75%人口的重大历史意义。第二次世界大战后，人类所取得的最大的成就莫过于第三世界国家众多人口的"脱贫"，而在"脱贫"领域取得最明显成就的国家莫过于中国。中国在经济发展领域所取得的成就并不是严格按照西方经济学理论和经济主导机构建议的结果，更多的是中国人民自己探索的结果。这就充分说明了发展中国家经济现代化建设的路径和方法是多元的，中国对此应该拥有重要的话语权。

太平洋岛国是亚太大家庭成员，海洋资源丰富，具有区位优势，是建设21世纪海上丝绸之路和亚太一体化的重要组成部分。中国重视新时期对太平洋岛国地区的政策，强调中方尊重岛国自主选择社会制度和发展道路，支持岛国平等参与国际和地区事务、维护自身正当合法权益。太平洋岛国是中国大周边外交布局的一部分，在南太平洋地区深入阐述中国的和平发展理念，能够加深太平洋岛国对中国外交政策的理解，有助于减少大国对中国外交行动的猜忌，深化中国同太平洋岛国关系，完善大周边外交布局。

二 在太平洋岛国提升中国形象的路径

太平洋岛国具有独特的区域特征，包括远离全球大都市中心、区域内的国家较为分散、生态系统脆弱、资源有限和文化多样等，这些都成为制约这一区域快速发展的因素。因此，寻找提升中国形象的路径要从岛国的立场出发，使其符合岛国的价值取向和现实需求，同时服务于中

[①] Matthew Dornan and Philippa Brant, "Chinese Assistance in the Pacific: Agency, Effectiveness and the Role of Pacific Island Governments", Asia & the Pacific Policy Studies, Vol. 1, No. 2, 2015, pp. 349–363.

国的战略需要,这样才有利于塑造具有大国风范的中国形象。

第一,要从岛国的利益关切点出发。早在2007年,《岛国商务》杂志编辑李约翰就写道:"为什么中国在太平洋如此有兴趣,尽管中国与该地区的岛国在国家大小、人口、财富和影响力方面有十分大的差异,但是,中国已经为太平洋领导人铺开红地毯……中国人要影响力,相对于世界任何其他国家,中国派出了更多的外交官。就太平洋而言,有一个更令人不安的博弈正在上演。"一些岛国居民也会"担心生计被纷至沓来的中国商人带走"。所以,我们很容易理解,巴新的马当省在华人联谊会上提出的华人企业要采用当地原料,当地人可以加入华人企业中的要求了。[1] 岛国担心中国会同美国一样,只关注自身"利益",置岛国教育、医疗、环境保护、社会治理、生计活动等方面的需求而不顾。日本从岛国需求出发,投入了众多的人力、物力、财力。比如,为提高教学质量,巴新自2014年起废除了结果导向的教育模式而采用标准化教育模式,并把英语、数学和科学作为主要学科。巴新《国民教育规划2015—2019》中要求,所有学校实施新的教育模式,并统一发放教科书。巴新请求日本政府帮助修订教科书。日本已为该项目投入了1400万基纳(约合2800万元人民币),主要用于修订小学三至六年级的数学和科学教科书。[2] 日本对岛国的援助当然有政治利益的考虑,但它并不直接强调政治利益的做法反而产生了事半功倍的效果。[3] 因此,要从岛国的利益关切点出发,在对外援助和利益取向方面寻求一个平衡。

第二,阐释中国在南太平洋地区的外交战略,妥善处理中国与南太平地区域外国家的关系。中国在南太平洋地区的频繁出现,引起了

---

[1] Rosalyn Albaniel, "Chinese Firms Must Get Affiliated", *Post-Courier*, April 25, 2016, p. 20.
[2] http://pg.mofcom.gov.cn/article/jmxw/201604/20160401292002.shtml.
[3] 法新社的新闻报道《太平洋岛国认可中国却排斥华人》认为,华人在岛国开餐馆、商店、开办公司抢夺了他们的生计。

第五章　中国与太平洋岛国关系发展路径　◆◇◆

大国关注，同时域内外学者、观察家、评论家、媒体等都聚焦于此。中国在该地区的影响力不断提升，引起了西方的"担心"。"大洋洲2020峰会"指出，中国在南太平洋地区的活动是为了"能源供应的安全"[1]。罗伊研究所认为，中国对太平洋岛国的援助目的在于"鼓励太平洋岛国不给'台湾当局'外交承认"[2]。因而，中国应适时阐释全球战略和对南太平洋地区的外交政策，减少西方国家、学者、观察家、媒体的猜测。美国、日本、韩国等也在关注中国在南太平地区的表现。据2018年罗伊研究所公布的太平洋岛国援助地图显示，中国是继澳大利亚之后的第二大援助国，之后依次是新西兰、美国、日本。中国现在是斐济的最大双边捐赠国，同时是库克群岛、巴布亚新几内亚、萨摩亚和汤加的第二大捐赠国。中国通过经贸、资助和低利息贷款获得了岛国的好感。萨摩亚认为，比起美国，中国是更好的朋友。库克群岛则表示，不会因为美国"重返亚太"而疏远中国。对此，美国时任国务卿希拉里表示，"这样的举动显示中国势力对于南太平洋地区所造成的影响已经带给美国威胁感"，并提出了"美国太平洋世纪"的观点，强调美国在亚太地区应扮演领导者的角色。[3] 新西兰也表达了类似的担心[4]。日本希望借"日本和太平洋岛国首脑峰会"来加强与太平洋岛国的关系，《福岛磐城宣言》中写入了日本与太平洋岛国要建立"长期紧密的协作关系"，以此对抗中国的目的非常明显。当前，中国已成为亚太地区经济发展的引擎，这一比较优势为中国赢得了较为广阔的外交战略空间。在南太平洋地区，中国应妥善处理与

---

[1] Australia Government Website, "Australia 2020 Final Report", p. 363, http://www.australia2020.gov.au.

[2] "Report Questions China Aid to Pacific", *BC Radio Australia*, June 11, 2008.

[3] 卢政锋：《美国战略东移调整与欧巴马政府的太平洋岛国政策》，"中研院"人文社会科学研究中心编《海上大棋盘：太平洋岛国与区域外国家间关系研讨会暨亚太区域培训营》，2012年，第2、26页。

[4] 转自关河嘉《纽西兰在南太平洋岛国之角色发展》，"中研院"人文社会科学研究中心编《海上大棋盘：太平洋岛国与区域外国家间关系研讨会暨亚太区域培训营》，2012年，第11页。

其他国家的关系，通过不同层面的沟通和对话，尤其是对"一带一路"倡议的宣传，来实现求同存异。中国的"一带一路"不是另起炉灶，其根本目的是实现发展对接，达到优势互补。

第三，提升中国企业在南太平洋地区的竞争力。中国优秀品牌企业也是国家软实力的重要体现，为塑造国家形象提供了重要载体。中国要为企业在太平洋岛国投资创造良好条件，同时减轻企业所负担的其他"行政职能"①，增强企业的活力和竞争力。可以根据岛国的发展需要，有计划地开展一些具有战略意义的合作项目。例如，2015年日本向太平洋岛国提出了经济合作开发议案，该议案实施的前提是它们向日本出口氢气。日本认为，向太平洋岛国提供资金援助似乎效果有限，通过经济合作开发项目不仅能够为对象国培育新产业和创造就业机会，而且可以将日本的资源供给地扩展到较为安定的太平洋岛国，这具有重要的战略意义。此外，中国企业在外投资必须制定严格的质量标准，② 提升企业管理人员的水平和素养③。这种项目不仅可以帮助岛国把资源优势转化为发展优势，提升可持续发展能力，而且可以在共赢基础上深化合作，实现发展战略对接。

当前，由于中国企业和大量华人的涌入，导致太平洋岛国民众对中国有所顾虑。澳大利亚罗伊研究所的研究助理菲利帕·格兰特表示："中国在该地区面临着一些挑战，随着援助项目的增多，中国投资公司和中国移民在该地区的数量也在增长，而这已经在太平洋岛国引发了不满。这是中国政府需要应对的一个相当大的挑战。"④ 因而，

---

① 美国《外交》杂志网站2015年3月4日刊发了《中国对外援助的地缘政治：中国在太平洋的资金援助分布图》，认为中国的对外援助与中国承包商挂钩，导致媒体评论人把每一次商业活动都当作经济援助，从而对中国政府的长远意图提出了质疑。参见《参考消息》2015年3月11日。

② 如中国在巴新援建的酒店，消防栓上只有中文没有英文。

③ 有些中国企业的管理人员外语水平较低，与当地人员交往存在很大障碍；有些捕鱼企业过于追逐利润，而不顾岛国渔业发展要求，最后导致冲突的发生；有些采矿企业对当地环境保护不够，引发当地民众不满；有的企业对当地法律和政策不熟悉，导致投资的失败。

④ 《中国加大对南太平洋地区援助》，参考消息网站，2015年3月7日，http://www.cankaoxiaoxi.com/china/20150307/694176.shtml? fr = pc，访问日期2016年9月1日。

第五章　中国与太平洋岛国关系发展路径

中国在太平洋岛国的行动必须把过程和效果结合起来，塑造中国在南太平洋地区的良好形象。作者在 2018 年和 2019 年先后去太平洋岛国调研，发现当地民众和媒体对中国的认识都在发生变化。在"21 世纪海上丝绸之路"的建设过程中，实施对外援助是一件好事，要把好事办好，进一步推动中国与太平洋岛国关系的发展。"民心相通"是一个重大系统工程，不可能通过几次交流活动或者几个项目实现，更不可能一蹴而就。两种异质文化相遇，要在相互信任的基础上不断沟通交流，这可能需要一代人甚至几代人的努力。

要之，中国在南太平洋地区的外交政策，与金融资本主导下的"美式全球化"模式不同，与新自由主义思潮的制度渗透也有所不同[1]。中国推动的全球化更注重实体经济，特别是基础设施、基础工业、民生需要，以"发展主义"为思想基础的发展理念具有可持续性、包容性，必定会得到太平洋岛国的认可和欢迎。

第二节　运用"政治角色"理论，深化中国—太平洋岛国互利合作关系

太平洋岛国原住民的传统政治体制和治理模式的演化，反映了在西方政治文化和价值观的影响和冲击下，太平洋岛国人民"被动"地走向世界的政治抉择。太平洋岛国酋长制的发展演变，不仅与国家、省（州）、社区之间紧密相连，而且还受到地理、宗教、语言、经济、习俗、资源等多种因素的影响。比如，所罗门群岛的圣伊莎贝尔岛（Santa Isabel Island）就是明显的例证。由于当地 90% 的人信奉基督教，政府不得不成立由政府、教会、酋长理事会三方共同组成的机构来协调处理地方事务。正如前文论述，太平洋岛国的政治制度是西方政治制度与土著传统制度双重建构的产物。它既吸收了西方政治制度

---

[1] 梁国勇：《"一带一路"的政经逻辑》，BBC 中文网站，2015 年 4 月 15 日，http://www.bbc.com/zhongwen/simp/china/2015/04/，访问日期 2016 年 9 月 1 日。

的内容，又刻意保留了部分传统、习俗和文化。这是太平洋岛国政治制度存在复杂性和矛盾性的重要渊源。

在这种复杂的政治制度中如何找到权力的关键点尤为重要。角色理论强调"政治角色是由人们对处在政治过程中人们的行为期待而构成的各种政治行为的模式"[①]。政治角色不同于政治职务（政治地位），但两者又紧密相连。在现代太平洋岛国，只有具有一定政治地位的人才能扮演一定的政治角色。太平洋岛国的政治角色可以分为三类：第一类是政治领导者，包括总统（总理或首相）、议长、部长；第二类是政治活动的重要参与者，包括议员、公务员、酋长等；第三类是普通的选民。尽管太平洋岛国朝着现代民主国家方向发展，但是普通选民在参与国家政治、监督国家政治生活中发挥的作用相当有限。公务员扮演着政府政策的执行角色。由于太平洋岛国人口稀少，因而前两类政治角色的重叠性比较明显，拥有政治地位者往往兼有多种政治角色。例如，酋长极有可能同时是部长、议员和执政党的成员；而作为国家领导核心的总统、总理或首相也极有可能兼有酋长、议员的身份。因此，在太平洋岛国的"角色网络"中，政治角色的第一类和第二类非常关键；而各层级的酋长在其中又扮演着极为重要的角色，发挥着极为重要的作用。

有鉴于此，为推动"一带一路"倡议框架下中国同太平洋岛国互利合作关系的深化和强化，必须充分认识太平洋岛国的政治领导人在其中发挥的重要作用，尽速构建快捷、有效的沟通渠道和交流机制。

第一，从速建立与太平洋岛国首脑的定期对话沟通机制。日本、韩国等国家目前已经与太平洋岛国领导人建立了定期会晤机制，印度和印度尼西亚等新兴国家正在积极争取。鉴于我国与太平洋岛国互利合作关系的迅速发展，一些西方国家囿于殖民主义、霸权主义和"零和思维"的桎梏，在南太平洋地区大肆渲染"中国威胁论""中国新

[①] 贾伯中：《角色理论与政治角色》，《政治学研究》1989年第4期。

第五章 中国与太平洋岛国关系发展路径

殖民主义"和"中国掠夺论"①,企图阻断中国同太平洋岛国的互利合作。通过建立与太平洋岛国政府和高层领导人的对话机制,可以在太平洋岛国地区宣示"人类命运共同体""一带一路"和"海上丝绸之路"的正确含义,让太平洋岛国政府和核心政治家充分理解中国同太平洋岛国的合作是"基于相互理解的双赢合作",不仅不会影响太平洋岛国的发展,还会为太平洋地区民族经济的发展带来新的机遇。

第二,加强于岛国有影响的政治人物的联络与交流。前文研析表明,太平洋岛国的政治制度和国家治理体系是西方的政治制度和太平洋岛国的地方制度、习俗与传统复合建构的产物,其政权内部天生包含了多重矛盾。在这种复杂的政治制度和治理体系中抓住了关键点也就抓住了解决问题的关键。岛国的代表性政治人群,比如酋长,虽然不一定是国家元首、政府首脑或政党首领,但在民众中却享有很高的威望和地域影响力。通过这些代表性政治人物,既可以扩大与岛国岛屿理事会(island council)、酋长委员会和各种非政府组织委员会的沟通交流,又可以直接拓展政府间的交流与合作。

第三,充分利用岛国人民对领导人的角色期望,推动中国同太平洋岛国互利合作不断深入。按照角色理论,在政治生活中,不同的政治角色产生不同的角色期望。角色期望既包括个体期望,也包括社会期望。政治行为者总是希望通过不同的行为,满足国民的社会期望。2019 年,巴布亚新几内亚、所罗门群岛、汤加、基里巴斯、图瓦卢、瑙鲁等国家进行了新一届政府领导人选举。2020 年,瓦努阿图、帕劳等国家也要进行选举。当前,太平洋岛国的城市与乡村之间、乡村与乡村之间普遍存在发展不均衡,二元结构突出的问题。中心城市拥有现代的社区文化,而广大的农村和偏远海岛地区仍然盛行部落制度。太平洋岛国政府领导人都面临着发展民族经济,改善民生,降低失业率,推动本国教育和医疗发展的重任。尽管中国提出的"一带一路"

---

① Yu Lei 2016, "China-Australia Strategic Partnership in the Context of China's Grand Peripheral Diplomacy", *Cambridge Review of International Affairs*, Vol. 29, No. 2, pp. 740 – 760.

和"海上丝绸之路"倡议是新生事物,但它为太平洋岛国经济和社会发展带来的益处已经显现。所罗门群岛和基里巴斯于2019年分别与中国建、复交,两国首脑随后访华,都充分证明了这一点。

当代太平洋岛国的政体结构多为君主立宪制和共和制,其中波利尼西亚群岛以君主立宪制为主,密克罗尼西亚群岛和美拉尼西亚群岛以民主共和制为主。与此相伴随,岛国领导权类型亦表现为多元并存、不断变动的态势。这固然与岛国的政治、经济、社会发展以及国际关系格局变动有关,但从更深层次考察,则不得不追溯至殖民统治对太平洋岛国传统统治模式的影响。酋长制在太平洋岛国政体演进中也发生了重要变化。从殖民初期至太平洋岛国独立以来,关于酋长权力的讨论一直不休。一些岛国呼吁振兴和重新赋予酋长权力,而另一些岛国则认为要限制或以其他方式规范酋长权力。这些讨论无疑为了解后殖民时代太平洋岛国的社会和政治变革提供了一个窗口。

领导权是太平洋岛国走向善治的至关重要的组成部分,改善太平洋岛国的领导权是"太平洋计划"的目标之一,[①]并被澳大利亚等国列入了海外援助计划的重要方案之中。太平洋岛国的领导权、文化习俗和"良政"这三者之间的关系紧密相连又不乏冲突。如"良政"中的公平、透明、问责、体面、参与等要素就与太平洋岛国的传统政治模式存在着较大的冲突。随着社会的演变和发展,酋长和政府之间建立起相互合作的新关系,古老的酋长制度正在太平洋岛国发生着引人注目的变化。在"一带一路"背景下,中国与太平洋岛国的互利合作正在不断拓展和深化。为了更好地推动中国与太平洋岛国的互利合作关系,我们必须了解南太平洋地区古老酋长制的新变化,及其与太

[①] 2005年10月,在巴布亚新几内亚莫尔斯比港举办的第36届太平洋岛国论坛首脑峰会上,推出了旨在推进地区合作和区域一体化的"太平洋计划"。"太平洋计划"共涉及七大方面内容。具体包括:促进经济增长、可持续发展、善政、安全;加强区域合作和区域一体化;制定新举措,加强对包括环境治理在内项目的支持;提升和保护文化认同、地区包容、次区域发展;改革太平洋岛国论坛体制机制;促进论坛成员国对地区主义形成清晰认识;建立强有力的伙伴关系。2007年,该计划进行了修订。详情参阅 Pacific Forum Secretariat, *The Pacific Plan*. https://www.adb.org/sites/default/files/linked-documents/。

平洋岛国政治体制之间的关联趋势，从而帮助确立正确、有效的合作方式和方法。

第三节 坚持"四个超越"原则，推动全面战略合作伙伴关系

在历史上，中国一贯重视经济的多元化发展。长长的骆驼车队绵延于欧亚大陆上，来来回回做着奇特的香料与各式珍稀货品贸易。那时，中国是世界最大的经济体，而中国与欧亚大陆之间是当时关键的国际贸易通途。如今，中国正努力建设另一条海上贸易通道，由南亚延展至东南亚，延伸到达太平洋诸岛国。由于受到外在多因素制约，在20世纪70年代之前中国与太平洋岛国的交往并不多。在步入21世纪以来，双方来往日益密切，这引起前宗主国的"担忧"。

中国在20世纪90年代才开始进入南太平洋地区。澳大利亚和新西兰一些研究机构预判，鉴于中国与太平洋岛国的经贸合作势头，中国极有可能在不久的将来取代澳大利亚和新西兰成为太平洋岛国最大和最重要的经济伙伴。随着"一带一路"倡议和"21世纪海上丝绸之路"南线的不断推进，中国同岛国的经贸合作呈现出加速之势。中国越来越多的企业在太平洋岛国参与当地的基础设施、能源和农业建设。伴随着中国企业海外经验的积累与丰富，以及与太平洋岛国合作伙伴关系的进一步密切，中国企业还会在太平洋岛国地区进行更大规模的投资[1]。正是由于中国与太平洋岛国经贸合作的强劲势头，澳大利亚和新西兰都认为中国在大洋洲的快速发展是第二次世界大战后该地区最重要的地缘政治新现象。

中国与太平洋岛国日益加强的经贸合作的重要意义实际上已经远

---

[1] Ethan Meick, Michelle Ker and Han May Chan, "China's Engagement in the Pacific Islands: Implications for the United States", Research Report, US-China Economic and Security Review Commission, 2018.

远超出了经济范畴，它对包括太平洋岛国在内的发展中国家的经济成长模式，以及国与国之间的合作模式产生了广泛而重要的影响。总体而言，南太平洋地区的政治领导人，特别是岛国领导人对中国奉行"国家不分大小，一律平等"的外交政策和"不干涉别国内政"的策略普遍持欢迎的态度，并且对中国提出的加强两地经贸合作的建议予以积极回应。相当多的太平洋岛国领导人认为中国与岛国日益增强的经贸合作有利于岛国的经济发展，也符合岛国的政治利益，是岛国应对一些西方国家和本地区大国施压可以借助的回击方式。作为世界政治体系中的小国、弱国，太平洋岛国地区领导人对政治平等更为敏感，对域外大国以经济援助和经贸合作为施压手段的做法十分反感。因此，岛国领导人对中国将政治与经济分开，不在经贸合作中附加政治条件的合作方针普遍持欢迎态度，认为这是对岛国独立和主权的尊重，是双方建立平等伙伴关系的最重要的基础。

中国对岛国正在形成的合作优势令岛国政治领导人感到高兴，但也令西方前宗主国和南太平洋地区一些传统大国的领导人感到不适和不快。因此，一些岛国问题研究人员和国际观察家指出中国与世界各国，特别是发展中国家的经贸关系的强化不仅仅是一个经济问题，而且是涉及国际规则和国际制度的大问题。一些西方政治分析人士进而得出中国崛起势将挑战美国及其西方盟友在国际秩序中的霸权地位，以及它们主导的符合其本身政治、经济和安全利益的国际秩序[1]。而这一切注定会加剧太平洋地区大国间的不信任，甚至会产生新的国家，或国家联盟间的对抗。米尔斯海默（John Mearsheimer）断言中国在太平洋地区不断增长的政治和经济势力注定会与美日及其同盟在该地区的利益发生冲突[2]。杰安娜·麦卡锡（Joanna McCarthy）则认为大洋洲已经成为中国实力增长的"试验田"，威胁一向将太平洋视作

---

[1] Matt Hegarty, "China's Growing Influence in the South-West Pacific: Australian policies that could respond to China's intentions and objectives", Indo-Pacific Strategic Papers, Australia Defense College, 2015.

[2] Mearsheimer, J., *The Tragedy of Great Power Politics*, Norton, New York: Inc, 2003.

自己"内湖"的美国的利益①。冷战结束后,太平洋岛国对美国的军事和战略价值大幅度下降,因而太平洋岛国在美国的全球体系中始终处于边缘地位。美国亦将维护其与西方国家在这一地区的利益和价值观的任务交给了澳大利亚。这一方面是由于澳大利亚是美国的军事盟国,另一方面是由于澳大利亚对美国一向"忠诚"。

西方一些国际关系分析人士和学者认为中国在大洋洲迅速增长的经济存在和政治影响主要是由于西方国家在该地区的政治、经济影响力的下降造成的②。这些西方国际关系观察人士和学者批评美国在后冷战时期过于忽视太平洋岛国地区从而致使中国在大洋洲迅速崛起③。但是,美国真的在后冷战时期对太平洋地区过于忽视吗?作为全球超级大国,美国政府公布了维护其全球霸权必须掌控的全球16处要冲,太平洋岛国的确不在其中。但这并不意味着美国就真的对太平洋岛国地区完全不予重视。事实上,美国对这一地区的援助远远超过其他任何时期。不仅如此,美国在本地区的最密切的军事盟国澳大利亚是太平洋岛国最大的援助国。澳大利亚一直以美国在亚太地区的"副警长"自居,声称要在太平洋地区捍卫美国的利益和价值观。美国和澳大利亚在本地区仍建有大型军事基地。

此外,这些西方政治人士和学者却没有想到太平洋岛国为什么会对与中国的经贸合作表示出如此巨大的热情?它们为什么对中国的援助和基础设施建设合作表现得如此欢迎?这与太平洋岛国对与西方国家的外交关系和政治经济交往中的不满是密不可分的。一些西方政治人士和学者喜欢指责中国与包括太平洋岛国在内的发展中国家的合作加剧了当地的政治腐败、政局不稳,影响了西方希望的"良政"的推

---

① Joanna McCarthy, "China extends its influence in the South Pacific", *ABC news*, 10 September 2016.
② Anne-Marie Brady, *Looking North, Looking South*, Singapore: World Scientific Publishing, 2010.
③ Simon Denyer, "As U. S. retreats in Asia-Pacific, China Fills the Void with an Ambitious Global Plan", *Washington Post*, 12 May 2017.

行。他们还批评中国的援助和贷款等增加了发展中国家的财政负担，导致这些国家陷入债务危险之中[1]。因此，这些政治人士和学者也批评与中国的经贸实际上阻碍了发展中国家政治、经济的健康与稳定的发展。他们的批评与指责只不过是抱怨中国在太平洋地区日益增长的政治影响力将会削弱西方在太平洋地区的利益。这些西方政治人士和学者的观点已经遭到了太平洋岛国政府和民众的否定和批评。

有一些西方人士甚至声称中国向南太平洋地区的移民极有可能给该地区造成难民问题。他们还声称当来自中国的移民的合法权益遭受威胁时，中国将会在太平洋地区捍卫华人的权利。[2] 这是一种臆想，先不说这种臆想发生的可能性有多大，任何一个国家对于国外侨民的合法权益受到损害都会表示关切，这是主权国家的通常做法。如果包括西方国家在内的世界各国都会采取行动，保护海外侨民的合法权利，他们有什么理由要求中国成为例外呢？中国在太平洋岛国地区的移民正在逐年增加，中国在太平洋岛国地区生活和工作的国民也在不断增长。中国移民的增多可能会使中国与岛国的关系复杂化，但是中国在该地区移民的增多并不是中国政府外交政策，或移民政策的结果，因为中国政府从没鼓励向太平洋地区移民。而且，如果别国移民没造成难民问题，那么为什么中国移民一定会造成难民问题？这些只能说明他们的骨子里充斥着"种族主义"和"白人至上"的陈旧观念。

随着中国在该地区经济和政治影响力的显著上升，美国重新调整对太平洋岛国地区的政策，准备加大在该地区的政治、经济和军事投入。美国助理国务卿坎贝尔对美国的地区政策调整做了说明，强调这是因为太平洋岛国在国际和地区事务中发挥着重要的作用。既然岛国

---

[1] Sam Parker and Gabrielle Chefitz, "China's Debtbook Diplomacy: How China is Turning Bad Loans into Strategic Investments", *Diplomat*, 30 May 2018.

[2] Kerry Gershaneck, "China's Plan for Conquest of the South Pacific", *Asian Times*, 7 September 2018, http://www.atimes.com/article/chinas-plan-for-conquest-of-the-south-pacific/.

在国际事务中发挥着重要作用，为什么美国政府以前没有发现？一些澳大利亚学者因此指出这恰是美国及其盟国澳大利亚等前宗主国欲联合太平洋岛国对抗中国在该地区日益增长的影响的最根本原因。澳大利亚罗伊研究所的一些研究人员声称日本对于中国在太平洋地区力量和影响的增长表现出令人惊讶的不安。他们引用日本太平洋研究所的部分研究人员的观点强调，日本自2006年以来不断加大对太平洋岛国的援助，旨在对抗中国在这一地区日益增长的国际影响力[1]。日本通过举办太平洋岛国峰会加强与岛国之间的联系，最初的目的是争取太平洋岛国对联合国改革的支持，但是联合国安理会改革早已经是过时话题，日本便企图通过峰会机制以经济、技术援助的方式加强与各岛国的联系，"成功实现了从环境外交到海洋外交的转变"[2]，以此抗衡中国影响。

早在20世纪60年代中期，"印度太平洋"（Indian pacific）一词已经进入澳大利亚外交政策词典，澳大利亚还举行会议研讨"英联邦在印度太平洋地区安全和核扩散方面的责任"[3]。英国、法国、德国等国家，由于距离南太地区位置较远，再加上国内经济不景气，经常表现为"心有余而力不足"。由于美国战略重心不在于此，澳大利亚与美国达成军事同盟，由澳方负责南太地区的军事安全。2018年10月，澳大利亚和美国表示要联合重建位于巴布亚新几内亚马努斯岛上的海军基地。有学者认为，中国发展是美澳联盟升温的重要驱动因素，[4] 美澳针对中国的意图日益明显。不仅如此，澳大利

---

[1] Jenny Hayward-Jones 2015, "Japan's Pacific islands strategy counters a rising China", Lowy Institute, 26 May, https：//www.lowyinstitute.org/the-interpreter/.

[2] 陈祥：《日本的南太平洋外交战略演变与太平洋岛国峰会——从环境外交到海洋外交》，《太平洋学报》2019年第5期。

[3] Rory Medcalf, "Pivoting the Map：Australia's Indo-Pacific System", Centre of Gravity series No.1, Canberra：Australian National University Strategic and Defense Studies Centre, 2012, p.2.

[4] 张露：《冷静看待美澳联盟关系》，《学习时报》2017年9月4日。

亚国防部长琳达·雷诺兹（Linda Reynolds）还呼吁英国在亚太地区"扩大军事力量存在"[1]。在所罗门群岛与中国建交问题上，美国曾明确表示，希望澳大利亚敦促所罗门群岛不要发生外交转向，并以高额援助相诱惑[2]。但是，澳大利亚本身也有着自身的战略目标与利益诉求。澳大利亚经济不断保持增长，主要得益于同中国的经贸合作。澳大利亚纠结于中美关系，力图保持"平衡"态势。新西兰国防部发布报告书，表示要通过强化伙伴关系、提升地区安全艺术、优化安全合作方式，改善与太平洋岛国的关系[3]。尽管俄罗斯面临经济恢复的巨大压力，俄罗斯也没有忽略加强与太平洋岛国之间的关系[4]。

21世纪前20年结束之际，国际关系格局发生了新变化，"强权政治、冷战思维沉渣泛起，单边主义、保护主义逆流横行，人类发展面临空前风险挑战，国际形势进入动荡变革期"。同时，新一轮科技革命和产业变革蓄势待发，人类社会对健康安全、和平发展、合作共赢、命运与共的认知更加深刻。尽管面临外部挑战，但是未来的世界是团结不是分裂、是开放不是封闭、是合作不是对抗。"一带一路"倡议是构建人类命运共同体的具体实践。在14个太平洋岛国中，多数国家对中国的"一带一路"倡议表现出了极大的热情，期望通过参与"一带一路"提供的机遇，改善国内基础设施，带动国内就业，赶上全球化发展步伐。在太平洋岛国共建"一带一路"倡议，中国应坚持"四个超越"原则。

一是超越不同的意识形态。太平洋岛国多数国家经历过西方的殖

---

[1] Dominic Nicholls, "Australia urges Britain to be 'more militarily engaged' in the Asia-Pacific region", https://www.telegraph.co.uk/news/2019/07/08/, 2020年3月20日浏览。

[2] Stephen Dziedzic, "Prime Minister Scott Morrison Pledges ＄250 Million for Solomon Islands Infrastructure", https://www.abc.net.au/news/2019-06-03/, 2020年3月20日浏览。

[3] Advancing-Pacific-Partnerships-2019, https://www.defence.govt.nz/assets/publication/file/5f6dd307e7/Advancing-Pacific-Partnerships-2019.pdf, 2019年10月29日浏览。

[4] Michael Field, "Fiji's 'look north' policy finds an open-armed Russia", February 25, 2016, https://asia.nikkei.com/Politics/Fiji-s-look-north-policy-finds-an-open-armed-Russia.

民统治，在20世纪中后期开始独立。独立后，各国采取了不同的政治体制。中国是社会主义国家，中国政府一贯主张国家不分大小，所有国家一律平等。中国一贯尊重各岛国自主选择符合本国国情的社会制度和发展道路，支持岛国以自己的方式管理和决定地区事务，支持岛国平等参与国际事务、维护自身合法权益。在共建"一带一路"过程中，中国"不输出政治意识形态"，对外援助"不附加任何政治条件"，获得了岛国政府和领导人的认同。在不同社会制度下，通过求同存异，排除一切政治障碍，实现共建、共享、共赢。

二是超越经济社会发展差距。太平洋岛国属于发展中的海洋国家，除巴布亚新几内亚、斐济、所罗门群岛外，多数岛国国土面积狭小，人口少，基础设施落后。岛国远离世界贸易中心，经济发展缓慢。与同为发展中国家的中国相比，太平洋岛国发展较为落后。在共建"一带一路"过程中，要撇开经济差异，寻找共同点，帮助岛国在现代化浪潮中抓住机遇，实现经济发展、基础设施改善、教育提升、就业增加。岛国有岛国的国情和特点，不能用经济指标的尺子去丈量。通过与波利尼西亚、美拉尼西亚、密克罗尼西亚三个次区域合作，与岛国经济发展规划和蓝色经济对接，促进太平洋岛国实现经济协调可持续发展，推动经济要素有序自由流动、资源高效配置和市场深度融合。太平洋之所以大，是因为没有任何自然阻隔。通过推进"一带一路"倡议，共同打造开放、包容、均衡、普惠的区域经济合作架构。

三是超越文化差异。不同的地区孕育不同的文化，不同的文化培育不同的风俗和习惯。太平洋岛国地处赤道附近，特殊的地理环境和气候特征，造就了当地族群特殊的生活模式，即"太平洋文化圈"。"太平洋文化圈"包括"共享"文化、宗教文化、休闲文化、消费文化等。文化交流是共建"一带一路"的重要组成部分。通过开展文化交流、学术往来、人才交流合作、媒体合作、青年和妇女交往、志愿者服务等，为深化双边多边合作奠定坚实的民意基础，实现民心相通。切忌用中国思维去改变岛国的文化传统。要在相互尊重的基础上，增强对彼此文化的了解，建立关系，增进友谊，实现不同文化的融合，不同文明交流互鉴。只有这样，才能理解彼此的基本价值与行为，并遵守基本对话原则。

四是超越地缘政治。太平洋岛国所在区域位置重要，是东西、南北两大战略通道的交汇处，这里不仅有丰富的海洋资源，还有诸多矿产资源。作为传统地缘政治眼中的边缘地带，如今成为各大国觊觎的目标。美国、澳大利亚、俄罗斯、法国、英国、日本等国都有介入。中国不参与此地区的大国竞争，希望在和平共处五项原则的基础上同南太平洋各国以及世界上一切其他国家发展关系。中国不仅要扩大与丝绸之路历史国家的交往，而且要扩大对沿线所有国家的开放，中国是岛国真诚朋友和合作伙伴。在正发生复杂深刻变化的当今世界，太平洋岛国通过参与中国举办的博览会、洽谈会、推介会、对话会等，与中国在经贸、旅游、农渔业、能源资源、基础设施建设等领域交流合作不断加深。

作为"21世纪海上丝绸之路"南线的重要组成部分，中国与大洋洲各国也加强了经贸合作。中国与太平洋岛国的经贸关系得到了空前的强化，中国与太平洋岛国的关系处于历史最好时期。中国与太平洋岛国中的10个国家建立了外交关系，并与太平洋岛国论坛、太平洋共同体、太平洋岛国发展论坛等地区性国际组织建立了密切联系。由于英国、法国、德国、澳大利亚、美国、日本等国家曾对此地区进行占领或者殖民统治，与这些岛屿国家有着天然联系。为此，一些大国也将中国在该地区的存在视为战略威胁，力图排挤、抵制中国。历史经验研究表明，任何大国的崛起都有可能给现有的国际秩序带来一些新变化，并改变大国在同一地区的力量对比和利益分配。中国在太平洋地区的地位和角色正在发生重大变化，过度夸大中国对该地区的政治、经济，特别是安全挑战既不符合事实，也缺乏严肃的科学态度。

第四节 把握太平洋岛国形势新变化，探索深化合作新路径

改革开放40年来，国际局势发生了重大变化，中国外交经历了三个重要阶段，从"独立自主""不结盟"到"韬光养晦，有所作为"，再到"和平发展""互利共赢"[①]。中国与建交太平洋岛国的关系也在不断发生变化。太平洋岛国领导人表示，积极参加共建"一带一路"，加强同中国在贸易、投资、渔业、旅游、基础设施建设等领域合作，助力自身经济社会发展。面对中国—太平洋岛国发展的新局面和新机遇，中国要积极应对挑战，以新的路径开创新局面。

在过去很长一段时间，太平洋岛国的发展受到西方国家的控制。随着社会的发展，太平洋岛国的形势也在发生变化，主要体现为：太平洋岛国谋求自主发展和联合自强的趋势不断增强；国际社会对岛国地区的重视程度在不断上升；太平洋岛国地区的传统格局正在发生变化；中国同岛国地区的关系以及中国对岛国的影响引起各方瞩目。太平洋岛国谋求自主发展和联合自强的趋势不断增强是岛国形势发展变化的内因，也是最根本的动力。太平洋岛国制定了可持续发展战略，彰显了岛国的诉求，主要体现在以下方面。一是面临全球化的冲击，岛国非常希望得到国际社会更多的帮助，以跟上时代发展的步伐，而不是被全球化的浪潮进一步地边缘化；二是面对迅猛发展的国际科技革命浪潮，太平洋岛国希望借助东风使本国的经济得到跨越式发展，而不是与科技进步擦肩而过；三是他们作为受气候变化、海平面上升影响最大的经济体，希望国际社会更多地听到他们的声音，了解他们的需要。在"一带一路"倡议框架下，中国与太平洋岛国的合作需要抓住以下几个着力点。

[①] 高飞：《改革开放40年中国外交的历程与启示》，《当代世界》2018年第5期。

第一，要在平等相处基础上建立峰会对话机制与交流平台。政治互信是加强交往的基础和前提。中国领导人在与太平洋岛国领导人会晤时都强调，国家不分大小、强弱、贫富，都是国际社会的平等一员，都应相互尊重，平等相待。中国尊重太平洋岛国根据本国国情所选择的社会制度和发展道路，也尊重各岛国为维护国家主权与独立、为维护本地区的和平与稳定所做出的努力。中国的主张赢得了太平洋岛国领导人的认同和支持。随着"一带一路"倡议的持续推进，中国与太平洋岛国之间的事务越来越多。2006年、2013年和2019年，中国同建交太平洋岛国共同举办了三届中国—太平洋岛国经济发展合作论坛。中国—太平洋岛国经济发展合作论坛的持续举办，为中国与太平洋岛国领导人建立稳定的更高级别的对话提供了基础。要通过与各国政府间的对话机制，在太平洋岛国加大"人类命运共同体""经济共同体""一带一路"倡议概念的宣传，让岛国的政治家、商人、民众理解在新型大国关系框架下与中国的合作是"基于相互理解的双赢合作"，不但不会影响其他国家的发展，还会为南太平洋地区的发展带来益处。要加强与岛国政治家的联系，他们不一定是政党的领袖，但是却有很高的威望和影响力。要加强与岛国岛屿理事会、酋长委员会和非政府组织委员会领袖的沟通交流，扩大政府间和非政府间的交流。

第二，向南太平洋地区域外大国宣示中国"和平发展"政策。美国主导的霸权体系与秩序对美国的盟国仍然具有重要价值，在全球权力体系和秩序面临深刻变革的时代大背景下，在深入理解和掌握全球权力体系理论的基础之上，运用"对价交易"理论的基本原理，尽力与全球体系与秩序主导国美国，以及其他现时全球体系与秩序的既得利益者开展关于我国在全球体系与秩序中新的地位与权力的博弈，并达成符合我国"硬、软"力量增长实际的阶段性"对价交易"，以利于世界和亚太、印太地区的和平、稳定与繁荣，维护中国基本良好的外部发展环境。根据"对价交易"的"充分宣示"策略，中国应明确无误地表明"和平发展"的战略目标、利益诉求、核心利益,以及和平发展路径等,以最大限度地减少美国及其盟友对中国的战略误判。

第三,建立跨文化视阈下的民主协商机制。民主协商制度是最大限度减少分歧,保障利益最大化的重要举措。"太平洋文化圈"拥有独有的特征,其在岛国政治经济社会发展中的影响不容忽略。中国与太平洋岛国在中长期培训、教育合作、使馆往来以及贸易与投资方面有了全面合作。中国高校、科研院所成立的太平洋岛国研究中心不仅促进了学术研究与合作,而且延展了其他可持续性发展机会。在现有合作基础上,需要建立一个跨文化的机制,梳理太平洋岛国优先发展事项,分析投资环境、区域文化,制定最佳投资方案,并且形成一套完整的问题解决机制。在合作中,如何与岛国政府官员、社区领袖以及相关技术部门开展磋商,以完善实施方案。比如,与太平洋岛国"蓝色经济"对接的内容;作为可持续发展重要内容的旅游行业,如何实现飞机直航等问题[①]。

第四,将中国模式与"岛国时间"有机结合起来。太平洋岛国在长期发展过程中形成了独特的民族文化、习俗和生活习惯,比如,休闲文化和分享文化是岛国原住民族的生活态度,基督教信仰占据民族宗教信仰的主流,向教堂进行捐赠是普遍共识;在西方文化影响下,绅士风格在岛国日常生活中有所体现。中国可以向岛国提供长期融资和基础设施建设方面的帮助,可以向岛国输出自身成功的经验,并以高标准来帮助岛国建设基础设施,完善教育和医疗体系以及科技创新机制,向岛国提供管理技术和公司治理上的中国方案。中国在岛国的投资,或者双方之间的合作,一定要坚持"本土化"的方针,将"岛国时间"和中国模式结合起来,不应试图改变岛国民族的习惯,

---

① 欧阳杰、徐翀宇:《构建面向南太平洋岛国的"空中丝绸之路"发展战略的思考》,《中国民航报》2016年4月28日。

或者打破当地的习俗和观念。政府还可以鼓励中国与太平洋岛国之间的省、市之间的对接，加大互动频率，在经济合作中实现双赢，还可以发挥中国各地自贸区的经济引领作用。

第五，将太平洋岛国亟须的民生项目和应对气候变化项目纳入"海上丝绸之路"建设地为首选项目。重视太平洋岛国民生项目建设，以环境保护和应对气候变化为突破口，实现与岛国各民族的民心相通。太平洋岛国三个次区域资源和经济发展不平衡，要加以区别对待。除了斐济、巴布亚新几内亚、萨摩亚、库克群岛经济相对较好外，其他国家经济社会发展相对落后，基础设施建设不完善。岛国虽然是海洋国家，但是有些国家没有大型港口，国内道路设施落后，海上运输和空中运输不便利，物流业发展缓慢，成为制约这些国家的发展瓶颈。图瓦卢、瑙鲁、基里巴斯等国家没有淡水资源，本国没有电视台，电视节目依赖其他国家提供。为此，要有针对性地面向岛国广泛开展医疗巡诊、减贫开发、环境保护、海洋生物多样性保护以及气候监测等各类公益慈善活动，促进民众生活条件的改善。环境优美是太平洋岛国引以为豪的特点，也是岛国特有的优势。要将可持续发展理念与太平洋岛国"蓝色海洋经济"实现对接。与太平洋岛国合作，一方面可以选择绿色项目，帮助岛国发展清洁能源，积极推动水电、核电、风电、太阳能等清洁、可再生能源合作，推进能源资源就地就近加工转化合作，形成能源资源合作上下游一体化产业链，以应对气候变化。日本在太平洋岛国太阳能、氢能源项目中的经验值得借鉴。另一方面，要强化基础设施建设中的绿色低碳和运营管理，在建设中充分考虑对气候变化的影响。中国企业在投资贸易中要突出生态文明理念，加强生态环境、生物多样性的保护工作，并把这种理念贯彻到实际工作中去。

第六，发挥好南太平洋地区华人华侨的纽带作用，重视对在岛国投资的华人企业及非政府组织的扶持力度。太平洋岛国的华人华侨是促进中国—太平洋岛国关系友好发展、提升民间交往、沟通、交流的桥梁。就目前来说，一些西方国家在南太平洋地区还在宣传"中国崛起论""中国威胁论"，甚至在言辞上污蔑中国的援助计划①。要充分发挥华人、华侨的宣传带动作用，发挥"人际传播"的作用，打破某些国家出现的"舆论沉默"②，消除"中国挑战美国主导的国际秩序和国际金融体系"的误解③。同时，要加强华人自律，切忌加入岛国土著民族的政治斗争和经济斗争之中。通过新媒体手段让太平洋岛国民众对"一带一路"、亚投行、丝路基金等概念有正确的理解，由于太平洋岛国对中国的"一带一路"倡议不了解，岛国领导人对该项目下的合作存有顾虑，有些领导人担心合作项目是否会影响国内政权的稳定。因而，直接的官方政府行为往往会遭到对方的"质疑"，特别是岛国政府在野党的反对声音。通过企业和非政府组织的介入，一般会取得良好效果。要鼓励企业在岛国进行多领域投资，开展农林牧渔业、农机及农产品生产加工等领域深度合作，积极推进海水养殖、远洋渔业、水产品加工、海水淡化、海洋生物制药、海洋工程技术、环保产业和海上旅游等领域合作。企业前往太平洋岛国投资和执行援助项目，政府应出面制定行业标准、产能输出标准、劳工服务标准、环境保护标准、绿色发展标准、节能减排标准、安全生产标准等。这些标准、规则的制定会促进企业更好地投资和在当地发展，聚拢当地民心。中国在南太平洋地区的投资集中在基础设施建设、矿产资源、旅游业等方面。

要之，"一带一路"是构建人类命运共同体的具体实践。在14个

---

① 澳大利亚等国家一直呼吁中国公布对岛国的援助数字。

② 在太平洋岛国的中文网站存在更新缓慢、公众号承载信息量少等问题。调研发现，各岛国华媒发展参差不齐，斐济的《斐济日报》是这些媒体中的佼佼者。中国可以有意识地助推岛国华媒的发展。

③ 在第二届"一带一路"国际合作高峰论坛结束后，2019年5月13日，中国驻斐济大使向来自斐济、巴布亚新几内亚、瓦努阿图、萨摩亚、帕劳、所罗门群岛、澳大利亚、新西兰等国媒体及地区新闻组织的16名记者宣介了第二届"一带一路"国际合作高峰论坛成果、中国合作共赢和共建人类命运共同体理念，以及中国同太平洋岛国的友好合作等，及时化解了当地媒体对相关问题的猜测。

太平洋岛国中，尽管多数国家对中国的"一带一路"倡议表现出了极大的热情，期望通过参与"一带一路"提供的机遇，改善国内基础设施，带动国内就业，赶上全球化发展步伐，但是共建的任务任重道远。在太平洋岛国共建"一带一路"要做到"四个超越"：超越意识形态、超越经济社会发展差距、超越文化差异、超越地缘政治[1]。"超越"并不意味着"撇开"，而是在正视现实、承认差异性的基础上，站得更高，看得更远，追求互补，和而不同。在此基础之上，扩大经济合作范围，壮大贸易投资网络，形成连接拉丁美洲、澳大利亚、新西兰的多边合作关系。"一带一路"倡议聚焦于更广阔的经济一体化、政治合作、世界联通、贸易金融一体化和人文联系。太平洋岛国期望赶上全球化的浪潮，推动国内经济社会全面发展，而与中国合作是太平洋岛国走向世界经济中心的题中之义。

---

[1] 赵少峰：《与太平洋岛国共建"一带一路"的四个超越》，《中国海洋报》2018年11月29日。

附录　帕劳、马绍尔群岛、图瓦卢、瑙鲁四岛国概况

帕劳、马绍尔群岛、图瓦卢、瑙鲁是尚未与中国建立外交关系的四个太平洋岛国。帕劳、马绍尔群岛、瑙鲁属于密克罗尼西亚群岛，图瓦卢属于波利尼西亚群岛。从四岛国发展来看，它们经济发展缓慢、落后，几乎没有工业，面临改善民生、发展经济和应对气候变化的多重压力。未建交岛国不断加强与大国、国际组织的关系和联系，美国、澳大利亚、日本、法国、新西兰等国家在太平洋岛国地区的博弈，使长期被"忽略"的岛国得到了发展的机遇，有利于争取外援，缓和国内矛盾，提升国际影响力和国际政治地位。

一　帕劳、马绍尔群岛、图瓦卢、瑙鲁地理历史简况

四岛国都属于资源缺乏型的海洋国家。帕劳和瑙鲁由于人口少，占有一定的旅游资源和磷酸盐资源，相对比较富裕。图瓦卢、马绍尔群岛由于国土面积小，资源有限，再加上受自然灾害影响明显，经济发展面临较大压力。帕劳、马绍尔群岛是美国的自由联系国，得到美国经济援助较多。

（一）帕劳：密克罗尼西亚群岛的天堂

帕劳地处西太平洋密克罗尼西亚群岛，由 8 个主要岛屿及 340 余

个火山岩小岛组成，其中9个岛有人居住，其余为无人岛，通称帕劳群岛。国土面积488平方千米，总人口为2.1万人[①]。帕劳主要使用英语及帕劳语，岛民以信仰天主教、基督教新教为主。第一大城市为旧首都科罗尔（Koror）。2006年10月，帕劳将首都迁至梅莱凯奥克岛（Melekeok）[②]。

帕劳于1783年被葡萄牙人发现，1892—1899年为西班牙占有。1899年售予德国，第一次世界大战后由日本接管。第二次世界大战后，由联合国授权美国托管。1981年组建政府，确立宪政体制。1986年与美国签订自由联系条约，1993年获得美国批准。1994年10月，脱离美国托管，正式独立。

帕劳为三权分立的民主共和国，中央有行政部门、参众两院及司法院，地方分16个州。参议院13个席位，众议院16个席位，议员任期4年。帕劳社会深受传统大家族和亲戚关系的影响，土地所有权及商业命脉多为酋长掌握，南北大酋长备受尊崇，国家设立有酋长委员会。帕劳从母系社会发展而来，传统上女性主掌土地所有权及酋长之任免，甚至能左右政治人物当选。

帕劳土地贫瘠，除少数铝矾土和磷矿外，缺乏矿产资源。传统产业为农业及渔业。土地用于农业生产占10%，森林占87%。农业产值贡献率极低，主要农产品为椰子、芋头、面包果等，农产品无法自给自足，需从美国、日本进口所需的粮食、蔬菜、水果。沿海渔业资源因过度捕捞而枯竭，主要输出金枪鱼。从2020年开始，帕劳关闭80%的海洋专属经济区。二战后，日本政府销毁了在帕劳的若干轻型工业设施，加以帕劳人重视环保，现在岛上基本无制造业。2020年国内生产总值（GDP）2.58亿美元帕劳生产少量手工

[①] https://www.cia.gov/library/publications/the-world-factbook/geos/ps.html.
[②] 2019年5月，笔者前往帕劳调研发现，新首都建有总统府和议会大楼，环境和基础设施建设好于旧首都，政府其他部门还在科罗尔办公，尚未办理搬迁。

附录　帕劳、马绍尔群岛、图瓦卢、瑙鲁四岛国概况

艺品及木雕品，价格较高。服务业主要以旅游业、餐饮、住宿为主，其中旅游以帕劳、马绍尔群岛、图瓦卢、瑙鲁四岛国等水上活动为主要项目。帕劳财政收支失衡，财政及外贸长年出现赤字，来自美国、日本、韩国的援助成为弥补财政赤字的重要资金来源。因历史及地缘因素，物资多来自美国、日本。旅游、建筑、运输、通信、零售业有所增长。由于帕劳社会福利较好，当地人多不爱劳动，从菲律宾、印度尼西亚等地前往帕劳的劳工较多，主要从事建筑、农场粗活及服务业。帕劳人经营的小型农场约6处，其余由外国投资者经营[①]。大型建筑商约2—3家，大型百货商场2家。日本在帕劳投资有小型超市、餐厅等。华人在帕劳投资有旅馆、餐饮、旅游、杂货店等。相较于密克罗尼西亚群岛的其他国家，帕劳的生活、环境、交通要便利很多，帕劳机场能够直飞香港、澳门以及美国关岛等地。2018年，联合国公布的帕劳人类发展指数为0.814，远高于马绍尔群岛和密克罗尼西亚联邦。因此，外地投资将其称作密克罗尼西亚群岛的"天堂"。

（二）马绍尔群岛：孤悬于太平洋之中

马绍尔群岛（The Marshall Islands）位于太平洋中西部，密克罗尼亚岛群的东部，首都为马朱罗（Majuro）。该国西临密克罗尼西亚联邦，西北为美属北马里亚纳群岛，南部为吉里巴斯、瑙鲁，东北隔海与夏威夷、中途岛遥遥相望，东边与北边则为空旷的北太平洋。该国陆地面积181.3平方千米，由29个环礁岛，1225个小岛组成，海洋专属经济区面积213万平方千米。2020年人口总数约77917人，[②]当地人属密克罗尼西亚人种。当地使用英语、马绍尔语。人民多信奉基

[①] 由于帕劳实行产业保护措施，旅游、餐饮、船运等行业只能由当地人经营，外国投资者将相关产业挂在当地人名下，由此产生的法律诉讼很多。

[②] https://www.cia.gov/library/publications/the-world-factbook/geos/rm.html.

督教及天主教。联合国公布的马绍尔群岛人类发展指数（HDI），1990—2016年为不详，2018年为0.698①。马绍尔群岛深受美式文化影响，日常生活无特殊禁忌。

马绍尔群岛政治体制为共和国，实行总统内阁制，总统由国会33名议员推选产生，任期4年。10名内阁成员则由总统从议员中选任，并兼任议员。酋长院由12名传统大酋长或其指定的代表组成，不经选举，任期无限制。酋长院并无实权，仅对国会所提法案涉及传统习俗、文化及土地产权等问题表达意见。

2018年，马绍尔群岛国内生产总值为2.21亿美元，人均国民生产总值3789美元。（2020年国内生产总值为2.44亿美元）经济主要依赖农业、渔业及旅游业。马绍尔群岛四面环海，渔业资源丰富，是世界级良好渔场之一，本地渔船以近海及环礁捕鱼为主，外国远洋渔船多来自中国大陆和美国、日本、韩国等。该国土地贫瘠，没有大面积的农作物种植，主要出口产品有椰子、椰干、诺丽果汁。马绍尔群岛政府认为外国人投资为推动经济发展的重要动力。该国与新西兰、澳大利亚签署经济贸易协定（South Pacific Region & Trade and Economic Agreement，SPARTECA），与美国、加拿大、日本市场享受普遍优惠关税制度（Generalized System of Preference），对于增加出口起到了重要作用。该国土地大部分为私有，土地租期可达50年，因"多重土地所有权"制度，外国投资人取得土地非常困难。马绍尔群岛缺乏技术性劳工，但是外国投资者不易取得该国的工作签证，这是制约当地经济发展的重要障碍。

为了保护当地薄弱的行业经济，部分行业禁止外国投资者涉入。马绍尔群岛政府公布的"保留投资项目清单"（Reserved List）包括：供给国内市场之小规模农业；供给国内市场之小规模水产养殖业；面

---

① 比中等发展指数0.634略高，参见http://hdr.undp.org/en/data，浏览日期：2020年5月15日。

包烘焙业；汽车维修厂及加油站；出租车业；交通工具租售业；小型零售业（含户外摊贩及食物外卖店）；干洗店（旅馆除外）；裁缝业；碟片出售业；手工编织品店；熟食外卖店。马绍尔群岛政府期待外国投资的项目为旅游业、渔业、椰制品、鱼制品及果蔬加工业，其中以渔业、旅游业较具发展潜力。但是该国孤悬于太平洋之中，与其他国家距离遥远，对外交通运输不便，运费昂贵，而且国内市场需求较小，没有相关产业及健全的基础设施，吸引外资异常困难。

（三）图瓦卢："八岛之群"

图瓦卢（Tuvalu），图瓦卢语意为"八岛之群"[①]。大约两千年前人们开始定居于此。西班牙探险家是最早到达图瓦卢的欧洲人。图瓦卢总陆地面积仅25.11平方千米[②]，由三个珊瑚礁岛群、六个环礁岛群组成。三个珊瑚岛是纳努曼加、纽拉基塔、纽陶，六个环礁岛分别为纳努梅阿、努伊、瓦伊图普、努库费陶、富纳富提、努库莱莱。九个岛屿平均海拔只有3米，全国最高海拔仅有4.5米。2020年人口数量为11342人[③]。首都位于富纳富提环礁，仅有2.8平方千米。图瓦卢人属于波利尼西亚人种，其中还包括大约4%的密克罗尼西亚人。波利尼西亚人种属南方蒙古人种和澳大利亚人种的混合类型，身材中等偏高，皮肤为浅褐色，体毛较少，头发为宽幅波状黑发，面部宽大，略呈颌突。波利尼西亚人使用多种语言和方言。

1892年，英国吉普森被派到图瓦卢。从此，图瓦卢被改名为埃利斯群岛。1915年，英国吞并该岛，与北部的基里巴斯群岛合称为吉尔伯特-埃利斯群岛殖民地。1978年10月1日，图瓦卢宣告独立，颁布新的宪法。宪法规定，图瓦卢为英联邦的成员国。英国女王为国家

[①] 图瓦卢实际由9个岛屿组成，最小的岛屿纽拉基塔到1949年以后才有定居。
[②] 陆地面积公开数字是26平方千米。据图瓦卢首席预报员卡蒂（Tavala Katea）说，从1993年至2009年，图瓦卢的国土面积缩小了2%，16年间海平面上升了9.12厘米。
[③] https://www.cia.gov/library/publications/the-world-factbook/geos/tv.html.

元首，任命总督代为行使职权。由于图瓦卢人口较少，议会也只有15个席位，所以图瓦卢没有政党，换句话说，图瓦卢政治系统具有无党派民主的特征。图瓦卢的政治系统是建立在个人的联盟、家族的忠诚、家庭关系的基础之上。议员之间自行联合组成政团。1986年2月和2008年4月，全国进行了两次全民投票，均反对成为共和国。2000年9月17日，图瓦卢成为联合国的第189个成员，同年成为英联邦的正式成员国。

图瓦卢是联合国公布的"世界上最不发达的国家"之一，经济发展状况很不乐观。图瓦卢土地贫瘠，很多农作物无法正常生长，大多数植物因其地理位置和气候条件等原因都无法存活。岛上基本上没有工业，一切依赖进口。图瓦卢主要发展渔业和旅游业，但是受到交通不便的影响，前往图瓦卢游玩的人并不多。2011年前往图瓦卢的访客共计1232人，仅有258人属于游客。中国前往图瓦卢的人非常少，每年仅有几人至几十人不等，都属于公务出行。图瓦卢渔业资源十分丰富，但是开发能力有限。图瓦卢邮票世界知名，极具收藏价值。[①]图瓦卢的外汇收入主要是靠发售邮票和出口椰干、收取外国在图瓦卢海域的捕鱼费、在瑙鲁磷矿工作的侨民汇款、海外船员收入、外国船只注册费[②]、海外援助。图瓦卢出口贸易非常少。2013年，贸易逆差占国内生产总值的78%，出口额占不到进口额的1%。2020年GDP总量为0.48亿美元该国没有可利用的地下水资源，雨水是最主要的淡水资源。全部住宅都配有水罐，用来收集雨水，满足日常生活需

[①] 邮票成为图瓦卢与世界联系的桥梁，政府和相关部门十分重视邮票的发行工作。邮票局建立的初衷是让世界各地了解太平洋岛国，了解图瓦卢。他们积极联系国际的邮票生产的相关部门，承担世界上60多个国家的邮票设计业务。图瓦卢邮票世界知名，吸引了国际邮票爱好者的关注。近年，图瓦卢邮票局也发行了以中国十二生肖为主题的邮票。

[②] About Tuvalu Ship Registry, http://www.tvship.com/EN/Home/AboutUs.aspx. 凡是在图瓦卢船舶注册管理局登记注册的船只，可以悬挂图瓦卢国旗，享受图瓦卢提供的待遇。图瓦卢船舶注册管理局的职责包括：船舶注册、颁发牌照；进行海员认证；进行船舶检查，确保航船符合安全和环保标准。

附录　帕劳、马绍尔群岛、图瓦卢、瑙鲁四岛国概况

要。根据2014年联合国开发计划署（UNDP）发布的人类发展指数（Human Development Index，HDI），图瓦卢2013年HDI为不详①。在没有排名的八个国家中，列最后一位。贫困被认为是现今影响图瓦卢人口发展的一大因素。但是图瓦卢在"教育不公平性上"为10.5%，这反映了政府在教育机会和公平性上执行得较好。

图瓦卢经济发展较为缓慢，在太平洋岛国地区排名处于后列。尽管太平洋岛国远离其他大陆，但是岛国经济同样受世界经济危机的影响。全球经济危机发生之时，危机所产生的影响并未迅速波及太平洋地区的岛国，但是，太平洋地区的国家一旦受到经济危机影响，就不能迅速从中完全恢复。图瓦卢信托基金和酋长院基金是该国获取经济收益的重要组成部分，设立两个基金的目的在于缓解国家财政赤字，支持国家经济的发展，帮助国家实现更大的财政自主权。2016年图瓦卢信托基金总价值约为1.4亿澳元。

（四）瑙鲁：曾经的"快乐岛"

瑙鲁，全称瑙鲁共和国（The Republic of Nauru），位于密克罗尼西亚群岛东南端。瑙鲁是一个呈椭圆形的珊瑚岛礁，全岛长6千米，宽4千米，海岸线长约30千米，最高海拔70米。全岛陆地面积21.1平方千米，是世界上第三小的国家，仅大于梵蒂冈和摩纳哥。2019年，瑙鲁总人口为1.1万人。② 岛上没有河流，唯一的湖泊——布阿达湖是一个咸水湖。岛屿地表渗透性强，缺乏淡水。

1798年，英国发现瑙鲁，将其命名为"快乐岛"（Pleasant Island）。1888年，瑙鲁沦为德国殖民地，始称瑙鲁。1914年，英国人占领瑙鲁。1919年，瑙鲁成为英国、澳大利亚与新西兰的委任统治

---

① 联合国开发计划署网站：Human Development Index 2014，http://hdr.undp.org/en/data，浏览日期：2015年12月13日。在2018年人类发展指数中，图瓦卢和瑙鲁均不在列，说明其该国条件较差，不适宜人类居住。

② https://www.cia.gov/library/publications/the-world-factbook/geos/nr.html.

地，其中由澳大利亚代表三国行使职权。第二次世界大战期间，瑙鲁被日本占领。二战后，该岛仍由英、澳、新三国托管，由澳大利亚代表三国行使管理权。1968年1月31日，瑙鲁宣布独立，建立瑙鲁共和国。同年11月，瑙鲁成为英联邦特别成员国。1999年，瑙鲁成为联合国会员国。

瑙鲁是独立的共和国，实行总统制。总统是国家元首和政府首脑，内阁是瑙鲁最高行政机构，行使行政权并向议会负责；议会实行一院制，行使立法权。内阁由总统和内阁部长组成。自瑙鲁独立以来，瑙鲁的政党时断时续，没有形成一个成熟的政党。总统候选人也往往代表个人或家族。瑙鲁独立以来，没有发生军事政变和暴力冲突，总统却因"不信任案"而提前下台。

在20世纪前半期，澳大利亚、新西兰依靠开发瑙鲁岛上的磷酸盐矿，获得了巨大的经济利益。瑙鲁独立以来，也依靠出口磷酸盐而提升了国家经济发展活力。在20世纪七八十年代，瑙鲁成为世界上少数富有的国家。尽管该国仅有1万人，政府依然创办了国有的瑙鲁航空。随着磷酸盐矿日益枯竭，政府逐渐陷入危机。自2001年起，瑙鲁靠接受澳大利亚的援助来维持发展。根据澳大利亚和瑙鲁签订的协议，澳大利亚政府在瑙鲁设置离岸难民处理中心，安置企图非法进入澳大利亚的难民。2008年，澳大利决定关闭难民处理中心，这引发了瑙鲁政府的不满。2012年，难民处理中心再次重开。因为难民处理中心存在侵犯人权、虐待儿童等问题，受到国际舆论的高度关注。由于岛上资源匮乏，瑙鲁没有开展有效的出口贸易，而且该国没有发展旅游业的基础设施环境，经济发展异常缓慢。仅有捕鱼业和航空业保持一定活力，部分满足国家运作需求。瑙鲁的外贸和经济严重依赖外援。澳大利亚、美国、新西兰以及日本是主要的援助提供方。2020年国内生产总值为1.15亿美元。

附录　帕劳、马绍尔群岛、图瓦卢、瑙鲁四岛国概况 ◆◇◆

二　四岛国的外交政策以及与大国关系

太平洋岛国地处大洋深处，交通不便，受到被边缘化的威胁。它们经济社会发展滞后，基础设施建设落后，自然灾害频发，受到海平面上升的威胁。这些国家面积小、人口少、市场小，诸多客观因素都影响到太平洋岛国外交政策的制定。四个太平洋岛国外交政策和外交活动的根本目的是最大限度地追求国家利益。

（一）四岛国的"大国平衡外交"政策

自独立以来，四个岛国奉行不结盟政策，与所有国家友好合作，但是这四个国家地域狭小，资源有限，其在外交活动中维护国家独立，但一般采取亲西方的外交政策。图瓦卢、瑙鲁与英国、澳大利亚关系较深，与比利时、智利、荷兰、法国、德国、日本、韩国、俄罗斯、古巴、美国等有外交关系。马绍尔群岛、帕劳与美国关系较为密切，与世界上多数国家建立有外交关系。受国内经济实力的限制，四个岛国没有足够的财力在外设立大使馆，但是又为了保持与建交国家的关系，只能在一些国家等设立名誉领事馆。它们加入联合国也是为了获得国际组织和"潜在捐助国更多地发展援助"。为了缓解国内发展压力，推动经济发展，它们在某些重大问题上，通过支持某大国的行动以换取援助。比如，2008年，瑙鲁承认科索沃为独立国家。2009年12月，瑙鲁成为继俄罗斯、尼加拉瓜和委内瑞拉后，第四个承认阿布哈兹并签署建交协议的国家。俄罗斯因此向瑙鲁提供5000万美元的人道主义援助。2008年7月15日，瑙鲁还接受了俄罗斯提供的900万美元的发展援助以翻新港口。但是，它们出于经济利益考量的外交政策并不稳定，常常因政府更迭而不断变换，因此它们也难以获取某些大国的持续援助。

在气候变化问题上，小岛屿国家基本上采取了"抱团取暖"的行动。它们加入小岛屿国家联盟（Alliance of Small Island States），在气候谈判上扮演着积极的角色，并通过联合国气候变化大会、太平洋岛国论坛等组织，与大国进行谈判。

无论是从国土面积、人口数量，还是从经济发展实力、军事力量等层面的划分，这四个岛国都属于典型意义上的小国。尽管《联合国宪章》在序言中重申了"大小各国平等权利之信念"，但从国际社会的实际运行来看，在很多领域，小国难以拥有与大国平等的地位，在涉及国家和地区发展的重大问题上缺乏话语权，这些相对孤立和落后的国家难以融入世界体系。如果世界大国没有出于地缘政治的考虑，它们也不会重视这些小岛屿国家。为此，即便它们融入世界体系，也仍旧处于边缘。国家利益是对外政策的最高准则，对外政策的根本目的是维护国家利益。为了确保本国利益最大化，这四个岛国普遍采取"大国平衡外交"政策①。

在四个岛国中，尽管都属于小国，但是马绍尔群岛、帕劳与图瓦卢、瑙鲁不同。马绍尔群岛、帕劳实施"大国平衡外交"，出于本国重要的地理位置、丰富的渔业资源，是美国对外战略的关键支点。图瓦卢、瑙鲁不具备这种优势，在与众多大国的接触中，采取"软平衡"的政策。

（二）四岛国与大国的关系

进入21世纪以来，美国不断加强与被"忽略"的太平洋岛国关系，尤其重视与马绍尔群岛、帕劳的关系。从美国国际开发署公布的数据来看，2011年美国对外援助为2.93亿美元，2016年为3.03亿美元，2019年为1.93亿美元。2016年援助数额为历史最高。2017年12月，特朗普政府发布《国家安全战略报告》，倡导覆盖太平洋岛国

---

① 关于大国、小国的区分以及"大国平衡外交"的机制，参阅孙西辉、金灿荣《小国的"大国平衡外交"机理与马来西亚的中美"平衡外交"》，《当代亚太》2017年第2期。

附录　帕劳、马绍尔群岛、图瓦卢、瑙鲁四岛国概况

的"印度—太平洋地区的和平、自由与开放",并承诺与澳大利亚、新西兰共同合作帮助太平洋岛国共同面对经济波动和自然灾害带来的脆弱性。[1] 有学者进一步分析了美国对太平洋岛国援助资金的流向,指出在美国对太平洋岛国援助的国家存在明显的投入差异。文中指出:"2009—2019 年美国对太平洋岛国援助共计 25.51 亿美元,其中接受援助最多的前三个国家均为美国在太平洋地区的'自由联系国'——密克罗尼西亚(12.87 亿美元,约占总援助的 50%)、马绍尔群岛(7.8 亿美元,30.5%)、帕劳(2.85 亿美元,11.1%),三个国家接受的援助约占美国对所有太平洋岛国援助总额的 91.6%,即使在特朗普政府大幅削减对外援助的情况下,2018 年美国对密克罗尼西亚联邦(1.19 亿美元)、马绍尔群岛(0.84 亿美元)、帕劳(0.7 亿美元)的援助依然保持在较高水平。而库克群岛、图瓦卢、瑙鲁、基里巴斯和纽埃等五个国家在 2009—2019 年所获得援助(共计 130 万美元),仅仅相当于密克罗尼西亚同期所获援助的 0.1%。"[2] 这说明,美国对太平洋岛国的援助出于战略利益的考虑。2022 年 2 月 12 日,作为 37 年来首位访问斐济的美国国务卿,与太平洋岛国领导人举行会晤,声称与岛国建立弹性的合作伙伴关系,扩大美国的存在。然而,他在斐济只停留了 8 个小时时间。

事实上,最需要援助的图瓦卢、瑙鲁,美国并没有提供更多的资金。美国对太平洋岛国援助的差异反映出各岛国在美国安全利益格局中的地位。从地缘分布看,美国对太平洋岛国援助主要集中在密克罗尼西亚群岛,这个区域距离美国在西太平洋地区重要的军事基地关岛、夏威夷群岛最近。同时,美国在密克罗尼西亚联邦、帕劳和马绍尔群岛部署有军事设施,它们是美国在西太平洋地区安全利益板块的重要连接和组

---

[1] The White House, *National Security Strategy of United States of America*, Washington, D. C. , December 2017, p. 47.
[2] 吴艳:《美国对太平洋岛国援助现状及政策分析(2009—2019 年)》,《国际论坛》2020 年第 3 期。

237

成部分，对美国国家安全利益的价值不容忽视。《自由联系条约》是密克罗尼西亚联邦、马绍尔群岛和帕劳获得援助的主要依据。20世纪八九十年代，美国分别与三个国家签署《自由联系条约》，根据条约，美军负责为其提供国防和安全保障，同时对各国的领海、领空享有排他性的使用权，作为交换条件，美国向其提供经济援助。

尽管美国在图瓦卢有驻军，与图瓦卢签有多方面的合作协议，图瓦卢与美国确立了作为区域和全球性问题的合作伙伴关系，但是图瓦卢并没有在美国的西太平洋地区重点军事部署之中。2011年，美国还与图瓦卢签署了船舶搭载协议（Ship-rider Agreement），建立了合作关系。美国在图瓦卢的专属经济区为捕鱼许可者提供安全和保护，享有在图瓦卢专属经济区内的海上巡逻权力。尽管美国对图瓦卢、瑙鲁提供一定的应对气候变化、风灾、资金等方面的援助，相比于其他两个国家关系要弱很多。

美国对太平洋岛国的援助具有选择性，同样英国、澳大利亚、新西兰的援助也具有一定的选择性。一般认为，美国重视密克罗尼西亚群岛的国家，澳大利亚重视美拉尼西亚群岛的国家，新西兰重视波利尼西亚群岛的国家。

英国对英联邦成员国较为重视。图瓦卢、瑙鲁属于英联邦成员国，英国皇室成员隔几年也会到岛国访问。图瓦卢政府曾试图摆脱英国的影响，最终以失败而终，联邦成员国的身份使其不可能脱离与英国的关系。英国是图瓦卢信托基金三个创始捐赠国之一。1996年1月，图瓦卢第四任总理卡穆塔·拉塔西（Kamuta Latasi）设计的国旗把英国"米字旗"标志去掉了。随后，议会对拉塔西投了不信任票，总理失去了职位。拉塔西的继任者比肯尼比尤·佩纽（Bikenibeu Paeniu）重新推出了9星标志的原始国旗设计，左上角保留了英国"米字旗"标志。就是否保留英国女王的职位，图瓦卢进行了两次公投，结果是维持现状。英联邦成员国身份、英国民主和价值理念的影响以及对图瓦卢的经济援助，使得二者关系愈加紧密。

附录　帕劳、马绍尔群岛、图瓦卢、瑙鲁四岛国概况　◆◇◆

　　从澳大利亚外交与贸易部公开的数据来看，澳大利亚对外援助流向密克罗尼西亚群岛的国家较少，而且澳大利亚将太平洋岛国的合作重点放在了巴布亚新几内亚和斐济以及美拉尼西亚群岛其他国家，与密克罗尼西亚联邦、帕劳、马绍尔群岛互动较少。在澳美军事同盟关系下，澳大利有意识地避开了与美国的冲突。澳大利亚与图瓦卢、瑙鲁往来频繁。图瓦卢的官方货币是澳元，这成为两国加强关系，特别是加强两国经济关系的纽带。虽然澳大利亚在图瓦卢没有正式的大使馆，但是澳方会定期选派政府代表前往图瓦卢。澳大利亚是图瓦卢国家信托基金三个创始捐赠国之一，是图瓦卢的重要援助来源国。瑙鲁没有军队，由澳大利亚根据两国之间达成的非正式协议，澳大利亚负责瑙鲁的防务。澳大利亚在瑙鲁岛设有难民处理中心。图瓦卢人、瑙鲁人每年参加澳大利亚提供的太平洋季节工计划。①

　　新西兰与图瓦卢、瑙鲁保持着紧密地联系，与帕劳、马绍尔群岛互动较少。新西兰是图瓦卢信托基金三个创始捐赠国家之一，并继续为图瓦卢提供援助。新西兰是图瓦卢、瑙鲁的主要捐助者和技术援助国家。新西兰政府向图瓦卢提供临时的海水淡化厂和提供技术人员，修复图瓦卢现有的海水淡化厂以加强联络。② 根据双方2001年签订的协议，新西兰每年向图瓦卢、瑙鲁提供数额不等的工作许可证。

三　四岛国与国际组织的关系

　　四个岛国积极参与国际性组织是为了表达国家的声音和主张，争取国际支持和援助，为国内劳动力提供更多就业机会。国际组织为岛国提供了外交对话与合作的场合、机会，帮助它们解决国际公共问题

---

　　① "The Seasonal Worker Program". http://employment.gov.au/seasonal-worker-program.
　　② "Critical water shortage in Tuvalu eases, but more rationing needed". http://www.radionz.co.nz/international/pacific-news/200159/critical-water-shortage-in-tuvalu-eases,-but-more-rationing-needed.

和具体领域的社会问题。通过合作，四个岛国的教育、医疗、居民基本生活等有了明显改善，国民对政府的信心不断增强。

这些国际组织包括联合国、洛美公约、联合国亚洲及太平洋经济社会委员会、联合国粮食及农业组织、七十七国集团、世界开发银行、国际开发协会、国际金融公司、国际货币基金组织、国际海事组织、国际奥林匹克委员会、国际电信联盟、万国邮政联盟、非洲、加勒比和太平洋国家集团、国际劳工组织、禁止化学武器组织、联合国教科文组织、世界卫生组织、国际红十字会、红新月运动组织等国际组织的成员国、参与国或者观察员。四个岛国有的不属于国际民用航空组织、世界气象组织、国际金融公司、国际刑警组织、国际水道测量组织、世界贸易组织的成员国，不参加这些国际组织也源于该国的经济发展。

国际组织为四个岛国发展起到了帮扶和带动作用。一是为它们开展各种层次的对话与合作提供了场所，成为连接和沟通它们与成员国的渠道和纽带。二是国际组织让它们享受到世界经济发展带来的成果和收益。联合国开发计划署、世界粮农组织、世界卫生组织、联合国儿童基金会等资助的项目，为提高当地人教育、卫生、环保、医疗、人权等发挥了重要作用。三是帮助它们解决一些国际性的社会问题。在世界环境发展大会上，与发达国家一起探讨解决经济发展带来的环境问题。四是帮助它们解决某一领域的社会发展问题。比如，饮水、应对海平面上升、交通等问题。

事实表明，小岛屿国家永远不能通过单独行动而对现有国际关系体系产生重大影响，而必须通过与其他国家合作或建立联盟来保障安全和发展。由于在地理位置、经济规模、社会发展水平以及基础设施等方面存在明显的劣势，它们往往被边缘化，处于"失语"状态。小岛屿国家可以遵循实力路径和道义路径提升自身国际话语权。[1] 从内

---

[1] 徐秀军、田旭：《全球治理时代小国构建国际话语权的逻辑——以太平洋岛国为例》，《当代亚太》2019年第2期。

向策略来看，它们依靠"自力更生"从而实现国富民强是不现实的选择，只能选择外向策略。因此，它们通过"联合自强"和"抱团取暖"增强在联合国等国际组织的话语权，以此争取更多国家利益。联合国为它们建立一个强大的国际身份和存在身份提供了可能，为它们实施外交政策、加强与联合国会员国之间的友谊和伙伴关系提供了平台。

权力界定利益，当国家利益不能在全球性组织中得到实现时，必须采取"自助"的形式解决自身存在的经济问题和政治问题。在区域性组织中，这些国家所追求的依然是利益最大化。它们是太平洋岛国论坛、南太平洋应用地球科学委员会、南太平洋旅游组织、太平洋区域环境方案秘书处、太平洋共同体秘书处、小岛屿国家联盟、太平洋小岛屿发展中国家论坛、太平洋岛国论坛渔业局、中西太平洋渔业委员会等区域性国际组织的正式成员。

四 四岛国与中国的关系

中国与太平洋岛国的关系源远流长。20世纪70年代，中国领导人开始出访太平洋岛国。1988年中国成为太平洋岛国论坛的对话伙伴。中华人民共和国与该四岛国没有建立正式外交关系，但中国在南太地区的影响不断加强，它们越来越感受到中国的影响力以及为太平洋岛屿地区发展所做的努力。

1976年，毛泽东主席逝世时，瑙鲁总统德罗伯特发来唁电。1979年2月，中国驻斐济大使访问瑙鲁。1988年6月，图瓦卢总理普瓦普瓦（Tomasi Puapua）随同太平洋岛国领导人访华。1997年3月，图瓦卢遭遇风灾，中国红十字会向图瓦卢捐款1万美元。中国政府在国际组织中的医疗志愿者也为岛国带来了医疗援助。未建交岛国多次派出代表参加在中国举办的大型活动，比如，在北京举办的第29届夏季奥林匹克运动会，在上海举办的世界博览会①，在南京举办的青年奥林匹克运动会等。图瓦卢、瑙鲁、帕劳单方面允许符合条件的持普通护照的中国公民抵达入境口岸时办理落地签证。

中国大陆与四个岛国一直有贸易往来。它们与中国的进出口贸易在近些年不断递增，但实际总量一直较小，基本上为中国出口。比如，2016年，中国与瑙鲁双边贸易额为142万美元。其中，中方出口额为140.4万美元，中方进口额为1.7万美元。上海远洋渔业集团、深圳联泰渔业公司在马绍尔群岛、帕劳等从事渔业捕捞业务。2021年，中国与四岛国贸易额不断提升。2021年前5个月，山东与马绍尔群岛进出口额为5亿美元。

"中国—太平洋岛国经济发展合作论坛"的成功举办，标志着中国与太平洋岛国进入全新发展阶段。四个岛国由于国土面积狭小，经济总量小，与其他国家地理位置较远，经济社会发展、基础设施建设落后，社会治理能力差，处于被"边缘化"的威胁。他们首先要做的就是进行改革发展，加强公共财政管理和完善社会服务，积累资金减少全球金融危机、环境变化而给国家发展带来的损耗。虽然中国对太平洋岛屿地区的援助金额比澳大利亚、美国少，但是岛国人民期待的目光在逐渐从欧美转向中国和亚洲。在新形势的影响下，包括图瓦卢在内的太平洋岛国不再把中国视为威胁，而是作为经济发展的合作对象。2017年8月3日，中国土木工程集团南太平洋有限公司收到图瓦卢交通部发出的关于图瓦卢港口修复改造项目授标函，标志着该集团成功进入图瓦卢市场，经营工作取得重大突破。

四岛国的外交政策和外交活动是有利益诉求的，特别是以获得别国的援助为前提条件。出于现实利益、国内政治的需要，他们在外交

---

① 2009年12月3日，中央电视台新闻频道《环球视线》曾做了一期栏目，题为《图瓦卢：即将沉没的国家》。http：//news.cntv.cn/program/huanqiushixian/20100401/106737.shtml.

活动中采取"只顾眼前、不顾长远"的政策是不会持久的，更不可能在国际社会中立住脚跟，获得别国的长久支持。站在太平洋岛国的立场来看，岛国经济发展缓慢，他们需要通过无偿援助发展经济，改善基础设施，提升政府的治理能力。总体而言，岛国要想获得持久发展，必须尊重他国核心利益，妥善处理敏感问题和分歧，形成政治和战略互信，在经济合作的基础上，建立良性外交关系，获得更多外援和支持。

太平洋岛国是发展中国家的特殊群体，是中国"大周边外交"的组成部分和"海上丝绸之路"的自然延伸，是中国"走向深蓝""海洋强国"战略的当面方向。中国要走向太平洋，离不开太平洋岛国。中国要从国家的长远利益出发，以冷静、理性的大国风范处理与太平洋岛国的敏感问题，中国加强与太平洋岛国的关系，这"不是中国外交的权宜之计，而是战略决策"。

参考文献

一 中文文献

（一）译著（按照拼音排序）

［澳］唐纳德·狄侬等主编：《剑桥太平洋岛民史》，张勇译，社会科学出版社2020年版。

［美］道格拉斯·奥力弗：《太平洋岛屿原住民文化》，张慧端译，"行政院"原住民委员会，2000年。

［美］戈登·L. 罗特曼：《关岛1941和1944——失而复得》，王小可译，海洋出版社2015年版。

［美］格雷厄姆·艾利森、罗伯特·D. 布莱克威尔、阿里·温尼编：《李光耀论中国与世界》，蒋宗强译，中信出版社2013年版。

［美］亨利·基辛格：《基辛格：美国的全球战略》，胡利平、凌建平译，海南出版社2012年版。

［美］亨利·基辛格：《大外交》，顾淑馨、林添贵译，海南出版社2012年版。

［美］马汉：《海权论》，宋毅译，华中科技大学出版社2016年版。

［美］马林诺斯基：《南海舡人：美拉尼西亚新几内亚土著之事业及冒险活动报告》，于嘉云译，远流出版公司1991年版。

［美］玛格丽特·米德：《新几内亚人的成长》，萧公彦译，远流出版公司1992年版。

［美］索尔·科恩：《地缘政治学：国际关系的地理学》，严春松译，上海社会科学院出版社2019年版。

［美］唐纳德·B. 弗里曼：《透视水半球：太平洋史》，王成至译，东方出版中心2020年版。

［美］小约瑟夫·奈、［加］戴维·韦尔奇：《理解全球冲突与合作：理论与历史》，张小明译，上海人民出版社2019年版。

［新］马克斯·顾安奇、隆·阿斯丹主编：《太平洋文化史》，蔡百铨译，麦田出版社2000年版。

［日］小林泉，《太平洋岛屿各邦建国史》，刘万来译，学生书局1997年版。

［英］马林诺夫斯基：《西太平洋上的航海者——美拉尼西亚新几内亚群岛土著人之事业及冒险活动的报告》，弓秀英译，商务印书馆2016年版。

［英］詹姆斯·库克：《库克船长日记："努力"号于1768—1771年的航行》，刘秉仁译，商务印书馆2013年版。

（二）著作（按照拼音排序）

蔡育真：《澳洲对中美在南太平洋权力竞逐之回应》，致知学术出版社2015年版。

陈德正、吕桂霞主编：《太平洋岛国发展报告（2020）》，社会科学文献出版社2020年版。

陈德正、赵少峰主编：《太平洋岛国发展报告（2021）》，社会科学文献出版社2022年版。

陈晓晨：《南太平洋地区主义：历史变迁的逻辑》，社会科学文献出版社2020年版。

冬初阳：《喋血环礁：吉尔伯特和马绍尔之战》，武汉大学出版社2012年版。

何登煌：《太平洋岛国风情与风云》，台湾商务印书馆2013年版。

黄科安、郭华主编：《全球视野下的海上丝绸之路研究》，中国社会科学出版社 2018 年版。

李潼:《蔚蓝的太平洋日记》,聊经出版社 2010 年版。

李喆主编:《太平洋岛国的历史与现实:"太平洋岛国研究高层论坛"论文集》,山东大学出版社 2014 年版。

梁甲瑞:《中美南太平洋地区合作:基于维护海上战略通道安全的视角》,中国社会科学出版社 2018 年版。

刘泓等:《世界地区性民族问题研究:当代岛屿争端》,中国社会科学出版社 2015 年版。

娄亚萍:《战后美国对外经济援助研究》,上海人民出版社 2013 年版。

祁怀高等:《中国崛起背景下的周边安全与周边外交》,中华书局 2014 年版。

石莹丽:《萨摩亚的历史与现实》,中国社会科学出版社 2019 年版。

史书美:《视觉与认同:跨太平洋华语语系表述·呈现》,杨华庆译,联经出版社 2015 年版。

司徒泽波、陈本建编:《斐济国、所罗门群岛、西萨摩亚群岛华侨概况》,正中书局 1991 年版。

童元昭:《群岛之洋——人类学的大洋洲研究》,台湾商务印书馆 2009 年版。

汪诗明、王艳芬:《太平洋英联邦国家:处在现代化的边缘》,四川人民出版社 2004 年版。

王红霞:《新发展理念方法论研究》,中国社会科学出版社 2020 年版。

王华:《萨摩亚争端与大国外交(1871—1900)》,中国社会科学出版社 2008 年版。

王灵桂主编:《全国智库论中国书系:国外智库看"一带一路"》,社会科学文献出版社 2015 年版。

王学东:《气候变化问题的国际博弈与各国气候政策研究》,时事出版社 2014 年版。

王宇博、汪诗明、朱建君:《世界现代化进程·大洋洲卷》,江苏人民出版社 2012 年版。

徐秀军：《地区主义与地区秩序：以南太平洋地区为例》，社会科学出版社 2013 年版。

杨聪荣：《太平洋国家研究新论：区域、国家与族群》，巨流图书公司 2016 年版。

于洪君：《"一带一路"：联动发展的中国策》，人民出版社 2017 年版。

于镭、隋心：《澳美同盟的缘起、建构和稳固》，中国社会科学出版社 2020 年版。

喻常森编：《国际社会对太平洋岛国援助的比较研究》，时事出版社 2017 年版。

张春满：《21 世纪国外政党政治研究》，复旦大学出版社 2019 年版。

中华人民共和国国务院新闻办公室：《新时代的中国与世界》，人民出版社 2019 年版。

朱伦、吴洪英：《世界民族·美洲大洋洲》，中国社会科学出版社 2013 年版。

（三）论文（按照拼音排序）

陈晓晨：《南太平洋地区主义的新发展：地区机制与影响评估》，《国际关系研究》2019 年第 3 期。

郭春梅：《南太平洋的"大国博弈"》，《世界知识》2012 年第 20 期。

梁甲瑞、曲升：《全球海洋治理视域下的南太平洋地区海洋治理》，《太平洋学报》2018 年第 4 期。

吕桂霞：《全球化、区域化与太平洋岛国发展论坛》，《历史教学问题》2018 年第 4 期。

曲升：《南太平洋区域海洋机制的缘起、发展及意义》，《太平洋学报》2017 年第 2 期。

汪诗明：《国内太平洋岛屿国家研究趋势前瞻》，《太平洋学报》2017 年第 9 期。

汪诗明、王艳芬:《如何界定太平洋岛屿国家》,《太平洋学报》2014年第11期。

王作成、孙雪岩:《20世纪以来中国的太平洋岛国研究综述》,《太平洋学报》2014年第11期。

二　英文文献
(一) 专著 (按照英文字母排序)

Crocombe, Ron, *The Pacific Way: An Emerging Identity*, Suva: Lotu Pasifika Productions, 1976.

Crocombe, Ron, *The South Pacific: An Introduction*, Auckland, New Zealand: Longman Paul Limited, 1987.

Fisher, Denise, *France in the South Pacific: Power and Politics*, Canberra, Australia: ANU E Press, 2013.

Fry, Greg, and Sandra Tarte (eds.), *The New Pacific Diplomacy*, Canberra, Australia: Australian National University Press, 2015.

Geoffrey M. White and Lamont Lindstrom, Chiefs Today: Traditional Pacific Leadership and the Postcolonial State, Stanford: Stanford University Press.

Henningham, Stephen, *The Pacific Island States: Security and Sovereignty in the Post-Cold War World*; Basingstoke, U.K.: Macmillan Press Ltd., 1995.

Powles, Anna, "Finding Common Ground: New Zealand and Regional Security Cooperation in the Pacific", in Rouben Azizian and Carleton Cramer (eds.), *Regionalism, Security&Cooperation in Oceania*, Honolulu, U.S.A.: The Daniel K. Inouye, 2015.

Paul D'Arcy, Patrick Matbob, Linda Crowl, *Pacific-Asia Partnerships in Resource Development*, Madang, PNG: DWU Press, 2014.

Yu Changsen (ed.), *Regionalism in South Pacific*, Beijing, China: Social Science Academic Press, 2018.

Yu Lei, China-Australia Relations: from the Perspectives of Complex Interdependence, Beijing:

Current Affairs Press, 2017.

（二）论文（按照英文字母排序）

Lawson, Stephanie, "Australia, New Zealand and the Pacific Islands Forum: A Critical Review", *Commonwealth & Comparative Politics*, Vol. 55, No. 2, 2017.

Marshall D. Sahlins, "Poor Man, Rich Man, Big-Man, Chief: Political Types in Melanesia and Polynesia", *Comparative Studies in Society and History*, Vol. 5, No. 3, 1963.

Ron Crocombe, Asia in the Pacific Islands: Replacing the West, Suva, Fiji: USP Press, 2007.

Wesley-Smith, Terence, "China's Rise in Oceania: Issues and Perspectives", *Pacific Affairs*, Vol. 86, No. 2, June, 2013.

三 主要网站（按照拼音排序）

澳大利亚人报中文网：https://cn.theaustralian.com.au/

澳大利亚ABC新闻网：https://www.abc.net.au/

澳大利亚国立大学亚太学院：https://asiaandthepacificpolicystudies.crawford.anu.edu.au/

澳大利亚国立大学太平洋事务部：http://dpa.bellschool.anu.edu.au/

澳大利亚罗伊研究所网站：https://www.lowyinstitute.org/

澳大利亚外交贸易部官网：https://dfat.gov.au/pages/default.aspx

巴布亚新几内亚国家新闻网：https://www.thenational.com.pg/

巴布亚新几内亚邮报：https://postcourier.com.pg/

巴布亚新几内亚布干维尔政府网：http://www.abg.gov.pg/

岛屿商务网：https://www.islandsbusiness.com/

斐济 PINA 新闻网：http：//www.pina.com.fj/

斐济太阳报官网：http：//fijisun.com.fj/

库克群岛政府网：http：//www.ck/index.html

联合国粮农组织官网：http：//www.fao.org

马绍尔群岛日报网：https：//marshallislandsjournal.com

美国驻斐济、汤加、基里巴斯、瑙鲁、图瓦卢使馆官网：https：//fj.usembassy.gov/

美国和平研究所官网：https：//www.usip.org/

美国国家档案局官网：https：//www.archives.gov/

美国政府官网：https：//www.state.gov/

美国国际开发署官网：https：//www.usaid.gov/

美国驻帕劳大使馆官网：https：//pw.usembassy.gov/

密克罗尼西亚群岛新闻网：http：//www.mvariety.com/

帕劳政府官网：http：//www.palaugov.net/

帕劳岛屿时代网：https：//islandtimes.org/

帕劳中文网：http：//www.palao.net.cn/

日本外务省官网：https：//www.mofa.go.jp/

日本独立行政法人国际协力机构官网：https：//www.jica.go.jp/english/index.html

萨摩亚观察家报网：https：//www.samoaobserver.ws/

所罗门群岛时报：https：//www.solomontimes.com/

所罗门群岛星报：https：//www.solomonstarnews.com/

所罗门群岛太阳报：https：//theislandsun.com.sb/

太平洋岛国论坛官网：https：//www.forumsec.org/

太平洋金枪鱼管理协会官网：http：//www.tunapacific.org/

中西太平洋渔业委员会官网：https：//www.wcpfc.int/

太平洋区域环境规划署官网：https：//www.sprep.org/

汤加 Matangi Tonga 网站：https：//matangitonga.to/

瓦努阿图每日邮报网：https：//dailypost.vu/news/
新喀里多尼亚政府网：https：//gouv.nc/
新西兰广播网：https：//www.rnz.co.nz
新西兰外交贸易部官网：https：//www.mfat.govt.nz/
新西兰国家水与大气研究所官网：https：//www.niwa.co.nz/
英国卫报：https：//www.theguardian.com/
中国海关统计数据在线查询网站：http：//43.248.49.97
中国聊城大学太平洋岛国研究智库平台：http：//www.rcpic.cn/f/index

后 记

近代以来，中国实现了由"被动"进入世界体系到主动融入世界的转变，是现行国际体系的参与者、建设者和贡献者，对全球治理体系的变革、创新和完善做出了贡献。中国与世界关系的转变还体现在对边缘国家的研究上。新中国成立以来，在相当长的时间，中国外交重点放在大国关系上。随着中国国际影响力的日益提升，边缘国家和地区研究日益引起学界重视。《中国在太平洋岛屿地区的身份建构》即在此背景之下所做。

2012年，陈德正教授接任聊城大学历史文化与旅游学院院长后，为整合资源，实现学科突破，以南太平洋地区的岛国为重点研究对象。同年9月，聊城大学成立了南太平洋岛国研究中心，后改名太平洋岛国研究中心，陈德正教授担任中心执行主任，2022年任主任。2013年9月7日，国家领导人出访哈萨克斯坦，在纳扎尔巴耶夫大学提出共同建设"丝绸之路经济带"；同年10月，习近平主席在印度尼西亚提出共同建设"21世纪海上丝绸之路"概念。自此，"一带一路"倡议走进世界视野，逐步引发全球共鸣。2015年3月，中国国家发展和改革委员会、外交部、商务部联合发布了《推动共建丝绸之路经济带和21世纪海上丝绸之路的愿景与行动》。2017年6月，中国国家发展和改革委员会和国家海洋局联合发布《"一带一路"建设海上合作设想》，共建三条蓝色经济通道。2017

后　记

年5月和2019年4月，中国政府在北京连续举办两届"一带一路"国际合作高峰论坛。中国的"朋友圈"越来越大，"一带一路"倡议来自中国，成果正在惠及世界。

2011年7月，我从北京师范大学历史学院毕业回到聊城大学工作。为推动学科建设发展，在中心成立伊始，我应邀加入了中心研究工作之中，并兼任中心办公室主任一职，后改任信息咨询部主任、中心秘书长2022年1月任中心副主任（常务）。中心刚开始运作的前几年，我们面临研究资料匮乏、资金支持短缺等多方面的困境。大约在2014年前后，社会科学文献出版社与我们中心洽谈合作，我们中心承担了列国志·太平洋岛国诸卷。图瓦卢的国家志由我来负责撰写。当时国内关于太平洋岛国的中文文献极少，图瓦卢国土面积仅有26平方千米，总人口1万余，又未与中国建交，我只能从国外的网站上搜集相关的文献，然后按照书的框架结构进行撰写，再进行润色，这一本书前后花费了大约三年的时间。为了得到一手的信息和研究资料，我硬着头皮联系了曾前往图瓦卢采访的《广州日报》记者王飞老师和前往图瓦卢旅游的宋群梁经理，他们不仅提供了资料而且无偿提供了照片供图书使用。

2017年、2018年、2019年，我先后多次在澳大利亚、萨摩亚、中国等参加了关于太平洋岛国研究的国际学术研讨会，并于2018年、2019年前往萨摩亚、斐济、帕劳、瓦努阿图、汤加等国家进行田野调研。这一路走来，披荆斩棘，遇山开山，遇水搭桥，其中辛苦只有自己才能体会。经过中心全体研究人员的共同努力，我中心现已成为教育部国别和区域研究中心（备案）、山东省重点新型智库建设单位、山东省外事研究与发展智库、中国太平洋学会太平洋岛国研究分会依托单位，太平洋岛国研究团队入选山东省高等学校优势学科人才团队培育计划、山东省高等学校青创人才引育计划立项建设团队。在此基础上，我个人也承担了国家民委、国家海洋局、中国海洋发展研究会、山东省社科基金规划等课题项目，完成了国家相关部门的委托调研任务。研究团队获"山东省勇于创新奖"和"干事创业好团队"荣誉。

"一带一路"倡议从提出到现在仅有九年多的时间，已经引起了世界上越来越多国家的关注。太平洋岛国斐济、巴布亚新几内亚等10个建交太平洋岛国与中国签署了"一带一路"合作谅解备忘录，中国与太平洋岛国的合作领域越来越深入。2018年8月，国家领导人在推进"一带一路"建设工作五周年座谈会上强调：共建"一带一路"是经济合作倡议，不是搞地缘政治联盟或军事同盟；是开放包容进程，不是要关起门来搞小圈子或者"中国俱乐部"；是不以意识形态划界，不搞零和游戏。2018年11月，中国领导人同建交的太平洋岛国领导人举行会晤时，太平洋岛国领导人表示愿意在"一带一路"倡议框架下开展与中国的多领域全方位合作。但是，当今世界正处于大发展大变革大调整时期，我们既要看到历史机遇，又看到风险和挑战，要具备战略眼光，树立全球视野。

我与澳大利亚籍专家于镭教授相识已久。于镭教授温文尔雅，谦和大度。当时，于镭先生受聘于中山大学，在中澳关系、澳大利亚与太平洋岛国关系研究领域颇有建树。2018年，于镭先生欣然受聘于我中心首席研究员，我向其请教交流的机会日益增多。经过我二人商量，由我制定写作框架，分工合作。基本思路是将太平洋岛国研究纳入中国与世界关系、"一带一路"倡议框架下进行审视，既要看到机遇，更要认识存在的挑战，为未来的中国—太平洋岛国合作奠定基础。我是历史专业出身，研究偏重于太平洋岛国历史文化。于镭教授是国际关系专业出身，侧重于国际关系和大国博弈研究。通过跨学科的合作，我对国别和区域历史进程获得了一个新的研究视角。我和于镭教授合作的这部书从最初的策划，制定体例，到最后的修改定稿，历经三年多的时间。

后　记

　　当然，我们对太平洋岛国的研究刚刚起步，对其分析和认识还存在很多不足，各篇章之间的逻辑性还不够严密，这都应该由我这个"策划人"来承担。本书出版得到了山东省高等学校青创人才引育计划立项建设团队、山东省重点新型智库建设单位（太平洋岛国研究中心）、国家民委民族问题研究青年项目等经费支持，在此一并表示感谢。

赵少峰
2021年3月10日初稿
2022年3月13日修订